U0499956

碳中和目标下农业绿色发展机制与实现路径研究

——以四川省为例

戴小文 等著

中国财经出版传媒集团

经济科学出版社

Economic Science Press

·北京·

图书在版编目（CIP）数据

碳中和目标下农业绿色发展机制与实现路径研究：以四川省为例/戴小文等著 . -- 北京：经济科学出版社，2025.6
ISBN 978 - 7 - 5218 - 5938 - 6

Ⅰ.①碳…　Ⅱ.①戴…　Ⅲ.①绿色农业 - 农业发展 - 研究 - 四川　Ⅳ.①F327.71

中国国家版本馆 CIP 数据核字（2024）第 106523 号

责任编辑：孙怡虹　魏　岚
责任校对：刘　昕
责任印制：张佳裕

碳中和目标下农业绿色发展机制与实现路径研究
——以四川省为例
TANZHONGHE MUBIAOXIA NONGYE LÜSE
FAZHAN JIZHI YU SHIXIAN LUJING YANJIU
——YI SICHUANSHENG WEILI
戴小文　等著
经济科学出版社出版、发行　新华书店经销
社址：北京市海淀区阜成路甲 28 号　邮编：100142
总编部电话：010 - 88191217　发行部电话：010 - 88191522
网址：www. esp. com. cn
电子邮箱：esp@ esp. com. cn
天猫网店：经济科学出版社旗舰店
网址：http://jjkxcbs. tmall. com
北京季蜂印刷有限公司印装
710 × 1000　16 开　17.25 印张　289000 字
2025 年 6 月第 1 版　2025 年 6 月第 1 次印刷
ISBN 978 - 7 - 5218 - 5938 - 6　定价：88.00 元
（图书出现印装问题，本社负责调换。电话：010 - 88191545）
（版权所有　侵权必究　打击盗版　举报热线：010 - 88191661
QQ：2242791300　营销中心电话：010 - 88191537
电子邮箱：dbts@ esp. com. cn）

　　本书受到国家社会科学基金"中国区域间农业隐含碳排放补偿机制与减排路径研究"（16CJL035）；"西南山地农业发展方式绿色转型困境与突破路径研究"（23XJY015）；四川省哲学社会科学基金"多元主体协同推进四川绿色农业发展的激励机制研究"（SCJJ23ND199）；2022年成都市哲学社会科学"雏鹰计划"优秀成果出版项目"'双碳'目标下农业绿色发展机制与实现路径研究：以四川省为例"（CY007）资助。

前言

　　气候变化问题是人类面临的共同威胁与挑战，应对气候变化已成为全球共识。农业生态系统是自然生态系统的重要组成部分。应对全球气候变化，农业温室气体减排不容忽视。2020 年中央经济工作会议提出的八大任务之一是在"十四五"期间做好碳达峰、碳中和工作，抓紧制定 2030 年前碳排放达峰方案。碳中和要求温室气体净零排放，作为既能排放又能吸收温室气体的产业，农业实现碳中和是实现国家总体碳中和目标的重要组成要件。2020 年中央农村经济工作会议强调，必须加强顶层设计，推进农村生态文明建设。农业温室气体减排是农业绿色发展的重要抓手，农业绿色发展又是实现碳中和目标的重要途径和生态文明建设的重要内容。中国是人类命运共同体的积极倡导者和实践者，也是碳排放大国，应在全球气候治理中发挥关键作用。农业绿色发展与碳中和目标一脉相承，是推动农业现代化、农业高质量发展与乡村振兴的重要手段，也是我国参与全球生态环境治理、为全球应对气候变化贡献中国智慧的重要内容。

　　在四川省的历史上，农业发展占据了重要的地位。四川省幅员辽阔，物产丰富，人口众多，是西部的重要农业大省，也是我国 13 个主要粮食产区之一。据《四川省第三次全国国土调查主要数据公报》显示，四川省耕地面积约 522.72 万公顷，占全国耕地面积的 5% 左右。在农业发展的过程中，化肥、农药以及饲料、薄膜等化学物品的大量使用也间接地增加了农业温室气体排放量。农业机械的大量普及与运用在提高生产效率的同时也带来了较高的碳排放。在国家大力推进生态文明建设和农业绿色发展的背景下，四川省的农业绿色发展也不应缺位。四川省为农业大省、农业劳动力人口大省、全国非试点地区第八个拥有国家备案碳交易机构的省份，在国家积极应对气候变化的宏大背景下，在制定了明确碳中和时间表的前提下，研究四川省农业绿色发展实现机制与路径意义非凡。

　　本书是集体研究的成果，由戴小文提出框架设计与篇章内容安排的基本思路。主要分工如下：戴小文负责第1～4章、第9～10章；何艳秋负责第5章；李金花（中国社会科学院大学）负责第6章；王芳负责第7章；张瑞（成都师范学院）负责第8、11、12章；何思好负责第13章。

　　本书主要内容分为13章，并附有两个附录。

　　第1章：本章为导论部分。在这一部分，主要对"双碳"目标下四川省农业绿色发展的研究背景、国内外研究动态与文献述评、研究内容、研究意义以及主要研究方法等进行基本阐述，从而引出本书研究的核心内容。

　　第2章：本章界定了本书研究所涉及的一些重要概念。首先，厘清碳达峰与碳中和的具体含义，界定农业碳达峰与农业碳中和的具体概念；其次，分清温室气体排放与碳减排之间的区别与联系，及其与农业绿色发展之间的具体关联；再次，借鉴众多学者对农业绿色发展概念的定义，确定与本书研究相匹配的农业绿色发展的具体概念；最后，对马克思主义经典原理中的绿色生态思想以及习近平生态文明思想的具体含义进行阐述，并分析其对农业绿色发展的指导作用。

　　第3章：本章为开展本书研究所必需的理论分析。首先，分别阐释农业碳中和、绿色发展与生态文明建设的目标、依据、必要性与可能性；其次，分析农业碳中和、绿色发展与生态文明建设三者两两之间以及三者总体的内涵统一性；再次，厘清农业碳减排与农业绿色发展、农业碳中和与农业绿色发展之间的辩证关系，以寻求"双碳"目标下农业绿色发展的可行之路；最后，对农业碳中和为农业绿色发展赋能的理论进行分析与构建，具体阐释了在碳中和的目标之下，农业绿色发展所面临的环境规制，继而分析并构建了碳中和目标对农业绿色发展的赋能机制与路径。

　　第4章：本章首先阐述了农业碳中和目标下的农业绿色发展，建立新理论框架下的农业绿色发展认知框架；其次利用熵权法构建碳中和目标下农业绿色发展的指标体系，将总体碳中和目标与农业绿色发展进行匹配，并查清农业绿色发展的影响因素与作用机理；最后利用所得数据分析四川省农业碳达峰与绿色发展的基础条件。

　　第5章：本章运用生命周期法等技术手段，测算了四川省农业生态系统的生态承载能力，对四川省目前的生态效率进行了科学评价，并讨论了在当前的生态效率和承载力之下，四川省农业绿色发展的各种可能性。

　　第 6 章：本章利用能值法考察了四川省农业系统与农业经济发展二者之间的协调发展关系，进行了四川省绿色国内生产总值（GDP）的测算与生态系统能值效率评价。

　　第 7 章：本章运用公开数据，分别对国家层面和地区层面的农业碳排放峰值与碳中和均衡进行测算，通过农业碳排放的排放趋势对四川省农业碳达峰与碳中和的工作时间推进表进行预测和构建，以此把握四川省农业碳达峰目前的工作进程，为四川省农业绿色发展明确未来工作方向。

　　第 8 章：本章在区域比较的视角下，从两个层面对四川省农业绿色发展动力机制进行分析。首先，在国际层面，从国际多维博弈的视角对国际背景下中国的角色定位与战略选择进行阐述，进而分析在国际背景下四川省农业绿色发展的动力。其次，在国内层面，通过分析四川省的农业碳排放效率指数以及技术效率和技术进步的贡献，对四川省农业绿色发展的动力和方向进行深入剖析，从而促进四川省农业碳排放效率的提高，使其农业发展在全国处于领先地位，为全国各地的农业绿色发展发挥模范带头作用。

　　第 9 章：本章基于循证实践研究方法，构建四川省农业绿色发展过程中参与主体分析框架，根据参与主体分析框架，从参与主体的视角对四川省农业绿色发展的动力机制进行分析，厘清不同主体在农业绿色发展过程中的动力机制。

　　第 10 章：本章对碳中和目标下四川省农业绿色发展的实现路径进行阐述。通过福利分析法进行分析，探讨不同减排路径的效率对社会福利变化的影响，以及不同因素在碳中和为农业赋能框架下的起效路径。最终，通过实际的案例研究总结出四川省农业绿色发展的现实经验，为四川省农业绿色发展道路提供行之有效的经验方法。

　　第 11 章：本章探讨了在数字技术飞速发展的背景下，大数据、区块链、3S 技术等数字信息技术如何推动农业碳减排及农业绿色发展，提供一个技术维度的可能的农业减排与绿色发展思路。

　　第 12 章：本章对碳中和目标下农业绿色发展的政策转化与保障措施进行阐述。首先，描述在碳中和的大目标下四川省农业绿色发展的政策转化目标，促进四川省农业绿色发展目标落到实处；其次，对四川省农业绿色发展的政策转化机制进行探讨，提高转化效率；再次，对四川省农业绿色发展的政策转化路径进行分析，保障农业绿色发展政策的可持续转化；

最后，对农业绿色发展政策转化的保障措施进行阐述，以保障农业绿色发展政策的顺利落实。

第 13 章：本章对本书研究的主要结论进行总结，并在研究的基础上对农业绿色发展的研究进行讨论与展望，以期在农业绿色发展领域取得更大的研究进展。

在新时代背景下，以生态文明建设为目标，以绿色发展为理念，以碳减排为手段，以总体碳中和发展为约束，开展农业绿色发展动力机制与实现路径的系统性研究对中国实现农业高质量发展，以及农业绿色发展形成国际优势具有十分重要的理论价值与现实意义。在对全国宏观层面进行研究的同时，对四川省这样一个有着丰富农业资源和悠久农业历史的地区进行更加细致的研究，通过对有代表性的问题进行探索，能够以小见大，更好地服务于宏观问题的研究，在宏观和中观层面对国家和四川省的农业绿色发展、乡村振兴、农业生态文明建设等内容提供可供参考的理论与实践素材。

目 录

— 1 —

第1章 导　　论

1.1　研究背景

气候变化是人类面临的共同威胁与挑战，应对气候变化已成为全球共识。农业生态系统是二氧化碳、甲烷和氧化亚氮等温室气体排放的重要来源。减少农业温室气体排放对应对全球变暖至关重要。"在'十四五'期间做好碳达峰、碳中和工作……抓紧制定 2030 年前碳排放达峰方案"是2020 年中央经济工作会议提出的八大任务之一。碳中和要求温室气体净零排放，而农业具有碳源和碳汇的双重属性，因此实现农业碳中和对实现国家总体碳中和目标具有重要意义。2020 年中央农村经济工作会议强调："必须加强顶层设计……推进农村生态文明建设"。农业温室气体减排是农业绿色发展的重要起点，是实现碳中和目标的重要途径，也是生态文明建设的重要组成部分。农业绿色发展与碳中和目标一脉相承，是推动农业现代化、实现农业高质量发展、促进乡村振兴的重要手段，也是我国参与全球生态环境治理、为全球应对气候变化贡献中国智慧的重要内容。作为碳排放大国，中国积极倡导和推动建设人类命运共同体，在全球气候治理中发挥关键作用。然而，随着全球粮食危机和极端气候变化，加之国际形势的复杂多变，中国的绿色农业发展面临新的挑战。

四川省幅员辽阔，物产丰富，人口众多，是西部的重要农业大省，也是我国 13 个主要粮食产区之一。据《四川省第三次全国国土调查主要数据公报》显示，四川省耕地面积约 522.72 万公顷，占全国耕地面积的 5%左右。在农业发展的过程中，化肥、农药以及饲料、薄膜等化学物品的大量使用也间接地加剧了农业温室气体排放量。农业机械的大量普及与运用在提高生产效率的同时也同样带来了较高的碳排放。然而，作为全国非试点地区第八个拥有国家备案碳交易机构的省份，四川省的农业绿色发展不应缺位。因此在国家积极应对气候变化的宏大背景下，在制定了明确碳中和时间表的前提下，研究四川省农业绿色发展实现机制与路径意义非凡。同时，作为农业大省、农业劳动力人口大省，四川省内的资源禀赋条件差异巨大，因此，有效地促进四川省全域农业绿色发展的道路任重而道远。

1.2 文献综述

1.2.1 国内外研究动态

碳中和（carbon neutrality）最早又称为碳补偿，可追溯到 20 世纪 50 年代关于植物光合作用的研究（Verduin，1954），在当代社会科学研究语境下则主要指温室气体的净零排放。《巴黎协定》签订后，世界各国陆续提出碳中和目标。截至 2020 年，全球共有 85 个国家提出了碳中和目标，但仅有 29 个国家明确了自己的目标（邓旭等，2021）。欧盟国家在推进全球碳中和发展中最为活跃，而大部分发展中国家在这一问题上比较被动。

国内外有关碳中和主题的研究主要源于温室气体减排研究。本质上，碳中和与温室气体减排一脉相承，碳中和行动目标更加具体。国内学者积极投身温室气体减排研究，从一般碳排放（徐国泉等，2006；林伯强等，2020）到隐含碳排放（陈红敏，2009；李之梦等，2021），从低碳城市建设（刘志林等，2009；禹湘等，2020）到低碳农业发展（田云，2017；王心宇等，2020），从国际贸易碳排放（胡剑波等，2019；陈曦等，2020）到国内区域间商品流通碳排放（钟章奇等，2018；陈晖等，2020），从国家层面碳排放（陈诗一，2009；林伯强等，2020）到个体层面碳排放（齐绍洲等，2019；李顺成等，2020），从技术碳减排（张慧明，2014；周喜

君，2021）到制度碳减排（田云等，2020；张海军等，2020），内容广泛
而丰富。上述内容在国际上也有颇多研究，但国外学者的贡献更多是在基
础研究方法方面。LMDI 分解法（Ang，2005；2018）与源于 IPAT 环境等
式（Paul et al.，1971；1972；Commoner，1971）的 Kaya 恒等式分析
（Kaya，1989；1995）在碳减排研究方法学方面贡献巨大。随着交叉研究
兴起，近年来空间计量以及在此基础上衍生出的计量方法被广泛使用到温室
气体减排的研究中（Willeghems et al.，2016；Blok et al.，2020；Jin et al.，
2017；Barwick et al.，2019）。

　　农业绿色发展领域，林业碳汇是一项重要研究主题。来自林业的碳汇
是市场化减排的核心资源（Lin et al.，2019；牛玲，2020）。而种植业由
于作物的生物特性，其碳吸收功能日益受到重视（田云等，2015；尚杰等
2019）；由碳汇研究衍生出来的碳标签和碳足迹研究也是国内外低碳经济
研究的热点；动物温室气体减排方面，有关牛、羊等反刍动物的研究（李
胜利等，2010；贾鹏等，2020）相对较多，而针对猪和禽类（杨娟，
2015）的研究相对较少。此外，近年来国内有关农业绿色发展的研究多是
围绕农村能源消费（张恒硕等，2022）、面源污染防治（黄和平，2020）、
绿色发展指标体系构建（张建杰，2020）、法律制度构建（李嵩誉，
2017）、智慧农业（于法稳，2021）等方面展开。英文文献中亦有大量国
内学者围绕前述主题对中国展开的研究，此处不作赘述。国外相关研究主
要是将农业作为一个产业或行业展开碳减排研究，并主要围绕环境规制
（Ulucak et al.，2020；Hashmi et al.，2019）、农产品的碳足迹（Adewale
et al.，2019；Brankatschk et al.，2017）、生产效率（Akbar et al.，2021）、
农业能源耗用排放（Koondhar et al.，2021）、生物技术减排（Zzhed et al.，
2021）、农业碳排放空间分布（Gregg et al.，2009）及综合性农业减排
（Koondhar et al.，2021）等展开。以四川省为研究目标区域展开的直接的
农业绿色发展研究目前还不多见。由于农业现代化、农业绿色发展、农业
可持续发展、农业低碳发展等概念和研究内容时常呈现出一种"交织"的
状态，因此很难直接地界定哪些研究属于纯粹的农业绿色发展研究。从研
究内容来说，不少有关"农业现代化""农业碳减排"的研究也应归入农
业绿色发展研究的范畴。总体上看，就区域研究来说，此类针对四川省的
研究相对较少，在今后的研究中应予以加强，这也正是本书展开研究的重

要动因。

1.2.2 文献评述

2020 年之后，碳中和概念在国内成为热点，相关文献迅速增加，但阐释性文献较多。从理论借鉴来看，现有研究大多基于西方经济学自由市场体系展开，少有将马克思主义政治经济学、马克思主义生态观、习近平生态文明思想融入其中开展的深入细致的研究；从研究视角来看，将环境规制视作对经济发展不利的约束的研究占到多数，这为本书转换视角，将总体碳中和视作对农业绿色发展赋能并展开研究提供了空间；从研究前提和内容来看，农业绿色发展动力机制与实现路径在碳中和的新约束下将发生诸多变化，而现有研究还未将农业绿色发展置于碳中和目标之下统筹考虑，后续需要运用系统性思维深入对碳中和目标下农业绿色发展基础与潜力、地区间发展机会公平性等深层次的学理问题进行探讨；从研究方法来看，学者们利用历史数据和各种模型工具展开了广泛的量化研究，但对问题的理论分析相对不足。对国际、国内区域间的农业绿色发展基础、潜力方面的量化比较研究不多；对不同减排手段的效率比较仍然较少；对绿色发展动力机制的研究目前也还主要停留在政府、市场、消费者这三个层面，这为引入新的分析框架和研究方法提供了机会。

综上所述，在新时代背景下，以可持续发展为中级目标，以生态文明建设为具体目标，以绿色发展为理念，以碳减排为手段，以总体碳中和发展为约束，开展农业绿色发展动力机制与实现路径的系统性研究对国家和地区实现农业高质量发展，以及农业绿色发展形成国际优势、地区优势具有十分重要的理论价值、实践价值与现实意义。在对全国宏观层面进行研究的同时，对四川省这样一个有着丰富农业资源和悠久农业历史的地区进行了更加细致的研究，希冀通过对有代表性的问题进行探索，能够以小见大，更好地服务于对于宏观问题的研究，在宏观和中观层面对国家和四川省的农业绿色发展、乡村振兴、农业生态文明建设等内容提供可供参考的理论与实践素材。

1.3 研究方法

研究围绕碳中和目标下的农业绿色发展，分别运用历史文献回顾、定性分析、微观主体调查、数据分析、对比分析、案例分析等方法，将理论研究与实证研究相结合、路径探讨与政策建议相匹配，从宏观视角到微观视角进行分析与论证，最终落实到个案研究。本书运用以上提及的科学方法，对"双碳"目标下四川省农业绿色发展的路径与机制进行详尽的理论分析与实践论证。

本书将马克思主义生态思想、习近平生态文明思想及"两山理论"作为指导思想，将生态文明理论、可持续发展理论、生态补偿理论、博弈论等经典理论应用于碳中和目标约束下的农业绿色发展机制探究，对农业绿色发展的良性运行机制构建，实现路径规划发挥理论指导作用；实证研究以一般农业碳排放、农业隐含碳排放、农业碳排放峰值（预测）、农业碳中和（均衡值估算）、典型案例分析和影响因素探寻为核心进行。研究方法包括以下几类：

（1）规范分析。一是采取文献综述法和文献分析法对生态文明、碳中和目标愿景的内涵一致性，农业绿色发展的理论与实践价值，农业绿色赋能视角下的农业绿色发展进行质性研究。二是运用循证实践分析方法，做好相关研究，分析农业绿色发展各方参与主体利益及其联结机制。三是通过文献综述方法农业生产各领域、各环节（如农业机械节能、农田碳汇提升、稻田甲烷减排等）减排机制与路径进行理论分析。

（2）实证分析。一是利用现有的公开数据，核算全国及四川省农业碳排放水平和农业碳汇储量，摸清"家底"，并对不同排放强度场景下的农业碳达峰峰值与时间进行预测。二是典型案例分析，通过对典型的低碳农业发展模式进行案例分析，得出可供四川省农业绿色发展的参考坐标。三是计量分析，在强调描述性统计分析的同时，采用投入产出分析方法分析，考虑到本书为理论研究，部分所需的统计资料收集存在一定难度，因此会尝试改进传统的农业碳排放核算方法，借鉴帕累托最优分析框架（POA）探讨不同农业减排措施的效率改善情况。探究农业（主要是生产与流通环节）碳减排机制、实现途径，对减排主体的补偿机制问题进行探讨，判断碳中和目标下的帕累托效率改进可能性，构建农业绿色发展的指标体系。分别利用可拓展的随机性环境影响评估模型（STIRPAT）和投入产出结构分解模型（DEA - ML）对影响农业碳排放效率及其影响路径进行分析，从而为针对性制定碳减排机制与减排政策提供科学依据。

1.4 研 究 意 义

1.4.1 理 论 意 义

目前，已有很多学者围绕中国农业绿色发展等一系列问题进行了探讨与研究，但由于我国各地经济发展状况不一，各地区资源禀赋差异较大，现有的农业绿色发展研究中缺乏专门结合各个省、市、区的资源禀赋水平对农业绿色发展机制与实现路径进行系统的分析和构建。除此之外，目前的研究仅仅围绕狭义的农业绿色发展概念而并未考虑到在"双碳"目标的设定下，农业绿色发展的全新赋能的理论阐释。构建符合碳中和目标的农业绿色发展指标体系在农业绿色发展的研究中同样至关重要，而现有研究中的农业绿色发展指标体系则并未涉及。因此，本书着眼于碳中和目标下农业绿色发展动力机制与实现路径研究，重点围绕农业领域的碳中和目标设定与绿色发展指标体系构建、碳中和目标对农业绿色发展赋能的理论阐释、不同层面和维度的区域农业绿色发展潜力比较与碳中和目标下农业绿色发展实践策略等内容展开，丰富了现有研究的广度与深度，并对原有的农业绿色发展理论与研究成果进行了拓展创新。

1.4.2 现 实 意 义

从国际层面来看，中国作为世界上有较大影响力的碳排放大国，对全球气候问题的态度影响着中国的国际声誉以及国际贸易。美国的《清洁能源安全法案》规定从 2020 年起，对部分国家的进口产品征收碳关税。虽然农产品不在高碳产品的名单之上，但是可以预见未来低碳经济将会持续发展，不断扩大低碳限制所包含的范围，不断收紧行业和产品的低碳限制。因此，发展绿色低碳农业，寻找农业绿色发展的现实道路对中国参与世界经济、中国农产品走向世界有着至关重要的现实意义。

从国内层面来看，2021 年的《政府工作报告》明确提出中国的"双碳"目标，体现出中国对碳排放问题的高度关切。传统农业生产活动通常伴随着大量的碳排放。20 世纪 90 年代以来，中国的农业碳排放呈增长态势。作为碳排放的重要来源之一，农业碳减排理应成为中国碳排放的核心议题之一。因此，研究四川省农业绿色发展的动力机制和实施路径，对于实现四川省乃至全国农业绿色发展具有重要的现实价值。

第 2 章　重要概念与理论基础

2.1　重要概念界定

2.1.1　碳达峰与碳中和

全球气候变暖与人类可持续生存之间的矛盾日益尖锐，气候变暖问题已经成为当前国际社会普遍担忧、共同关注的一大焦点问题，是全世界人类面临的共同威胁。温室气体是导致气候变暖的关键原因。中国作为全球最大的发展中国家和最大的碳排放国家，积极参与应对全球气候变暖问题。为了解决资源环境约束突出问题，实现中华民族的永续发展，2020 年9 月 22 日，在第七十五届联合国大会一般性辩论上，习近平主席提出"双碳"目标，表示中国将提高自主碳减排贡献力度，采取更加有力的政策措施，即向全世界正式做出 2030 年前实现碳达峰、2060 年前实现碳中和的重大国际承诺。

有研究显示碳排放量总体呈现出一种先增后减的倒"U"型的趋势（王灿等，2020），因此，理论上会出现一个碳排放量的最高点，而碳达峰也就意味着碳排放达到历史最大值，即由增转降的拐点。碳排放量达到峰值后将不再继续增加，在经历一段平台期后出现稳步回落的趋势。我国承诺在 2030 年前，碳排放量达到峰值不再增长，之后再逐渐减少。有碳排放行为的企业、团体或个人，在一段时间内通过节能减排、植树造林、优化资源配置等手段，抵消自身产生的碳排放量，达到碳收支相抵的效果，我国力争在 2060 年前实现二氧化碳净零排放这一目标。

碳达峰与碳中和二者之间存在一定的先后顺序。碳达峰目标在碳中和目标之前，是一个中期目标，碳中和则是温室气体排放量减少的最终形态。碳达峰是碳中和的基础，因此其达成时间的早晚、峰值的高低，都影响着实现碳中和目标的时长和难度。当然，我国的 2060 年碳中和目标对 2030 年实现碳达峰也起到了一定的倒逼作用。

2.1.1.1 总体碳达峰与农业碳达峰

通常所说的碳达峰即总体碳达峰，指的是人类的各项生产、生活活动所产生的碳排放总量达历史最高点。众所周知，温室气体排放主要来自工业部门，但随着化学农业的迅速发展，农业领域碳排放也逐渐受到关注。一方面，农业是最容易受气候变化影响的产业，需要积极的气候变化应对措施来保障粮食安全；另一方面，农业生产过程中使用的大量农药、化肥等农资产品所产生的直接碳排放，以及农产品仓储、运输、贸易过程中产生的间接碳排放也是一项重要的温室气体排放来源，农业碳排放必须受到重视。

根据联合国政府间气候变化专门委员会（IPCC）发布的《IPCC2006 年国家温室气体清单指南（2019 修订版）》对农业温室气体来源的界定，中国农业碳排放来源主要有人工湿地、畜牧养殖、农业耕作及农业废弃物品（姜涛等，2021）。联合国粮食与农业组织（FAO）的统计显示，全球农业用地产生的温室气体超总体人为排放的 30%，等同于每年产生 150 亿吨的二氧化碳（金书秦等，2021），农业领域产生的碳排放量也不容小觑。依据我国目前较为权威的农业领域的碳排放数据，生态环境部发布的《中华人民共和国气候变化第二次两年更新报告》（2017）显示，我国农业排放占全国总温室气体排放的 6.7%（丁彩霞，2022）。

有关农业碳排放，不同学者在不同的研究中都各有界定。有学者认为，农业碳排放是生产消耗能源产生的二氧化碳排放量（韩岳峰等，2013）；也有学者认为，农业碳排放是由化肥农药、能源消费以及土地翻耕产生的温室气体排放（李波等，2011）；还有学者认为农业碳排放是指农民从事农业生产活动造成的温室气体排放（田云等，2013）。综上所述，本书将农业碳排放定义为：在农业生产过程中，通过自然和人为两种途径产生的以二氧化碳为代表的温室气体排放。在本书中,"碳排放""二氧化碳排放""CO_2 排放"以及"温室气体排放"是相同的概念。为了表达简便,本书中主要使用"碳排放"来表示以二氧化碳为代表的温室气体。农业碳达峰即指农业碳排放量达到历史最高点不再增长,达到峰值。农业碳达峰是总体碳达峰非常关键的一个组成要件,农业在实现总体碳达峰中具有不可忽视的位置。

2.1.1.2 总体碳中和与农业碳中和

总体碳中和即通常所说的碳中和,是碳排放与碳吸收相互抵消,二氧化碳排放净零的状态。农业拥有鲜明的绿色生态底色,作为自然生态系统和国民经济极其重要的组成部分,一方面是全球温室气体重要的排放源之一,另一方面又是能够吸收温室气体、产生巨大碳汇的产业。大气中的二氧化碳是碳排放与生态系统吸收二者相平衡的结果,森林、农田等农业生态系统中的植被通过光合作用吸收二氧化碳,生态系统的固碳能力对碳中和贡献巨大,FAO 的统计显示,农业生态系统能够抵消 80% 自身产生的温室气体排放。同时,农业作为碳排放源头之一,也相应地有巨大的减排潜力。简单来说,农业碳中和就是指农业生产活动产生的碳排放量与农业生态系统吸收相抵消,实现农业产业系统的二氧化碳净零排放。农业不仅能够实现农业产业内部的碳中和,同时还能为其他高碳排放量的产业提供重要的碳中和方案,因此在碳排放问题上具有双重属性的农业,在实现总体碳中和的目标中起到的作用举足轻重。

2.1.2 温室气体排放与减排(碳减排)

温室气体在大气中通过吸收并释放红外线辐射给地球保温,随着温室气体在数量上的增加,其越来越大的密度导致了全球气候变暖。二氧化碳(CO_2)、氧化亚氮(N_2O)、甲烷(CH_4)、六氟化硫(SF_6)、氢氟碳化物($HFCs$)以及全氟碳化物($PFCs$)等都是典型的温室气体。温室气体数量一旦超出大气环境所能消纳的能力,便会造成温室效应,导致全球气温持续上升,进而引发极端天气、干旱以及海平面上升等诸多问题,引起连锁反应。这样的全球性影响对经济和社会可持续发展带来了极为严重的挑战，还将进一步威胁到全世界人类的生存和发展，而解决这一危机的唯一出路是减少温室气体排放。

二氧化碳对温室效应的贡献达 60%，当前人为的温室气体排放绝大部分是二氧化碳，因此学界通常用"二氧化碳排放"指代"温室气体排放"，在中文语境下，学者们通常将"二氧化碳排放"进一步简化为"碳排放"，在其他国家提出的温室气体中和或者温室气体净零排放目标中也常用"碳"指代温室气体，碳减排也有同样的替代含义，用"碳排放"代替"二氧化碳排放"和"温室气体排放"。因此，为了便于研究表达，在本书中"温室气体排放""二氧化碳排放""碳排放"均为同义词，为简化表达，主要用"碳排放"进行表示。

2.1.3 农业绿色发展

在 1989 年出版的《绿色经济蓝皮书》（*Blueprint for a Green Economy*）中，英国经济学家皮尔斯（David W. Pearce）首次提出"绿色经济"概念，绿色发展理念也以此为开端。2002 年，联合国开发计划署（UNDP）完成《2002 中国人类发展报告》（*China Human Development Report*，2002），报告编委会将报告命名为《让绿色发展成为一种选择》（*Making Green Development a Choice*），同时正式提出绿色发展的概念。进入 21 世纪后，全球各国掀起了一股研究绿色发展道路的热潮。

以效率、和谐、持续为目标的绿色发展是当今世界发展重大趋势，绿色发展与可持续发展在思想上一脉相承，可持续发展理念是绿色发展的内在理论来源，但在传统可持续发展基础之上，绿色发展同时也强调气候变化对人类社会的整体性危害（胡鞍钢等，2014）。通过大量的文献梳理，本书认为绿色发展是指人们在社会经济活动中，通过合理处理人与自然、人与人之间的关系，高效文明地利用自然资源（即可持续利用或永续利用），与此同时，还保证生态环境改善、民众生活提质，并得以可持续发展的经济。

农业可持续发展也需要"绿色化"，我国正式提出农业绿色发展概念是在 2017 年 9 月发布的《关于创新体制机制推进农业绿色发展的意见》（以下简称"《意见》"）中，《意见》指出，推进农业绿色发展，是贯彻新发展理念、推进农业供给侧结构性改革的必然要求，是加快农业现代化、促进农业可持续发展的重大举措，是守住绿水青山、建设美丽中国的时代担当，对保障国家食物、资源和生态安全，维系当代人福祉和保障子孙后代永续发展具有重大意义。农业绿色发展目前还未有明确概念，不少学者对其内涵进行过阐述和解释。有学者将其定义为：以尊重自然为前提，以科学技术为依托，实现经济、社会、生态效益协调统一的可持续发展过程（魏琦等，2018）；也有学者指出，农业绿色发展本质是一种发展理念，强调全过程全方位的绿色化，在发展中保护，在保护中发展（孙炜琳等，2019）；还有学者提到，农业绿色发展一方面是农业发展的手段，同时也是农业发展的目的，要运用先进科学技术、物质装备和管理理念，达到资源利用高效、生态系统稳定、产地环境良好以及产品质量安全的目标（尹成杰，2016）。

综上所述，本书将农业绿色发展的概念定义为：以绿色发展理念为指导，是"发展"的动态性和"绿色"的方向性二者的有机结合，强调农业发展在经济、社会和生态环境效益上的统一，强调农业生产全过程全方位的"绿色"，即运用现代科技与管理手段，以实现农业在资源节约和环境友好基础上的高质量发展方式，并最终达到农业、农村、农民共同发展的目标。

2.2　研究理论基础

2.2.1　马克思主义生态思想

马克思（Karl Heinrich Marx）、恩格斯（Friedrich Engels）在研究人类社会及其发展规律、关注与思考人类前途与命运过程中，对人、自然、社会之间的关系进行了系统深入的研究，即分析了人与人之间的社会关系，以及人与自然间的生态关系，将自然、人类社会、人的发展视作一个有机统一的整体（罗川等，2016）。由于时代的特殊性与局限性，他们并没有把生态保护问题作为一门专门的、系统的科学进行研究，尽管他们没有专门论述生态环境保护的著作，但在两位先贤所著的一系列经典文献中，却都体现出了许多生态思想观念，提出了极为丰富的科学的生态环境思想（杨晶，2019）。

关于人与自然的关系，马克思主义认为二者在历史中形成了辩证统一的关系。马克思提出"自然界优先地位"，认为自然界比人类历史更早存在，人类存在于自然界中，是自然界发展到一定历史阶段的产物，是其中的一部分。自然是人类赖以生存和发展的必要前提和保障，人没有办法离开自然界独立生存（彭文刚，2016；李东松等，2010；李旭华，2012）。马克思、恩格斯生态学将人类与自然作为一个生态系统，人虽直接是自然存在物，能动地通过劳动时间参与自然界的生活，但人类不能凌驾于自然界之上，若人类过分榨取自然资源，必将受到自然界的惩罚，面临严重的生态环境危机（方熹等，2018；庄忠正等，2021）。恩格斯指出，人类每一次任意征服自然，都引起了自然的报复，许多古代人类文明都毁灭于其中（朱炳元，2009；李崇富，2011）。到了近现代这一点也同样得到了证明，人类拥有了工业化生产方式这一改造和征服自然的强大力量，但自然对人类仍然存在制约，主要表现为人类生存环境不断恶化。在人类与自然的关系中，人是主体，是生态系统的引导者、调控者、建设者，是生态和谐责任的承担者，必须高度重视自然对人类生存与发展的意义与价值，正确地认识自然、尊重自然和爱护自然，自觉地与自然和谐相处、协调发展。

马克思、恩格斯还对人与人（人与社会）的关系做了分析。人与自然、人与人之间的关系是互动共生的，所以我们看到的、感受到的人与自然的对立，背后实际体现的是人与人的对立（张渝政，2007），人们通过劳动的方式与周围的自然产生关系的同时，人与人之间也建立了联系，与此同时人与人之间的关系并非仅仅局限在横向的一代人之间，这种关系更是代际的纵向关联。由于自然资源本身的有限，加上改造自然手段与能力的有限，在人口不断增长的条件下，由于人均所能占有的自然资源发生了显著的变化，因此，人与自然的关系也就顺理成章地转换成人与人的关系，为了在有限的资源禀赋和改造手段限制下，处理好人与人之间的社会关系，马克思在《资本论》（*Das Kapital*）中就提出了可持续发展的思想（莫放春，2011）。

对于人与自然和人与人这两对矛盾，马克思主义生态思想认为，人与人之间的矛盾是占据主导地位的，因此，想要实现人与自然关系的和谐，必须先要实现人与人之间的和谐。要先从调整、改善人与人的关系出发，只有这样，人类才会齐心协力地去调整、改善人与自然的关系。处理人、自然、社会三者之间关系的最高目标有二，一是实现人与自然的和解，二是实现人类与自己的和解，要摆正人在自然中的位置，认识、尊重自然规律，控制人类对自然可能会造成的长远影响，促进自然主义与人道主义的结合。

马克思主义坚持唯物论、辩证法以及唯物史观，以实践为基础认识人和自然的关系、把人与自然的关系放在人与社会的关系下统一分析，体现了在环境问题上自然、社会、历史、现实与未来意识的统一。对于当前全球性的严峻生态危机，马克思主义的生态思想观念在历史唯物主义视野内，向我们提供了一条清晰的认识问题和解决问题的基本线索，为人类走出生态困境、化解生态危机指明了正确的方向，是我们从根本上解决生态问题的重要思想指导，为我国实现碳达峰、碳中和目标提供了重要的理论基础。坚持发掘、发扬和运用马克思主义的生态思想及理论，将有利于更好地推动我国全社会走上可持续发展道路。

2.2.2 可持续发展理论

20 世纪 80 年代，可持续发展的概念在报告《我们共同的未来》（*Our Common Future*）中首次被提出。1987 年，联合国环境与发展委员会（WCED）正式确立了可持续发展这个世界性的概念，并把它定义为："既满足当代人需要，又不危害后代人满足其需求能力的发展。"这个概念存在两个重要内涵，其一在于"可持续"，其二在于"发展"。可持续发展要求社会发展、经济增长、资源开发利用和环境保护之间是一种和谐发展的关系，而非要实现其中一个就必须牺牲另一个。实际上，可持续发展的主旨在于，在经济持续发展的同时，人类赖以生存的自然资源与环境不受到破坏。在这样的发展过程中，资源与环境禀赋的使用是可循环的，而非一次性和不可再生的，只有这样，人类社会才能够更好地发展。

可持续发展对于主权国家的重要性在于它强调了"可持续"和"发

展"二者的统一。在可持续发展的框架下,"可持续"和"发展"二者缺一不可。一个国家或地区的人民要生存和发展,经济发展是首要前提,但环境保护也是必要的考虑事项。可持续发展倡导"共同发展(common development)、协调发展(coordinated development)、公平发展(equitable development)、高效发展(efficient development)和多维发展(multi-dimensional development)"等新的发展理念,改变了传统的、较单一地注重经济发展而相对忽视经济行为对环境的冲击的国内生产总值(GDP)至上的单一发展理念,逐渐把追求经济数量增长(GDP 增长率)向追求经济质量(绿色 GDP 构成比例)发展转变。

此外,可持续发展理念还是农业绿色发展的内在理论来源,可持续发展不是单方面鼓励节约。相反,它更加鼓励通过技术、制度创新等一系列创新提升现有经济、社会及其运转的效率,从而降低社会运转过程中能源消耗,促进社会、经济的发展效率向更高的层次转变。伴随经济总量的不断增加,降低单位经济产能所消耗的能源。其核心理念就是降低单位 GDP 碳排放强度,以此实现在经济社会发展的同时,人民的生活水平持续提升。

可持续发展与碳减排的关系最早可追溯至人们对于温室气体的大量排放而引发全球变暖问题的担忧。全球气候的持续变暖不仅会导致海平面上升,而且会影响全球局部气候的稳定性,对地区的经济和社会可持续发展带来严重挑战,甚至威胁人类生存和发展。基于此,国际社会纷纷开展减少包括二氧化碳在内的温室气体排放的行动,控制全球变暖逐渐成为全世界关注的重要环境议题。然而随着人口的自然增长,经济增长仍然是世界各国的主要发展目标,在此背景下,如何实现经济、能源和环境的统筹兼顾,是各国当下面临经济发展与应对气候变化这对矛盾时需要慎重考虑的问题。而在温室气体的减排的共识之下,提高各国的碳排放绩效,在尽量降低碳排放的前提下最大化地发展经济,是探索实现可持续发展的一个重要途径。

2.2.3 生态补偿理论

《环境科学大辞典》(王新程,2008)将"生态补偿"定义为:"生物有机体、种群、群落或生态系统受到干扰时所表现出来的缓和干扰、调节自身状态来维持生存的能力，或生态负荷的还原能力。"而在生态学概念之上，对生态补偿可以有更加深层次的理解，除了其本身具备的自然生态补偿属性，其还具备一定的社会补偿属性，即可将其理解为一种保护生态资源和环境的经济手段或制度、机制。最初的生态补偿是一种生态学上的概念，属于自然科学的范畴，而从经济角度研究和讨论生态补偿最早则可以追溯到庇古（Pigou）等人关于环境外部性的研究。

资源经济学认为，引起资源不合理利用和自然环境遭到破坏的一个重要原因就是外部性。庇古认为外部性源自市场失灵，必须通过外部力量（政府干预）来纠正。通过补贴、罚款的形式使外部性生产者的成本等于社会成本，从而一方面使资源配置重新有效，另一方面使得整个社会的福利达到最优。而后来科斯（Coase）、戴尔斯（Dales）等人才在庇古的基础上提出了产权交易的观点。无论是庇古还是科斯的理论在真实世界很难找到与其提出的理论完全一致的前提条件。但不可否认的是，外部性理论为解决生态补偿问题提供了一种思路。

中国地域辽阔，各地区之间在自然禀赋、技术积累、资金积累等方面存在差异，因此农业生产过程中的碳排放效率亦存在差异，由于农产品跨区域流通的存在，将会导致区域间通过贸易的形式使农业生产碳排放进行转移，即会出现"碳泄漏"问题，即一些地区通过"进口"农产品将农业碳排放留在了农产品生产地，其碳减排成本通过跨区域的贸易机制进行了转移，这样的市场行为无可厚非，对于农产品输入而言有利于地区农业碳减排，但从国家整体层面看，农业碳排放总量并未因此得以有效减少。因此，为了鼓励农产品生产地应用低碳农业技术生产，改进现有的相对高碳的农业生产技术，或为了支付在减排的强制性要求下，农产品生产地因生产会形成大量碳排放的农产品将付出的减排成本或需要承担的惩罚。农产品输入地区应该向农产品输出地区进行一定程度的必要的"补偿"，使"外部性成本等于社会成本"。

2.2.4　循证实践理论

循证实践是实践主体在管理者制定的实践指南与标准下，运用自身的知识和经验，遵循研究者提供的证据，尊重实践对象的意愿以解决问题的实践活动。循证实践起源于 20 世纪 70、80 年代的循证医学。传统的医学治疗中往往存在医生依据自身经验或是教材案例来为病人制定治疗方案的现象，这种治疗方式可能导致成本和病人痛苦的增加，而循证实践则主张实践者按照最佳证据进行实践，提升效率、减少不必要的浪费（杨文登，2010）。几十年来，循证实践方法不断拓展，越来越多的社会科学与之相结合，形成了许多分支学科和新的研究方向。循证实践主要有四大主体，即管理者、研究者、实践者和实践对象，这个过程十分强调证据生产与应用。

管理者是统筹协调全局的角色，首先由他们发现和提出问题，其次通过行政命令或是资金激励的方式来促进研究者开展研究，以获得实践所需的最佳证据，进而在对整个实践过程进行评估后，依据其他各主体的反馈来修改完善现有的行动指南。在农业低碳减排的实践中，管理者可以分为两个层面：第一是中央层面的管理者，他们通过参考大量高级别证据和实践反馈形成最佳的农业减碳政策；第二是地方层面的管理者，主要是地方基层政府消化中央政策制度，并依据地方特点形成具有针对性的行动指南，以便实践者依据证据、经验和行动指南进行实践。

研究者则是要在管理者制定的现有指南的规范之下开展研究，来收集、生产、维护以及传播能够解决问题的证据，是证据的直接生产者，与此同时，又根据实践者、实践对象对旧证据的使用反馈，修正、补完和升级旧证据，证据在研究者这里得到循环和升级。循证实践中的研究者是指对全球气候变化问题、农业微观主体破坏自然生态行为有着深刻认识和研究的学者、科研院所、社会研究机构等，如气候问题专家、高等院校的环境学、农学、社会学等相关学科学者，以及致力于气候问题与农业发展的其他研究机构。这些对农业低碳减排问题有深入研究的个人和机构，在已有的管理者发布的政策基础之上，申请相关项目，进行相关调查，发表相关报告、论文、专著等，从而为管理者进行管理活动提供证据。此外，研究者还要依据实践结果对证据进行修正和补充，从而进一步帮助实践者提高循证实践效率以及帮助管理者修订方针政策。

实践者则是接触实践对象，开展具体的实践来解决其问题的个人或组织，他们需要结合自身的经验和实践对象的具体情况，在研究者提供的证据中选择最佳证据来开展解决问题的实际行动。本书认为循证实践框架下低碳减排的实践者也分为两个层面：第一个层面是相对于中央政府的各级地方政府。地方政府作为连接中央政府和各生产经营主体的桥梁，既要积极响应和贯彻中央制定的碳减排政策和方针，又要担任起监督者的角色，管控各农业生产经营主体的碳减排方针的实施状况。第二个层面是地方政府进行实际减排工作的主体，包括生态环境局、农业农村局及其下属机构的工作人员。实践者在政府农业碳减排的总体框架内以及政策支持下，结合自身工作经验，为研究者修订与补充证据、管理者修改与完善政策提供反馈。

管理者、研究者与实践者的所有行为都是为了解决实践对象的问题，但在循证实践过程中，实践对象并非只是被动地接受帮助，他们表达自身的意愿、充分发挥主观能动性是至关重要的，这样才能提供最佳证据的参考，才能更好地解决他们的问题，并且对实践效果形成最真实的反馈。在循证实践过程中，实践对象在可能的情况下也主动搜寻适合于自身实践的证据，他们具有且应该具有独立的思考能力和表达意愿的权利，这将更加有助于实践对象更好地改变现状。在农业低碳减排实践中，实践对象是指在双碳目标下纳入控排范围的农业减排企业、生产前端实施低碳技术的农户以及购买并消耗这些农产品的消费者，本书将企业和农户归为直接实践对象，消费者归为间接实践对象。消费者基于不同程度的低碳购买倾向，其反应是管理者、实践者进行决策调整的重要依据。

2.3 研究小结

自人类社会出现以来，人与自然的关系就伴生存在，贯穿着人类发展的历史进程，这也将会是人类生存与发展一个永恒的主题，人类存在和发展的每一步都无法离开自然。随着近代以来工业文明的发展，在人类社会不断发展的同时，自然生态平衡也被严重破坏，人与自然的关系也越来越紧张，自然生态系统为人类生存与发展提供基础的功能越来越弱，直接造成了对全球范围内人类的健康甚至生存问题的影响，同时人类社会的可持续发展也相应地受到制约。全球气候变暖便是自然生态系统对于人类破坏自然生态平衡的直接反馈，二氧化碳排放量增加产生的温室效应是造成气候变暖的根源，而人类生产生活又是大量二氧化碳产生的根源，因此，减少碳排放是遏制气候变暖趋势，减缓并扭转人与自然这一重大危机的必由之路，我国的碳达峰、碳中和目标应运而生。

"双碳"目标的提出，既是我国作为负责任的大国为全球应对气候变暖问题作出的重要贡献，也符合我国一如既往的生态发展观。中国在改革开放和建设社会主义现代化强国的过程中，始终以马克思主义生态观为指导，不断深化中国化理解与运用，在继承的基础上与时俱进。对自然环境问题的认识越来越清晰，对生态文明建设进行了不懈探索，从科学发展观到习近平新时代中国特色社会主义思想，都受马克思主义生态思想影响，体现着党对解决生态环境问题、实现中国经济社会可持续发展的理论与实践探索的不断升华。

作为自然生态系统和国民经济的重要部分，农业的低碳、绿色发展既有利于自然生态系统的改善，也是推动我国农业现代化、农业高质量、可持续发展的重要手段，是生态文明建设与乡村振兴的应有之义。而农业温室气体减排则是农业绿色发展的重要抓手，因此农业碳减排以实现农业碳中和，是碳中和目标在农业产业领域的具体化，"双碳"目标与农业绿色发展是具有统一性的，这既是我国的主动战略选择，也是实现绿色转型和可持续发展的内在需求，长远来看，碳减排将促进人类社会更加繁荣和可持续的发展。

第3章　农业碳中和、绿色发展与生态文明建设

3.1　农业碳中和

3.1.1　农业碳中和的目标

在我国碳中和目标大背景下，农业作为自然生态系统和国民经济极其重要的组成部分，农业碳中和必然是中国总体碳中和目标的题中应有之义，农业碳中和旨在使农业生产活动产生的碳排放量与农业生态系统吸收相抵，实现农业产业系统的二氧化碳净零排放，一方面要通过一些技术和管理手段减少农业生产过程中的直接碳排放，另一方面要采取措施发挥农业的生态功能，增强农业生态系统吸收碳排放的能力，通过"一增一减"为我国应对气候变化和兑现共建人类命运共同体和地球生命共同体的承诺作出积极贡献。

在全球气候变化与低碳经济发展大背景下，全世界农业正处在由"高碳"向"低碳"的重大转型期，因此出现了一种新的农业发展形势——低碳农业，我国作为农业大国也在积极地进行着这方面的探索，农业碳中和不仅是为了实现农业方面的二氧化碳净零排放以助力实现总体碳中和的目标，更是为了减少农业生产过程中造成的高碳能源消耗和温室气体排放，实现农业低能耗、低排放、低污染的低碳可持续发展，逐步发展成为具备农业生产、安全保障、气候调节、生态涵养、农村金融等多功能的新

型农业（李晓燕等，2010），并为其他产业腾出排放空间，进而促进我国更高层面的低碳经济目标的实现。

3.1.2 农业碳中和的依据和必要性

全球气候变暖是世界各国面临的共同的最大非传统安全挑战，实现碳中和是有效应对此项挑战，扭转全球变暖危机的不二之举，尽管农业并非全球温室气体排放量中占比最大的产业，但经济合作与发展组织（OECD）2020 年报告中指出，假设延续当前的政策和技术，预计农业碳排放将以每年 0.5% 的速度增长，2050 年农业产业或成为最大的排放源之一（张晓萱等，2019）。农业作为重要的碳源，农业碳中和是实现总体碳中和目标中非常关键的一环，能有力促进全产业减排，实现碳达峰、碳中和的目标。碳中和的对象是《京都议定书》中规定的六种温室气体，即二氧化碳（CO_2）、甲烷（CH_4）、一氧化二氮（N_2O，亦称氧化亚氮）、六氟化硫（SF_6）、氢氟碳化物（HFCs）以及全氟碳化物（PFCs）。根据《中华人民共和国气候变化第二次两年更新报告》，我国 2014 年农业活动产生的甲烷为 4.67 亿吨二氧化碳当量，占全国的 40.2%，氧化亚氮为 3.63 亿吨二氧化碳当量，占全国的 59.5%，是非二氧化碳温室气体的主要来源（中华人民共和国生态环境部，2018）。根据学者们的研究，农业碳排放主要来自反刍动物肠道发酵、农田管理排放、动物粪便管理、秸秆燃烧以及化肥、能源、农药、农膜等投入物排放等（董红敏等，2008；谭秋成，2011；齐晔等，2012；马翠萍等，2013）。与此同时，农业的独特性使其具备强大的碳汇功能，是国民经济各部门中唯一有潜力将自身从净碳排放者转变为净碳汇的经济部门，同时还具有补偿其他部门必需碳排放的能力，增加农田土壤有机碳储量和固碳能力，不仅有助于减缓气候变化，还能有效提升地力，保障粮食稳产增产（蔡岸冬等，2015），农业碳中和能够将农业发展和生态保护有机地统一起来。农业是最容易受气候变化影响的产业，基于以上三重特点，农业实现碳中和的意义以及正外部效应远大于其他产业（吴贤荣等，2014）。

我国有多部涉及农业碳减排的法律规章制度，《中华人民共和国可再生能源法》（2015）是最早的一部涉及农业碳减排的法律，制定了农村可再生能源发展规划;《中华人民共和国水污染防治法》(1984)在化肥农药使用量、畜禽粪便与废水综合利用以及达标排放等方面提出了明确要求(舒畅等,2014);《中华人民共和国大气污染防治法》(2015)将控制农业源的排放纳入减污降碳治理中(林斌等,2022);《中华人民共和国农产品质量安全法》(2018)针对农产品生产者提出,要合理使用化肥、农膜等化工产品;《关于统筹和加强应对气候变化与生态环境保护相关工作的指导意见》(2021)提出减缓和适应气候变化,要以自然为基础,协同推进山水林田湖草系统治理工作;《中华人民共和国乡村振兴促进法》(2021)提出从投入品减量化、生产清洁化、废弃物资源化等方面防治农业面源污染(刘明明等,2021)。我国出台的相关政策、法律是对农业碳中和的有益探索,但还未形成较为完善的碳中和政策法律体系。目前国家发布的有关"双碳"的文件中强调了农业在实现碳达峰碳中和目标中的重要作用。2021年10月,中共中央、国务院发布的《关于完整准确全面贯彻新发展理念做好碳达峰碳中和工作的意见》指出,要加快推进农业绿色发展,促进农业固碳增效,实施国家黑土地保护工程,提升生态农业碳汇。《2030年前碳达峰行动方案》中也明确针对农业和农村领域,指出要推进农业和农村地区的减排和固碳,并对农村建设、农村能源消耗、农业技术利用以及土地恢复等方面提出了要求,由此可见,实现农业碳中和在实现总体碳中和目标中受到了高度重视,具有极大的现实意义。

3.1.3 农业碳中和的可能性

农业碳中和作为总体碳中和中非常必要的一个环节,努力实现农业碳中和符合我国当前重大战略目标要求,同时也能够服务低碳农业与低碳经济的发展,培育和带动新兴产业,提高人们的健康水平,符合人民群众的愿景追求。在符合人民与国家共同追求的基础之上,农业碳中和实现的方式,主要可以分为减碳和固碳两个方面:一方面是减少农业生产过程中的碳排放量,另一方面是增加农业生态系统的碳汇储量。

在农业减排问题上,当前关于减少农业碳排放的措施大多针对不同的碳排放来源开展研究,对于农业温室气体的减排主要可以分为种植业、养殖业以及社会因素三大方面。种植业减排主要通过改进农田管理以及农业生产方式来实现，具体而言主要是推广栽培与灌溉技术、测土配方施肥、提高农业机械利用率、开发利用农村可再生资源等（李明峰等，2003；张晓萱等，2019）。畜禽养殖减排措施则聚焦于改善饲料和改良品种、加强畜禽粪便管理、提高粪便收集回收率等（章永松等，2012；王斌等，2022）。此外，社会因素方面的措施还包括加强绿色生产奖补、改变农业投入要素价格、加强市场监管、引导合理膳食减少食物浪费等（李昊等，2017；唐博文，2022；叶兴庆等，2022；王晓等，2013）。

现有文献对农业碳减排措施效果进行了大量的研究，改进农田管理和畜禽养殖措施被证实有显著的碳减排效果。自 20 世纪 70 年代以来，通过品种改良、稻作技术创新，我国水稻单产提高 130% 的同时，碳排放下降 70%（叶兴庆等，2022）。2015 年起，化肥用量呈负增长趋势，2019 年相比 2015 年，氮肥下降 18%，磷肥下降 19%，钾肥下降 13%，相当于减排共 5 600 万吨二氧化碳当量（程坤等，2021），通过减少氮肥用量、优化施肥，2030 年我国可减少氧化亚氮排放约 546 万吨（李迎春，2009）。研究还发现，提高日粮精料水平可以使家畜甲烷排放量减少 10% ~ 30%（张秀敏等，2020）。另据 IPCC 报告显示，在生产相同产品的情况下，改良和推广家畜品种可以减低家畜饲养总量，从而减少温室气体排放量，减排潜力为 10% ~ 30%。通过频繁清除粪便，厌氧消化和粪便酸化可同时减少排放氨（3% ~ 60%）、氧化亚氮（21% ~ 55%）和甲烷（29% ~ 74%）（Sajeev et al.，2018）。对于调整饮食结构、减少食物浪费，有研究认为，如果我国食物浪费、动物类消费减少 10%，2030 年农业生产导致的氧化亚氮排放将减少 12%（Hu et al.，2020）。

农业固碳主要指土壤固碳，即通过管理措施提高土壤碳含量，将大气中的二氧化碳固持在土壤碳库中（姚延婷等，2010）。土壤有机碳库是陆地碳库的核心组成部分，土壤固碳是被《京都议定书》认可的固碳减排的途径之一，有着巨大的潜力（逯非等，2009）。从历史角度看，土壤有机碳损失的主要原因有：频繁翻耕、不当用肥、焚烧作物残余、缺乏抵御土壤侵蚀和防治土壤退化的保持措施等（杨学明等，2003）。农业固碳主要有以下措施：（1）实行免耕和保护性耕作，减少对土壤的扰动，增加土壤的团聚体数量，改善土壤结构；（2）推广农业固碳技术，开展生物固碳技术和固碳工程；（3）保护现有的碳库，同时扩大碳库，合理规划土地，巩固退耕还林还草等生态建设成果，同时通过增加森林、恢复农村湿地、实行计划性的封山育林等途径增加碳汇（唐海明等，2010；夏龙龙等，2020）。

综上所述，农业碳中和首先是全社会实现低碳发展的必然前提，是人民与国家所共同追求的、需要的、支持的，在符合当前社会发展大背景的基础之上，众多学者的研究也表明实现农业碳中和有着具体且有效的措施与手段，并且已经取得了一定的进展，农业碳中和有着环境、经济、政策、技术等多方面的可能性，实现农业碳中和是必要之举，也是必成之举。

3.2 农业绿色发展

3.2.1 农业绿色发展的目标

"绿色发展"理念始于"绿色经济"。人类社会进入21世纪后，全球各国掀起了一股研究绿色发展道路的热潮。绿色发展理念以马克思主义生态观为理论源泉，是人类对人与自然关系永续共存问题的智慧结晶、实践总结（黄茂兴等，2017）。绿色发展已经成为当今世界的一个重要趋势，绿色发展与可持续发展在思想上是一脉相承的，在传统可持续发展基础之上，绿色发展同时强调气候变化对人类社会的整体性危害（胡鞍钢等，2014）。在《关于创新体制机制推进农业绿色发展的意见》中，"农业绿色发展"概念被正式提出，阐释了农业绿色发展的重大意义（中共中央办公厅、国务院办公厅，2017）。

本书认为农业绿色发展是指人们在农业生产中，正确处理人与自然、人与人的关系，高效文明地利用自然资源（即可持续利用或永续利用），与此同时使生态环境改善、民众生活提质的农业发展模式。中国共产党第十九次全国代表大会报告指出中国特色社会主义进入新时代，我国社会主要矛盾已经转化为人民日益增长的美好生活需要同不平衡不充分的发展之间的矛盾。进入新的发展阶段后，农业绿色发展的目标便在于实现农产品的绿色化，提高绿色供给能力，为14亿中国人民提供优质安全的农产品，保障人民群众身体健康，满足人民日益增长的美好生活需要，更好地解决新时代社会主要矛盾，促进农业以及全社会的可持续发展。

3.2.2 农业绿色发展的依据和必要性

改革开放 40 多年来，农业快速发展的同时，生态环境也亮起了"红灯"，当前我国农业发展一方面有着资源的约束，另一方面有着环境的约束，农业面源污染、农业生态系统退化等问题严重，农业持续稳定发展面临着极大挑战，而"绿色化"是农业实现可持续发展的必要条件。由联合国开发计划署（UNDP）等机构联合发布的《中国人类发展报告特别版》明确指出，中国较世界其他国家面临更严峻的资源消耗及环境污染问题，中国需要坚持走可持续发展道路，更要重视发展中的绿色创新（联合国开发计划署，清华大学中国发展规划研究院，2019），农业绿色发展既有完整的理论体系，又有丰富的内容，是我国农业可持续发展的最佳选择与主导模式（严立冬等，2011）。

首先，农业绿色发展能够维护自然生态价值。我国农业资源环境有着内外源性污染的双重压力，农业已超过工业成为我国最大的面源污染产业（杨滨键等，2019），同时农业也是温室气体排放不可忽视的重要来源。2015 年两会期间，习近平总书记参加江西代表团审议时指出："环境就是民生，青山就是美丽，蓝天也是幸福"，中国力争最美，农村必然要美，推动农业绿色发展是保护农村自然资源的必要手段。其次，从绿色发展的内涵中可知，高质量的振兴战略不仅仅是环境良好，还要借助绿色低碳、低耗能、低成本的生产方式发展农业，从而形成集生态有机、生态旅游、传统手工业等于一体的农村新兴绿色发展产业，有效支持乡村振兴在经济方面的基石作用，农业绿色发展有着顺应农村经济高质量发展的生产价值（裴宗飞等，2022）；并且农业绿色发展是紧跟农民发展需求、改善农村生态环境的保障。当前人们对美好生活的需求日益增长，农村居民越来越追求清新的空气、干净的水源、健康的食品和优美的环境。人民群众对食品安全问题愈发关注，对优质安全农产品的需求愈发旺盛，农业绿色发展适应了时代需求，体现了以人为本的思想（于法稳等，2022）；在经济全球化背景之下，推动农业绿色发展，也是提升我国农产品国际竞争力的必然要求，与此同时有利于农产品品牌化发展，农产品质量得到提升，价格也会相应提高，进而可以提高农民的经济收入。

我国高度重视绿色发展，党的十八届五中全会提出"创新、协调、绿色、开放、共享"的发展理念，全面开启了"绿色新政"。2016 年中央农村工作会议提出，促进农业农村由依赖资源消耗向绿色生态可持续发展转变，由满足"量"的需求向满足"质"的需求转变。《关于创新体制机制推进农业绿色发展的意见》（2017）规定把农业绿色发展摆在生态文明整体建设中的突出地位，结合生态文明建设，对农业绿色发展情况进行评估和考验。农业农村部、国家发展改革委、科技部、自然资源部、生态环境部以及国家林业和草原局联合印发的《"十四五"全国农业绿色发展规划》（2021），提出到 2025 年农业绿色发展资源利用水平明显提高、产地环境质量明显好转、农业生态系统明显改善、绿色产品供给明显增加、减排固碳能力明显增强的五项目标。

3.2.3 农业绿色发展的可能性

一方面，党中央对农业绿色发展予以高度重视，出台的政策文件提供了必要又强有力的软件支撑。2016 年中共中央、国务院发布的《关于落实发展新理念加快农业现代化 实现全面小康目标的若干意见》指出，我国农村应加强资源保护和生态修复，推动农业绿色发展，走产出高效、产品安全、资源节约、环境友好的农业现代化道路，这是"农业绿色发展"作为专有名词首次出现在官方文件中。2017 年 9 月，中共中央办公厅、国务院办公厅《关于创新体制机制推进农业绿色发展的意见》正式确立了"农业绿色发展"在国家政治话语中的地位（金书秦等，2020）。2017 年 12 月召开的中央农村工作会议、2018 年中共中央、国务院发布的《关于实施乡村振兴战略的意见》都强调，要走中国特色社会主义乡村振兴道路，必须坚持人与自然和谐共生，走乡村绿色发展之路（周宏春，2018）。

另一方面，我国农业绿色发展有着项目措施、科技与资金支持以及由坚持数量、质量、生态并重的高标准农田提供的有力基础硬件支撑。2021 年 9 月印发的《"十四五"全国农业绿色发展规划》提出五类有效实现低碳绿色发展的工程措施：一是保护利用农业资源，主要包括耕地治理修复、高效节水灌溉等项目;二是保护治理农业产地环境,主要包括化肥农药减量增效、农膜回收处理等;三是保护修复农业生态系统,主要包括耕地轮作休耕、国土绿化行动等;四是提升绿色优质农产品供给,主要包括农业生产"三品一标"提升行动、农业绿色生产标准制修订等;五是科技支撑,主要包括绿色技术应用、绿色农机装备研发推广等。具体而言,当前"互联网 +"、大数据在农业领域的应用越来越广泛,农业节水灌溉、有机栽培、农业废弃物资源化利用等技术也不断创新。原农业部发布的《农业生态环境保护项目资金管理办法》(2018),严格规定必须将资金用于农业污染防治和生态农业建设等相关工作(李学敏等,2020),加强了农业绿色发展财政资金的投入。

综上所述,农业绿色发展与可持续发展理念是一脉相承的,是我国实现农业高质量、可持续发展的必由之路,在党和政府的高度重视和关怀下,在相关政策文件、具体绿色项目措施、科技与资金支撑下,在我国大规模高标准农田建设的基础之上,当前我国农业绿色发展已经取得了初步成效,通过不断完善相关制度体系优化建设,进一步夯实内生动力,我国农业绿色发展水平将得到更好的提升。

3.3 生态文明建设

3.3.1 生态文明建设的目标

党的十八大报告以"大力推进生态文明建设"为题,独立成篇,系统地进行了论述,把"生态文明建设"提到了一个前所未有的高度,指出它是关系人民福祉、关乎民族未来的长远大计,要把生态文明建设放在突出地位,融入经济、政治、文化与社会建设各方面和全过程。同时报告也明确了其目标是:资源节约、环境友好型社会建设取得重大进展,主体功能区布局基本形成,资源循环利用体系初步建立,单位国内生产总值能源消耗和二氧化碳排放大幅下降,主要污染物排放总量显著减少,森林覆盖率提高,生态系统稳定性增强,人居环境明显改善。形成节约资源和保护环境的空间格局、产业结构、生产及生活方式，人与自然和谐共生、良性循环、全面发展，努力建设美丽中国，实现中华民族永续发展。

3.3.2 生态文明建设的依据

马克思主义奠定了生态文明建设坚实的理论基础，尽管没有直接使用"生态文明"的概念提法，但是其思想理论体现着非常丰富且深刻的生态文明思想。马克思主义认为，人类文明作为文明系统存在，是由物质、政治、精神和生态这几项基本要素构成的统一整体，强调生态文明在社会文明系统中的地位和作用。马克思主义认为，生态环境基础是物质、精神和政治文明得以建立的必要条件，生态文明可以理解为人在处理与生态环境关系时体现的文明程度，主要表现为人与自然的和谐、环境友好型社会的发展状况，比如具有生态文化价值观、环境保护意识，科学的生产、生活和行为方式等（方世南，2008）。

马克思、恩格斯提出："我们这个世纪面临的大变革，即人类同自然的和解以及人类本身的和解"。其中"人同自然的和解"，是指人与自然和谐的关系，就是要建设人与自然和谐的生态文明、环境友好型社会。"人类本身的和解"是指人与人的关系，即社会关系，主要通过建设物质、精神和政治文明来加以解决。由此可见，生态文明是一个更高阶段与形态的文明，是一种达到了人与自然、人与人以及人与社会和谐协调、环境友好、全面发展的新文明。

马克思主义生态思想的唯物主义立场，为中国共产党的生态文明理论的形成和发展提供了唯物论基础，中国共产党人在马克思主义生态思想的指导下，对生态平衡进行了不懈的探索与实践。以毛泽东同志为核心的第一代中央领导集体，作出了"植树造林、绿化祖国"、根治大江大河等一系列生态建设重大部署；以邓小平同志为核心的第二代中央领导集体，不断加深对人与自然的依赖性的认识，重视人对自然环境的保护；以江泽民同志为核心的第三代领导集体，把保护环境提高到基本国策的高度，确立了可持续发展战略；以胡锦涛同志为总书记的新一届领导集体，首次明确提出建设生态文明（孙金华，2008）；新时代习近平生态文明思想回答了什么是生态文明、怎样建设生态文明的一系列问题，拓展了边界，丰富了内容，开启了实践，将生态文明建设提高到一个新的境界（李雪松等，2016）。

我国的生态文明建设战略继承和创新马克思主义生态文明理论，是马克思生态主义思想在中国的新实践和新发展，是我们党的环境建设理论与时俱进、不断深入发展的成果，从中国的社会实际出发，把建设生态文明，处理人与自然的关系上升到社会的高度去认识，是我们党坚持马克思主义生态思想并发挥赋予其时代价值的必然选择，也是贯彻落实科学发展观的基本要求和重要环节。

3.3.3 生态文明建设的农业绿色抓手

农业既是我国国民经济的基础性产业，又是与自然联系最为紧密的支柱性产业，是生态文明建设的出发点和落脚点，农业绿色发展是生态文明建设的重要抓手。如何实现农业农村绿色化发展并推动生态文明建设，主要有以下几个方面的途径：

第一，培育农民生态文明理念，树立农村生态文明新风。农民作为农村农业发展最为广泛的关键性主体，提升文化素质、养成生态文明素质是非常重要的，要使其了解到现实问题的紧迫性以及生态文明建设的重要性。在政府的积极引导下，将思想道德与法治观念教育和农民的技能培训相结合，增强生态环保意识和责任感。可以开展丰富的基层生态示范活动，比如生态文明村、绿色家庭建设等形式，构建起农业农村生态文化体系，形成全体群众共同自觉参与农村生态文明建设的良好新风（黄克亮等，2013）。

第二，建设完善生态文明制度。制度是生态文明建设的根本保障，政府决策者和管理者首先必须严格执行相关的规章制度、政策法规，主要包括资源保护、监督审核、生态恢复与补偿等方面，同时还需要规范公众参与农村生态建设的权利，对参与途径、形式和程序作出具体规定，为积极参与农村生态文明建设提供法律保障（于洋，2015）。还要完善农业绿色发展补贴政策体系，鼓励和引导金融资本、社会资本等向农业资源利用、环境治理等领域投资，构建多元化投入机制，支持农业农村绿色发展（王飞等，2018）。

第三，加强绿色技术创新研究，发展高效绿色生态农业。绿色生态农业是农村生态经济的一大支柱，同时发展绿色生态农业是有效化解经济高速增长与生态环境恶化之间的矛盾，是实现农村生态与经济效益统一的对策。其一方面能够保护农村生态环境，另一方面可以提升农产品的品质，从而提高农产品竞争力，进而增加农产品价格。绿色技术是发展生态农业的前提和重要支撑，科学技术不仅是提高生产力的重要渠道，同时也是解决环境污染的重要路径（黄巧云等，2014）。在传统生态农业重视保护资源环境与生态系统的基础上，采用现代技术弥补其规模小、效率低及抵御灾害能力差的不足，可以促进绿色生态农业高效发展（朱立志，2013）。

3.4 碳中和、农业绿色发展与生态文明建设的内涵统一性

3.4.1 碳中和与农业绿色发展内涵统一性

碳中和是通过植树造林、节能减排、优化资源配置等手段，抵消自身直接、间接产生的碳排放量，实现二氧化碳的"零排放"。农业绿色发展是指以绿色发展理念为指导，是"发展"的动态性和"绿色"的方向性二者的有机结合，强调农业发展在经济、社会和生态环境效益三个方面的统一，强调农业生产全过程全方位的"绿色"，即运用现代科学技术与管理手段，形成资源节约、环境友好的高质量农业发展方式，达到农业、农村、农民共同发展的目标。

碳中和与农业绿色发展都是我国面对当前严峻的生态环境问题而提出的有效策略，碳中和聚焦于环境问题中的大气污染防治方面，即温室气体的排放；而农业绿色发展涵盖农业发展全过程全方位的污染防范。前者从污染类型出发，后者从产业类型出发，二者对于生态环境保护问题的针对性有所不同，但都体现了"绿色化"的内涵。碳中和的核心内涵在于二氧化碳排放量的减少，而在农业生产中二氧化碳排放量的减少也正是农业绿色化发展的体现，因此二者在减排问题上有着高度的一致性，有着同样的内涵与目标追求，即减少资源消耗，降低污染排放，减少环境污染，追求

绿色低碳的发展方式。

3.4.2 碳中和与生态文明建设内涵统一性

新时代习近平生态文明思想推动了理论、实践与制度创新，开辟了生态文明建设新境界，阐释了发展与保护、环境与民生、人与自然以及国内与国际的关系，提出了保护生态就是发展生产力；良好的生态环境就是最公平的公共产品、最普惠的民生福祉；要尊重自然、顺应自然、保护自然，人与自然和谐发展；深度参与全球环境治理，切实保护好人类赖以生存的地球家园。

碳中和与生态文明建设二者都旨在解决资源环境突出问题、实现中华民族永续发展，相较于聚焦于碳减排的碳中和而言，生态文明建设是一个更加宏大的概念，但二者同样有着统一的内涵，碳中和目标与生态文明理念是高度契合的，碳中和理应被纳入生态文明建设整体布局。"人与自然和谐关系"是生态文明的核心内容，而碳中和关注的正是自然中的气候领域，是人与气候系统的关系，无疑也是人与自然关系的一部分（苏利阳，2021），生态文明建设目标中也明确提出"二氧化碳排放大幅下降"的目标，这与碳中和的内涵也契合。二者都是我国为了构建人类命运共同体做出的重大努力，是提升我国作为全球生态环境治理问题重要参与者、贡献者、引领者的地位和作用所提供的中国智慧与方案，同时，二者都不仅仅强调生产方式的转变，更强调生活或消费方式的全方位转变。

3.4.3 农业绿色发展与生态文明建设内涵统一性

生态文明建设的目标是：资源节约型、环境友好型社会建设取得重大进展，主体功能区布局基本形成，资源循环利用体系初步建立，单位国内生产总值能源消耗和二氧化碳排放大幅下降，主要污染物排放总量显著减少，森林覆盖率提高，生态系统稳定性增强，人居环境明显改善。形成节约资源和保护环境的空间格局、产业结构、生产及生活方式，人与自然和谐共生、良性循环、全面发展，努力建设美丽中国，实现中华民族永续发展。

农业生态系统是自然生态系统的重要部分，与生态系统的接触最直接、广泛、频繁，是生态文明建设的重要领域，农业发展状况直接影响到生态文明建设成效。因此，农业绿色发展是生态文明建设的关键内容，是生态文明建设在农业领域的具体体现，是生态文明建设的实践载体，为生态文明建设创造良好的物质条件（刘巍，2022）。二者都注重经济、社会和生态环境效益的统一，强调节约资源、保护环境的发展方式，农业绿色发展所追求的农业、农村、农民共同发展的目标与生态文明建设的和谐共生、全面发展目标也如出一辙。

3.4.4　三者内涵的统一性

综上所述，碳中和、农业绿色发展与生态文明建设三者两两之间均存在联系与内涵的统一性，因此三者之间也必然存在内在逻辑的统一性，三者是相互促进的关系。碳中和、农业绿色发展、生态文明建设作为我国坚持马克思主义生态思想理论指导下，结合发展实际不懈探索的产物，都致力于探究人与自然如何和谐共生的问题，同时坚持绿色发展的理念，寻求节能、低碳、循环的发展道路，以达到建设美丽中国、实现中华民族永续发展的目标，这也是整个人类社会可持续发展的目标。

3.5　农业碳减排、农业碳中和与农业绿色发展的辩证关系

3.5.1　农业碳减排与农业绿色发展的辩证关系

农业碳减排是指在减少农业生产活动过程中，通过自然或者人为途径产生的以二氧化碳为代表的温室气体排放，而农业绿色发展，"农业"指向其主体，"发展"指向其核心，"绿色"指向其方式，是指以绿色发展理念为指导，是"发展"的动态性和"绿色"的方向性二者的有机结合，强调农业发展在经济、社会和生态环境效益上的统一，强调农业生产全过

程全方位的"绿色",即运用现代科技与管理手段,以实现农业资源节约和环境友好的高质量发展方式,达到农业、农村、农民共同发展的目标。

从内涵上理解,首先农业碳减排与农业绿色发展在绿色理念上是相互统一的,农业碳排放量的减少正是农业低碳绿色发展的重要体现,以应对生态环境破坏问题为出发点,以期达到资源节约和环境保护的目标,因此二者在"绿色"的方向性上是一致的。但同时,我国正处在传统和初级现代化农业并存,向全面现代化转变的关键期,存在大量使用农业机械以及高度依赖化肥、农药等生产资料等问题(田云等,2021),导致农业生产效率提升的同时,也加剧了碳排放,因此也存在着农业经济增长与农业碳排放量增加之间的矛盾。农业碳减排旨在减少农业生产过程中的温室气体排放,在一定意义上意味着要减少农药、化肥等农业生产资料以及农机的使用,或是采用价格更高、环境污染更小的农用物资以及先进的机械与技术进行农业生产,这些都会产生农民生产意愿的降低以及生产成本的增加的问题,影响各类农产品的有效供给,因此农业碳减排在一定程度上与农业绿色发展中的"农业发展"目标相悖,如何在减少碳排放的基础上不限制农业的发展,实现"农业发展"的动态性和"农业绿色"的方向性这二者有机结合的农业绿色发展也是本书期望探讨的问题。

3.5.2 农业碳中和与农业绿色发展的辩证关系

农业在气候变化问题中的重要位置,意味着推动农业绿色发展,不论是从解决气候变化问题,还是从农业自身的可持续发展问题,或是从助力实现碳达峰、碳中和目标来看都将发挥关键的作用。

农业碳中和目标为农业绿色发展指明了新的方向、作出了新的要求。在中央财经委员会第九次会议上,习近平总书记指出,实现碳达峰、碳中和是一场广泛而深刻的经济社会系统性变革,要把碳达峰、碳中和纳入生态文明建设整体布局。新发展理念下的双碳目标,对我国经济社会绿色低碳发展提出了明确要求(杨博文,2021),为绿色发展提供明确的时间表、路线图,更显示出了绿色发展的必要性和紧迫性。农业碳中和聚焦于农业碳排放问题,绿色发展的低碳底色更加浓厚,要构建低能耗、低污染、低排放为主的生产经营方式。一方面,水稻种植、化肥农药、畜禽饲养、粪便管理以及生产用能等会导致大量碳排放；另一方面，农业也是重要的碳汇系统，有着巨大的碳汇潜力（高鸣等，2022），这为我国农业发展设定了更加明晰的方向和目标，是一条更加明确、具体的农业绿色发展道路。

农业绿色发展是实现碳中和目标的重要环节。农业绿色发展重视科学技术与管理理念的运用，形成资源利用高效、生态系统稳定、产地环境良好和产品质量安全的新格局（尹成杰，2016），是农业生态、生产以及生活全面的绿色化（孙炜琳等，2019）。在"绿水青山就是金山银山"理念的引领下，全国上下齐心、真抓实干，坚持贯彻绿色发展理念，努力形成绿色生产生活方式（黄润秋，2021），特别是在农业领域，农业绿色发展上采取的措施取得了良好的成效。在"中国这十年"系列主题新闻发布会上（2022），农业农村部有关负责人表示，通过有机肥替代化肥、农药减量增效，化肥农药使用量连续多年负增长；通过对开展推进粪污综合利用，全国畜禽粪污综合利用率达76%；农膜回收利用率超80%；通过大规模国土绿化行动，全面实施禁牧、休牧和草畜平衡制度，森林覆盖率超过23%，草原综合植被盖度达到58%（邹祖铭，2022）。诸如此类的措施都将有利于农业系统二氧化碳排放量的减少，同时还能够提高农业生态系统碳吸收能力，农业绿色发展与碳减排有着高度的一致性，既是推进生态文明建设的重要内容，也是助力实现碳中和目标的重要抓手。

3.6 碳中和为农业绿色发展赋能的理论

3.6.1 农业绿色发展面临的环境规制压力

伴随中国农业经济高速增长而来的是沉重的资源环境代价，农业经济高速增长与环境之间濒临失衡的关系已引起广泛关注，为此我国在绿色理念引导下推动农业绿色发展，在追求农业经济持续高速增长、推进农业绿色发展的双重使命下，农业发展面临一定的环境规制约束压力。

政府是环境规制中的主要力量，通常以环保法律、法规、条例对实施环境污染的经营主体采取强制性的约束，属于命令控制型环境规制，经营主体只能遵循相关的约束，遵照一定的排污标准和技术标准开展经营活动，否则会受到相应的惩罚，这样便提高了经营主体的成本，如回收生产废弃物、购买清洁生产要素、购买或升级农机设备等，同时，这也违背了农户经济效益最大化的目标，对开展农业绿色生产活动产生负面影响（郭海红等，2022）。2015 年新《环境保护法》的实施推动我国对污染治理的要求达到了史上最严格、最广泛的程度，此后还陆续出台了《环境保护公众参与办法》（2015）、《环境保护税法》（2018）等环境规制手段（张小筠等，2019），重拳出击，整治环境问题。已有研究表明，随着正式环境规制政策的推行，各级政府环境监管力度越来越严格，农业生产主体面临更加严厉的检查，从而使其"被迫"选择更加环保、绿色的行为，但相应的制度成本也随之增加，生产经营主体绿色发展的绩效将会降低，并可能面临退出经营的风险（杨皓天等，2020）。

除了政府的正式环境规制以外，还存在着其他一些形式的非正式环境规制，即社会群体或个人由于有更高质量环境的利益诉求，通过监督、抗议、投诉、谈判协商等方式起到对环境破坏行为的制约和惩治作用。主要包括社会团体与农村居民、消费者等，他们可以对污染行为进行曝光与投诉以及舆论施压，此外，具有绿色环保产品偏好的消费者在消费决策时倾向于选择绿色认证标志的产品，他们可能对高碳生产行为下产出的农产品采取抵制等行为，对农业绿色发展产生市场压力，农业生产主体也会因此更加注重绿色产品的研发，从而提升绿色经济绩效（李瑾等，2019），非正式环境规制也是农业绿色发展中不容忽视的力量。非正式环境规制力量的约束力还体现在，他们不仅会对农业生产经营主体产生环保压力，也可以通过对政府施压，督促其强化环保督察和农产品绿色检验，加大对农业绿色生产的引导和治理（李芬妮等，2019）。

3.6.2 碳中和目标赋能农业绿色发展的理论与机制

前文我们提到生态补偿理论，在生态学概念上进行理解，其除了自然生态补偿属性外，还具备社会补偿属性，即还可以将生态补偿理解为一种保护生态资源和环境的经济手段、制度或机制。狭义的生态补偿是指人类由于对生态系统、自然资源造成破坏而进行的补偿、恢复、综合治理等活动；广义的生态补偿在此基础上，还包括对因环境保护丧失发展机会的居民进行的资金、技术、实物上的补偿和政策上的优惠，以及为增强环保意识、提高环保水平进行的科研、教育支出。我国地域辽阔，各地区之间存在自然禀赋、技术积累、资金积累等方面的巨大差异，因此农业生产过程中的碳排放效率也存在差异，生态补偿是促进区域内生态安全、区域间经济协调发展行之有效的工具（吴立军等，2022）。地区之间进行农产品贸易时，一些地区通过"进口"农产品将农业碳排放留在了农产品生产地，其碳减排成本通过跨区域的贸易机制进行了转移，对于农产品输入地而言，这样有利于地区农业碳减排，但从国家整体层面看，农业碳排放总量并未因此得以有效减少。而碳中和目标要求的是整体排放总量的中和，通过生态补偿可以鼓励农业生产应用低碳农业技术，改进现有的相对高碳的农业生产技术，推动农业低碳绿色发展。

面对全球气候变化问题，全球碳中和的意识已经形成并且支持者的队伍在不断壮大。当前实现碳中和不是一道"要不要"的选择题，而是一道"怎么做"的应用题，是全人类必须共同面对和完成的转变，因此不同的国家面对这个问题时必然存在一种博弈。我国的碳中和目标既是应对国际压力的战略性选择，也是在环境问题上负责任大国的形象体现，碳中和的大国博弈必将整合各种力量，重塑国际政治格局（张永生等，2021）。同时，碳中和不仅是全球气候问题治理下的减排博弈，更能够重塑经济发展方式，如果国家能实现技术领先，便将拥有更强的全球话语权。由于碳中和目标的驱动，低碳产业相关的基础设施建设将成为新的增长点、发力点，也就提供了缩小与发达国家之间技术差距、抢占新一轮技术革新先机的可能性（清华大学气候研究院，2020）。因此，在碳中和提供的竞技场上，各国进行着减排博弈和技术经济竞争博弈，我国依据现实情况提出的碳中和明确目标也因此倒逼农业生产方式的绿色转型，碳排放约束对农业生产率和农业技术进步有着显著推动作用，具体如产前绿色投入品开发使用、产中绿色技术模式创新、产后农业废物资源化利用，全产业链实现面源污染物的减少。

3.6.3 碳中和目标对农业绿色发展的赋能路径

碳中和目标的提出，可以从以下三条路径赋能农业绿色发展：

路径一，政策制度与法律法规。碳中和目标为农业绿色发展指明了方向，有了碳中和这个清晰明确并且被广泛接受的目标，就能够倒逼农业生产方式的绿色转型，有了明确的目标后，全社会将更容易形成统一的预期，便会相应地采取农业绿色发展行为实践。相关政策、制度以及法律法规等是保障减排行动顺利开展、目标顺利达成的基础，从战略高度出发规划政策与制度是对农业绿色发展赋能的首要路径。碳中和方面专门的法律与政策尽管还有待建立与完善，但在一些促进"双碳"目标实现的相关文件中也体现了农业绿色发展的相关要求。《2030 年前碳达峰行动方案》（2021）对我国 2030 年前实现碳达峰的目标作出重要部署。在农业农村领域明确提出，促进农业和农村地区的减排和碳封存，并对农村建设、农村能源消费、秸秆利用、土地恢复等提出明确要求。《关于完整准确全面贯彻新发展理念做好碳达峰碳中和工作的意见》（2021）提出，要加快推进农业绿色发展，促进农业固碳增效，在持续巩固提升碳汇能力方面，提出提升耕地质量、保护国家黑土地的行动与工程，提升生态农业碳汇（谢华玲等，2022）。

路径二，资金赋能。碳中和目标下以绿色发展为导向的财政、金融支持"三农"的资金间接地进一步提高与化肥农药减量、秸秆利用、地膜回收等环境友好行为的联系程度（金书秦等，2021）；加快完善绿色信贷、债券、保险等金融支撑体系，引导更多主体参与到农业绿色发展实践中来，为其创造良好的条件；完善、丰富创新农业生态补偿方式，对于被补偿方而言，可以增加收入，抹平其减排成本；对于补偿方而言，可以由生态补偿金倒逼其减少直接或间接造成的农业碳排放，对农业绿色发展起到积极的促进作用。

路径三，发展农业碳交易市场。随着 70 多个国家和地区承诺 2050 年实现净零排放，全球碳市场逐渐积极扩张，我国农业有着巨大的减排固碳潜力，可以从碳（排放）源变为碳汇。农业生态系统（如农田土壤、农作物、植被等）可以吸收并固定大气中的二氧化碳，要积极利用与开发农业碳汇资源，推动农业纳入碳排放交易市场，按照先单项后全面、先基础后复杂、先试点后普及的原则，调动各方积极性（王灿等，2020）。碳汇交易具有广阔的前景，不仅能够（直接或间接地）增加农民收入，还能促进农业减碳增汇、提质增量，促进传统农业向绿色低碳农业转型。

3.7 研究小结

本章研究围绕三大主题，即农业碳中和、农业绿色发展以及生态文明建设开展。农业碳中和、农业绿色发展以及生态文明建设都是我国应对经济高速发展与生态环境恶化之间矛盾的重大举措，本章首先分析了其各自的目标和依据、农业碳中和与农业绿色发展的可能性以及生态文明建设的绿色抓手；其次对三者相互之间的关系进行了梳理，虽然农业碳中和、农业绿色发展以及生态文明建设是有着不同指向与侧重点的理念，但它们任意二者之间都有着内涵的统一性，有着密不可分的联系，三者是相互促进的关系。碳中和、农业绿色发展、生态文明建设作为我国坚持马克思主义生态思想理论指导，结合发展实际不懈探索的产物，都在探究人与自然怎样和谐共生的问题，同时坚持绿色发展理念，寻求节能、低碳、循环的发展道路，以达到建设美丽中国，实现中华民族永续发展，以及整个人类社会可持续发展的目标。

本章还分析了农业碳减排和农业碳中和分别与农业绿色发展之间存在对立但又统一的辩证关系，认为农业碳中和目标为农业绿色发展指明了新方向，提出了新要求，农业绿色发展是实现农业"双碳"目标的重要环节。

本章提出碳中和目标为农业绿色发展赋能的理论，认为碳中和目标能够倒逼农业生产方式的绿色转型，本章从生态补偿以及全球碳减排博弈角度分析了碳中和为农业绿色发展赋能的机制，并提出了政策制度与法律法规、资金以及发展农业碳交易市场三大碳中和目标对农业绿色发展的赋能路径，为下文进一步研究农业绿色发展提供必要的理论基础。

第4章 碳中和目标下的农业绿色发展

4.1 新理论框架下的农业绿色发展认知框架

2020年9月22日，中国国家主席习近平在第七十五届联合国大会一般性辩论上郑重承诺：中国将努力使"二氧化碳排放力争2030年前达到峰值，努力争取2060年前实现碳中和"。同年12月12日，习近平主席在气候雄心峰会上进一步宣布：中国2030年单位国内生产总值二氧化碳排放将比2005年下降65%以上。农业是全球重要的温室气体排放源，据联合国粮食与农业组织（FAO）统计，农业用地释放出的温室气体超过全球人为温室气体排放总量的30%，相当于每年产生150亿吨的二氧化碳（金书秦等，2021），中国农业碳排放占全球农业碳排放的11.3%左右。中国的农业减排压力不容小觑。

农业绿色发展的提出是在党的十八届五中全会上通过的《中共中央关于制定国民经济和社会发展第十三个五年规划的建议》中，此次大会提出了农业绿色发展理念，强调大力推进农业现代化，走产出高效、产品安全、资源节约、环境友好的农业现代化道路。党的十九大报告则在之前的基础上将农业绿色发展上升为国家战略，明确了农业绿色发展在保障国家食物安全、资源安全和生态安全等方面的作用。近年来，一系列绿色发展措施在中国农业生产实践中推进和深化，农业绿色发展已成为农业农村深化改革的必然方向，是"五位一体"总体布局在农业上的具体体现，是落实乡村振兴战略的必然要求，是农业供给侧结构性改革的主攻方向，事关美丽中国建设的现实福祉和永续发展。

关于农业绿色发展的定义，近年来许多学者也提出了不同角度的认识。孙炜琳等（2019）从总体统筹入手，认为农业绿色发展农业生产生态生活的全方面绿色化，制度建设和创新是保障绿色发展的基础，目标是经济、社会、生态环境可持续发展。金书秦等（2020）着重探究农业绿色发展的路径过程，将农业绿色发展分解为三个阶段，分别是去污、提质、增效。去污是指较少的资源消耗和环境污染，提质是实现产地绿色化和产品优质化，增效是在去污和提质的基础之上，实现农业农村的多功能性，服务和产品实现市场溢价。尹昌斌等（2021）则对农业绿色化发展进行细分，将其分为六大类，分别是农业布局的绿色化发展、农业资源利用的绿色化发展、农业生产手段的绿色化发展、农业产业链接的绿色化发展、农产品供给的绿色化发展、农产品消费的绿色化发展。总体而言，农业绿色发展以可持续发展理论为核心，需要兼顾农业经济、农民生活、农业生态系统三大方面，分别从生产端、物流运输端、消费端减碳减污，然后在此基础上提高质量，最后实现农业农村的现代化和高质量发展。

在碳中和的总体目标上，农业绿色发展的重点是如何有效地减排减污，做好农业绿色转型的第一步。农业碳排放已经从以前的种植业和养殖业各占"半壁江山"变为了种植业、养殖业和能源消耗"三分天下"的局面，农地利用上的柴油等燃油使用量因为机械化的发展，正在不可避免地快速增长。在新的农业碳排放格局之下，农业绿色发展要求也随之改变。一是在农药化肥和农膜上，中国从 2015 年开始实施的农药减量行动计划，已经初见成效，未来应在守住粮食安全的底线上继续减少农药化肥的使用，节约而高效地利用自然资源，资源化回收利用农业废弃物，最大限度地减少资源消耗，避免农业生产带来的环境污染。二是在农业技术上，全面推广绿色环保农机装备与技术，在提高柴油等燃料的燃烧效率的同时推动清洁热源的创新和使用，尽可能地减少能源所带来的农业排放。在两条路径的基础上推行农业生产绿色投资行为、绿色生活方式、绿色消费路径，打造适应"双碳"目标的农业绿色发展新模式，实现增产不增污、增产不增碳。

4.2 关于碳中和目标与农业绿色发展的综述

在实现农业碳中和目标和农业绿色转型的关系上，两者相辅相成。在中国实现 2030 年碳达峰、2060 年碳中和目标的进程中，农业不仅自身要实现碳达峰和碳中和，还要对全国碳中和目标的实现作出积极贡献（金书秦，2021）。近年来，中国大力推进农业绿色转型，在化学投入品减量、农业废弃物综合利用方面取得了显著成效，也带来了农业的结构性减排。一方面，农业绿色发展通过减少农药、化肥、柴油减少碳排放。农业绿色发展的推进过程中强调减少环境污染和资源消耗，这直接减少了农业生产中农药、化肥、农膜等的使用。同时也通过减少农用机械的无效率使用，减少不必要的农用柴油等的利用。在六大农业碳源上，农业绿色发展的过程中已经同步减少了三大碳源的排放量，起到了明显的协同减碳的作用。另一方面，在实现农业低碳发展的基础上，农业低碳化发展通过农业资源利用的绿色化，农产品的优质化，可以带动农业全产业的绿色转型。在长远看来，在漫漫的农业现代化发展和农业可持续发展的路途中，农业绿色发展和农业碳中和都是其中必不可少的部分，两者相互依存相互成就，农业绿色发展是一种发展模式、一种发展理念，所表现出来的内容不仅有农业低碳化发展这一方面，还兼顾农产品质量、农民收入等方面的内容。农业碳中和与低碳化发展是一种发展状态，是农业绿色发展的具体内容之一，是农业绿色转型之路的重要基础和前提，其重要性不言而喻。农业绿色发展是一种具体的途径和模式，属于下层实践的措施，是服务于可持续发展、农业现代化发展和农业高质量发展这些高层目标的。

在对环境质量提出更高要求的今天，农业绿色转型刻不容缓。如何对农业绿色发展水平进行翔实而准确的考察成为绿色转型研究的前提。基于不同的研究区域和限制条件，不同学者评估农业绿色发展程度和探究其作用机理的方法和结果不尽相同。在指标选择上，大多数学者都将资源节约和环境友好作为前端的指标（赵会杰，2019；张乃明，2018；高健，2020；黄少坚，2021），在此基础上分别再提出如产出产品绿色化或产品质量

（肖华堂，2021；黄少坚，2021；张乃明，2018）、生产效率（肖华堂，2021；赵会杰，2019）、乡村发展（高健，2020；张乃明，2018）等指标。在农业绿色发展水平测度方法上，大多采用熵值法确定指标权重，从而进一步探讨农业发展水平程度（漆雁斌，2020；王丽娟，2020；许烜，2019），还有部分学者采取主成分分析法（龚贤，2018）、层次分析法（金赛美，2019）和 DPSIR 模型（周莉，2019）进行测度。而在对农业绿色发展影响因素的作用效果的分析上，则是选择多元回归模型（王丽娟，2020）和灰色关联法（许烜，2021）。在结果上，全国绿色农业发展总体水平逐年提高（黄少坚，2021），并且西部、东部、东北、中部地区依次递增（肖华堂，2021），全国及东部、西部、中部的绿色农业生产水平差距都有扩大的趋势（漆雁斌，2020）。在影响因素分析上，有研究认为劳动力的受教育程度、城镇化水平、科技投入对农业绿色发展水平是正向影响（王丽娟，2020），但在其各影响程度的结论上有所不同，有学者认为资源利用是农业绿色发展水平影响最大的因素（许烜，2017），而同时也有其他学者认为机械化水平、生产水平和人力资本才是核心因素（涂正革，2019）。还有学者分地区进行探索，认为东部农业绿色生产水平受第一产业增加值比重影响较大，其他区域则更容易受到社会经济发展水平和城镇化率的影响（黄炎忠，2017）。

根据文献回顾，我们发现农业绿色发展水平的评估方法较为固定，其指标体系的设置却内容多变，而基于碳中和目标的指标体系建立则较为少见。在对于农业绿色发展的影响因素和作用机理的众多研究中，大多数研究仍停留在全国或三大地区的宏观层面，单独对某个省份进行深入探究的情况并不多。并且在研究结论上也存在分歧，各影响因素基于不同条件具有不同的作用方向和作用程度。四川作为全国重要的农业大省，农业产值常年居于全国前五，对四川省的农业绿色水平进行准确的评估是进一步进行农业绿色转型研究和实践的重要前提，也对我国西南地区乃至全国的低碳农业发展和农业绿色转型具有重要意义。因此，本章将在实现农业碳中和的前提下，建立以环境友好为核心的指标体系，并利用多元回归深入分析影响四川省农业绿色发展水平的因素，最终提出相应的政策建议以供决策单位参考。

4.3 碳中和目标下农业绿色发展的指标体系

4.3.1 数 据 来 源

如无特别说明，本章研究数据均来自 2001～2021 年的《四川省统计年鉴》《中国农村统计年鉴》《中国林业与草原统计年鉴》以及国家统计局公布的数据。为尽可能减少因数据缺失导致的测量结果偏误，本章采用均值法对个别指标数据的缺失值进行估计，以尽可能真实地测度我国农业绿色发展水平。

4.3.2 方 法 介 绍

基于前人的研究结果（黄少坚，2021；高健，2020；赵会杰，2019），将农业绿色发展情况放置在碳达峰、碳中和的目标要求下，秉承着农业生产活动减碳不减效的原则，本章设置了绿色生产、生产效率、生态环境三个指标作为二级指标。其中，绿色生产指标具体包括化肥施用强度、农药施用强度、农膜施用强度、农机利用水平 4 个三级指标，生产效率指标则包括劳动生产率和粮食生产率，生态环境指标包括森林覆盖率和森林蓄积水平（见表 4 - 1），在本章研究中，我们认为绿色生产的 4 个指标是负向指标，而生产效率和生态环境的 4 个指标是正向指标。

在评估的方法上，本章为了避免主观因素的影响，参考许烜等学者采用客观的熵值法确定指标权重，测算四川省农业绿色发展指数，探讨农业绿色发展水平。熵权法的具体操作如下：

设定样本矩阵：$X = (X_{i,j}) n \times m$，其中 n 为评价年份，m 为评价指标数。

设定标准矩阵：$Y = (Y_{i,j}) n \times m$，转换过程如下，目的是消除农业发展评价指标体系各指标间量纲和数量级的影响。

正向指标：
$$Y_{ij} = \frac{X_{ij} - \min(X_j)}{\max(X_j) - \min(X_j)} \tag{4-1}$$

负向指标：
$$Y_{ij} = \frac{\max(X_j) - (X_{ij})}{\max(X_j) - \min(X_j)} \tag{4-2}$$

计算第 j 项指标的信息熵，公式如下：
$$E_j = -\frac{1}{\ln(n)} \sum_{i=1}^{n} P_{ij} \ln P_{ij} \tag{4-3}$$

$$P_{ij} = \frac{Y_{ij}}{\sum_{i=1}^{n} Y_{ij}} \tag{4-4}$$

P 为数据归一化处理后的标准矩阵，代表每项 Y_{ij}（第 i 个样本的第 j 项指标）占该指标的比重。若 $P_{ij} = 0$ 存在，则定义 $\lim\limits_{P_{ij} \to 0} P_{ij} \ln P_{ij} = 0$。

计算第 j 项的指标权重 W_j，公式如下：
$$W_j = \frac{1 - E_j}{m - \sum_{j=1}^{m} E_j} \tag{4-5}$$

具体指标设置情况详见表 4-1。

表 4-1 　　　　　　　　　　　农业绿色发展水平指标体系

一级指标	二级指标	三级指标	指标计算公式	属性	单位
农业绿色发展指数	绿色生产	化肥施用强度	化肥施用量/耕地面积	负向	吨/公顷
		农药施用强度	农药施用量/耕地面积	负向	吨/公顷
		农膜施用强度	农膜施用量/耕地面积	负向	吨/公顷
		农机利用水平	农机总动力/耕地面积	负向	千瓦/公顷
	生产效率	劳动生产率	农林牧渔生产总值/乡村人口数	正向	元/人
		粮食生产率	粮食总产量/总人口	正向	吨/人
	生态环境	森林覆盖率	森林总面积/土地面积	正向	%
		森林蓄积水平	森林蓄积量/总人口	正向	立方米/人

4.4 碳中和目标下农业绿色发展水平测度分析：以四川省为例

4.4.1 四川省农业绿色发展水平的阶段性特征

根据计算，四川省 2000～2019 年农业绿色发展水平和三大指标的得分结果如表 4-2 所示，趋势则如图 4-1 所示。从综合得分结果可知，四川省的农业绿色发展水平在 2000～2020 年有较大的波动，整体呈现先下降后上升的趋势。2020 年与 2000 年的农业绿色发展水平呈基本持平状态。四川省的农业绿色发展水平基本可以分为以下 5 个阶段：

第一阶段是 2000～2006 年，综合得分处于 0.5～0.7 之间，四川省的农业绿色发展水平较为稳定；第二阶段是 2007 年，得分从 0.5948 骤降为 0.2675，其中很大部分原因是绿色生产指标的骤降；第三阶段是 2008～2013 年，四川省农业绿色发展水平一直处于 0.27～0.31 的低位，与此阶段农业生产过度施用化肥、农药、农膜以及农机的无效率使用存在较大关系；第四阶段是 2014 年，农业绿色发展水平突然上升到 0.4553；第五阶段是 2015～2020 年，在经历 2014 年的骤升之后，2015 年的农业绿色发展水平稍有下降，之后的 2016～2019 年都稳步上升。

同时，全国农业绿色发展水平与四川省有着相似趋势（见图 4-2），即从 2000 年开始波动下降，最低为 2012 年的 0.2584，2013 年开始逐年上升，到 2020 年已达 0.7417。将四川省 2000～2020 年的农业绿色水平与全国相比，发现四川省有时优于全国水平，而有时又不及全国水平。在 2000～2006 年、2010～2012 年以及 2014～2015 年中，四川省农业绿色发展水平高于全国，但是在 2015～2020 年却一直低于全国水平，并呈现出差距逐渐变大的趋势。这一现象说明虽然四川省农业发展绿色化成效显著，但是与全国其他省份相比较还存在差距，需要继续减小。

表4-2　　　　2000~2020年四川省农业绿色发展水平得分

年份	综合得分		绿色生产		生产效率		生态环境	
	全国	四川省	全国	四川省	全国	四川省	全国	四川省
2000	0.5248	0.6084	0.5022	0.5707	0.0191	0.0377	0.0035	0.0000
2001	0.4969	0.6022	0.4807	0.5870	0.0145	0.0075	0.0017	0.0077
2002	0.4717	0.6234	0.4550	0.5868	0.0167	0.0276	0.0000	0.0090
2003	0.4969	0.6068	0.4370	0.5797	0.0055	0.0209	0.0544	0.0063
2004	0.4785	0.6624	0.3967	0.5607	0.0290	0.0359	0.0527	0.0659
2005	0.4465	0.6407	0.3575	0.5407	0.0381	0.0394	0.0510	0.0606
2006	0.4115	0.5948	0.3165	0.5162	0.0454	0.0162	0.0495	0.0624
2007	0.3108	0.2675	0.2083	0.1629	0.0545	0.0404	0.0481	0.0643
2008	0.3566	0.3049	0.1693	0.1395	0.0753	0.0515	0.1120	0.1139
2009	0.3203	0.2916	0.1316	0.1021	0.0782	0.0519	0.1105	0.1376
2010	0.2936	0.2963	0.0899	0.0829	0.0947	0.0689	0.1090	0.1445
2011	0.2769	0.2817	0.0511	0.0517	0.1188	0.0864	0.1071	0.1435
2012	0.2584	0.2757	0.0185	0.0369	0.1351	0.0964	0.1049	0.1425
2013	0.3058	0.2725	0.0008	0.0265	0.1491	0.1047	0.1558	0.1413
2014	0.4094	0.4553	0.0985	0.1411	0.1573	0.1131	0.1536	0.2011
2015	0.4123	0.4486	0.0895	0.1292	0.1708	0.1214	0.1520	0.1980
2016	0.4784	0.4696	0.1332	0.1402	0.1953	0.1342	0.1499	0.1951
2017	0.5077	0.4933	0.1579	0.1531	0.2017	0.1471	0.1481	0.1931
2018	0.6276	0.5364	0.1978	0.1906	0.2086	0.1543	0.2212	0.1914
2019	0.6988	0.5782	0.2303	0.2202	0.2285	0.1681	0.2400	0.1899
2020	0.7417	0.6482	0.2473	0.2575	0.2549	0.2019	0.2394	0.1889

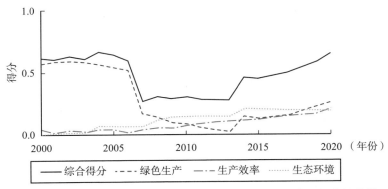

图 4 – 1　2000～2020 年四川省农业绿色发展水平各分类指标变化趋势

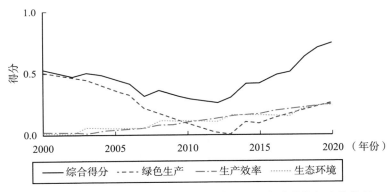

图 4 – 2　2000～2020 年全国农业绿色发展水平各分类指标变化趋势

4.4.2　指标分析

4.4.2.1　绿色生产指标分析

在研究期间，四川省绿色生产指标的波动较大，但总体趋势与农业绿色发展水平相似，都是先下降后上升。2000～2006 年处于高位，2007 年骤降到 0.1629，2008～2013 年一直下降，2013 年最低为 0.0265，在 2014年升为 0.1411 后稳定上升。在耕地面积上，四川省减少的较多，在 2000年，四川省的耕地面积高达 916.91 万公顷，但在 2007 年降为 595.01 万公顷，发展到 2017 年也只有 672.52 万公顷（公布的数据只到 2017 年）。农药、化肥和农膜的施用量在研究期间趋势相同，都是先上升后下降。农药施用在 2010 年达到最大值 6.22 万吨，化肥在 2012 年达到最大值 251.1 万吨，农膜施用最大值则是 2016 年的 13.2384 万吨。而农业机械总动力在研究期间一直在上升，从 2000 年的 1 679.68 万千瓦一直增加到 2019 年的 4 754 万千瓦。由此可见，在 2000～2019 年，四川省耕地面积下降的同时，农药、化肥、农药以及农机总动力却在上升，导致绿色生产水平的总体下降。

而对于全国来说，农业绿色生产水平在 21 世纪初期水平较高，平均维持在 0.40～0.50，但因为农业生产的需求，农药、化肥、农膜等施用量的不断增加，绿色生产水平在 2000～2013 年一直下降，2014 年后也是一直处在低位，直至 2020 年末超过 0.24。在研究期间，除去 2007～2009 年三年，全国的绿色生产水平高于四川省，在其他年份中，全国都是不及四川省或者与四川省相接近的水平。因此，本书认为四川作为全国的农业大省以及人口大省，在控制农药、化肥施用量的同时，能够实现粮食产量连年增长，对于其他省份具有重要的示范作用。

4.4.2.2 生产效率指标分析

四川省的农业生产效率在 2000～2006 年处于波动上升趋势，从 2007 年开始一直稳步上升，在 2020 年达到 0.2019。随着城镇化的持续推进，四川省农村存在较为严重的人口流失问题，2000～2020 年流失接近 2 600 万人[1]，多数是转为城镇户口，因此在常住人口上，四川省的变化不大，基本维持在 8 000 万～8 400 万人口。在农村农业经济发展上，四川省的农、林、牧、渔产值一直处于增加状态，2000 年仅为 959.61 亿元，2020 年则达到 57 00.94 亿元。同时，四川省的粮食产量也实现了逐年增长的情况，20 年间基本维持在 3 000 万吨以上，并且在 2020 年产量达到 3 527.43 万吨。农村人口在减少，但农业产值与农业产量却不断实现新高，因此生产效率在研究期间稳步提升。

在全国层面，生产效率则同样处于上升状态，而且在 2006 年之后全国平均的农业生产效率就一直高于四川省。通过分析发现，从 2000 年到

---

[1] 《2022 四川统计年鉴》人口篇。

2020 年，全国的粮食生产率从 0.3647 吨/人增长到 0.4741 吨/人，增长率接近 30%；劳动生产率则是从 3 082.2270 元/人增长到 27 027.2500 元/人，同时也实现了 2000～2020 年的逐年上升。在 2020 年，全国的粮食生产率比四川省高 0.0527 吨/人，劳动生产率则是多 11 287.4930 元/人。究其原因，同样也是乡村人口的急剧减少以及农业生产产量和产值稳步增长。2000 年，全国乡村人口在 8 亿人以上，占据总人口的 60% 以上，而到 2020 年，乡村人口则只有 5 亿人左右，不及全国总人口的 40%。而农业生产则取得了较大的成果，粮食总量增长了近 2 亿吨，农、林、牧、渔总产值也实现了翻五番。

4.4.2.3　生态环境指标分析

森林资源是实现"双碳"目标的重要资源，也是农业绿色发展的重要指标，四川省的生态环境也因为森林资源的逐渐丰富而有所好转。根据已公布的数据，四川省在 1999 年开始退耕还林还草试点，截至 2019 年，四川省启动的两轮退耕还林还草近 4 000 万亩。统计表明，仅退耕还林，就让四川省森林覆盖增加 4 个百分点以上。由于退耕还林和天保工程的实施，四川全省森林覆盖率达到 38.03%，高出全国平均值 15.87 个百分点。与此同时，四川省生态环境条件也因此而稳步增强。从 2014 年开始，四川省的生态环境水平就维持在 0.19 以上，其中森林覆盖率从 23.5% 增加到 38.03%，人均森林蓄积量从 17.36 立方米/人增长到 22.28 立方米/人（暮冬，2019）。

通过分析《中国林业与草原统计年鉴》公布的数据，本书发现全国的森林覆盖率一直低于四川省，在研究初期，全国的森林覆盖率不及 17%，到 2020 年也只有 22.96%，增长了 5.96 个百分点，而同时期的四川省森林覆盖率却增加了将近 15%。而在人均森林蓄积量上，全国虽然在研究期间一直处于上升阶段，但直至 2020 年也只有 13 立方米/人，而同时期的四川省已经超过了 22 立方米/人。由此可见，四川省的林业资源一直高于全国平均水平，反映在生态环境指标上，全国基本低于四川省水平。因此，四川省在林业资源的保护政策设计和具体实施举措上，对于全国其他地区具有借鉴价值和意义。

4.5 农业绿色发展的影响因素和作用机理

4.5.1 模型构建

想要推进农业绿色发展水平的提高，不仅要从外部宏观环境进行考察，还需要从内部发展层面进行优化，进而找到有效的途径。本章利用最小二乘法，建立多元回归模型，分析推动农业绿色发展的动力因子。基于黄炎忠（2017）、王丽娟（2020）等的研究基础，并结合四川省统计数据的可得性，本章选取了四川省 2007~2020 年的面板数据，回归模型如下，5 个解释变量如下：

模型为：

$$\ln(Y) = a + b\ln(X_1) + c\ln(X_2) + d\ln(X_3) + e\ln(X_4) + f\ln(X_5) \quad (4-6)$$

X_1：城镇化率，城镇人口与常住人口的比率。城镇化是人口从农村向城市转移的过程，也代表着农业发展逐渐减少劳动力需求，逐步实现机械化规模化经营的过程。但同时也有研究表明农村劳动力的转移会带来更多的农业生产化肥投入，造成面源污染（史常亮，2016）。

X_2：地区经济发展水平，用人均生产总值代表。一个地区的经济水平越高，则会吸引更多的科技人才和资金投资，创新农业育种技术、种植技术、农业管理技术，会提高该地区的农业绿色水平。

X_3：机械水平，用农机总动力代表。农用机械使用而产生的能源碳排放逐渐成为农业碳排放的主要来源，农业机械水平越高，带来的碳排放则越多，对农业环境造成不利影响，农业绿色水平也会相应下降。

X_4：农业财政投入，用地方财政农林水事务支出代表。农业绿色发展是经济、社会和生态环境的可持续发展，需要大量的资金的投入。财政对农林水事务投入得越多，农业生产基础设施条件越好，更有利于提高农业资源环境的利用率和促进乡村和谐发展。

X_5：土地资源禀赋，用人均耕地面积代表。农业绿色生产要求自然资源利用高效化，耕地资源是农业生产中的重要条件之一，耕地资源越丰富则越有利于农业规模化和现代化生产，进一步提高农业绿色生产效率。

分析变量如表 4 - 3 所示：

表 4 - 3   四川省农业绿色水平影响因素分析变量

被解释变量	Y：综合得分
解释变量	X_1：城镇化率（城镇人数/年末常住人口）
	X_2：地区经济发展水平（地区总产值/年末常住人口）
	X_3：机械水平（农机总动力）
	X_4：农业财政投入（地方财政农林水事务支出）
	X_5：土地资源禀赋（耕地面积/年末常住人口）

4.5.2   自变量的描述性统计分析

城镇化率逐年提高。近年来，由于较丰厚的收入、便利的生活条件、高质量的教学水平的吸引，农村劳动力不断向城市转移，农村学生不断进入城市学校，就业、就学、就医等因素引发了较大规模的农村人口转移。四川省的常住人口城镇化率从 2007 年的 35.59% 上升到 2020 年的 56.73%，增长 21.14%。

地区经济发展水平不断提高。在 2007 ~ 2020 年研究期间，四川省人均生产总值从 1.2996 万元/人增长到 5.8056 万元/人，增加值超 3 番。而且在近 6 年里（2015 ~ 2020 年），四川省人均生产总值增加的平均值为 0.4207 万元/人，说明四川省总体的经济水平仍在稳步提高中。

机械水平不断提高。随着农业机械化水平的提高和经营管理的现代化水平提升，农机使用率不断提高，农机总动力也在不断增加。截至 2020 年，四川省主要农作物耕种收综合机械化水平达到 63%，比 2007 年提高近 40%；农机总动力已经达到了 4 754 万千瓦，相比 2007 年提高近 2 200 万千瓦。

农业财政投入不断增加。农林水事务包括农业支出、林业支出、水利支出、扶贫支出、农业综合开发支出等，包含了基本建设和行政支出。2011 ~ 2020 年，四川省政府对农业农村发展十分重视，在提高农业生产、农村基础建设、改善农民生活等方面的投入力度不断增加，在 2017 年就已经突破 1 000 亿元，目前仍处于持续增加的趋势。

土地资源存在波动。由于受城市建设和环境问题等的影响，以及人口的不断增加，四川省的人均耕地资源在 2007 ~ 2014 年一直处于 0.072 ~ 0.074 公顷/人，2015 年突增到 0.083 公顷/人，后又逐渐下降到 0.080 公顷/人。

4.5.3　模型模拟结果

本节利用 STATA16 软件对模型进行多元回归。在数据方面，由于地方财政农林水事务支出只能获得 2007 年及以后的数据，因此本节将 2000 ~ 2020 年调整为 2007 ~ 2020 年。结果如表 4 - 4 所示。在 1% 的置信度内，城镇化率和土地资源禀赋的 t 统计值均通过检验；在 5% 的置信度内，机械水平的 t 统计值通过检验。在模型上，F 检验值为 0.0000，R^2 在 0.98 以上，调整后的 R^2 在 0.97 以上，表明模型解释度极好，同时也表明通过检验的 3 个自变量能够很好地解释因变量农业绿色发展水平，而另两个变量，地区经济发展水平和农业财政投入没有通过检验。

表 4 - 4　　　　　　　　　　　　　模型回归结果

变量	系数	t 统计量	$P > \mid t \mid$
常数（a）	27.8705 ***	4.98	0.001
城镇化率（X_1）	4.3773 ***	4.83	0.001
地区经济发展水平（X_2）	− 0.4279	− 0.91	0.388
机械水平（X_3）	− 1.9981 **	− 2.70	0.027
农业财政投入（X_4）	0.1813	0.62	0.555
土地资源禀赋（X_5）	3.7495 ***	7.03	0.000

注：*、**、*** 分别代表估计量在 10%、5%、1% 水平下的显著情况。

具体分析结果如下：

模型模拟结果说明：城镇化对四川省绿色农业建设有很明显的正向推

动作用。由于农村人口大量转移到城市，释放大量的农村劳动力到城市，一方面，提高了农村人力资本的利用效率，增加了农民收入；另一方面，城镇化程度的提高，使农业生产减少了对劳动力的需求，农业机械化和规模化水平在客观上是逐渐提高的。

农业机械化对四川省绿色农业水平表现出负向影响。绿色农业要求在增加农业产量和产值的同时尽量控制碳排放，实现增产不增污、增产不增碳，因此农业绿色发展是经济社会与生态环境的共同可持续发展。农机动力不断增加的背后是农业生产中能源消耗的增加，而由此产生的农业碳排放也在不断攀升。

土地资源禀赋条件对四川省农业绿色水平具有一定的正向作用。耕地的"细碎化"问题一直影响着四川省乃至全国农业生产的效率，土地的规整和规模化流转经营，以及做好保护"耕地红线"工作是提高粮食产量和农民经营效率的重要举措。因此，四川省应加快土地规模化生产和经营速度，从而实现土地资源的高效利用，提高四川省农业的绿色水平。

4.6　四川省农业碳达峰与绿色发展的基础条件

一是加强顶层设计，设计科学的发展路线。农业绿色发展情况会直接影响到农产品质量问题，同时也将影响到生态环境问题，与大家的生活息息相关。因此，农业系统的绿色发展和可持续性关系到社会与经济的可持续，政府层面应将农业绿色发展作为发展过程中的关键问题来看待，常抓不懈。为此，需要加强科学的顶层设计，根据现有的发展情况和生产条件制定出适合的方针和路线，确定农业绿色转型发展的重点领域、重点产业、重点区域，并配以切实可行的有效机制与政策设计。

二是充分保护和利用资源禀赋，做好基础生产规划。四川是全国的农业大省和人口大省之一，也是西南地区主要的粮食储备区，政府部门应该加快绿色农业宣传，转变农民的传统生产观念，提高新型农业技术的使用率，降低农用物资的投入，减少农业面源污染。并且在土地资源的利用上，注重保护"耕地红线"，加强土地资源可持续利用，加强森林资源的保护和修复。加快解决农田"细碎化"问题，强化农田水利设施，逐渐提高土地利用效率。

三是从消费者端入手倒逼农业进行绿色生产。减少农药化肥的使用是农业绿色生产中一个重要的环节，对于农业绿色水平的评估有较大的影响。因此，消费者是否具有正确的绿色消费观念，对绿色食品标识是否具有认知度和信任度，将直接影响到农业生产者的行为。应逐步培育消费者对安全食品的消费偏好，运用市场机制倒逼食品加工企业加强质量安全管理，进行绿色加工与生产。

4.7　研究小结

本章首先在碳中和目标下设定农业绿色发展水平评估体系，并基于该体系测算了全国层面和四川省在 2000 ~ 2020 年的情况，将四川省情况与全国水平进行了对比分析；其次，使用多元回归模型对四川省 2000 ~ 2020 年的农业绿色发展情况进行了驱动因素分析。主要得出了以下结论：

（1）全国和四川省在研究期间存在较大波动，趋势都是先下降后上升，但目前四川省的农业绿色水平低于全国水平。在农业绿色水平综合得分中，各指标占比顺序依次是绿色生产、生产效率和生态环境。在趋势上，绿色生产波动较大，总体先下降后上升，而生产效率和生态环境则稳定上升。

（2）在观测期间（2000 ~ 2020 年），影响四川省农业绿色水平的主要因素有城镇化水平、机械水平和土地资源禀赋。其中驱动四川省农业绿色水平在观察期间正向变动的主要有城镇化水平和土地资源禀赋，而驱动四川省农业绿色水平负向变动的则主要是机械化水平。

综上所述，在农业碳中和目标的约束下，除了从制度设计层面考虑碳汇交易、征收碳税等途径外，还需要考虑提高城镇化水平和做好土地资源规划，并协调好农业生产机械化、规模化与农业减碳，以此来积极应对农业绿色发展的要求以及助力农业碳减排的区域（省域）协作。

第5章 四川省农业系统生态承载能力和生态效率评价

立国以农业为本,安民以农业为稳。农业生产资料是最基础的生存要素,是国民经济的根基,是强国路上的基本保障,农业生态系统的可持续性在某种程度上决定了人类社会是否能够可持续发展。2004~2020年中共中央连续17年发布的"一号文件"都聚焦"三农"问题,"十四五"规划和2035年远景目标中亦提出要全面推进乡村振兴,提升生态系统质量和稳定性,实现农业可持续发展。2020年中央经济工作会议提出的八大任务之一是在"十四五"期间做好碳达峰、碳中和工作。碳中和要求温室气体净零排放,农业作为既能排放又能吸收温室气体的产业,率先实现碳中和是实现国家总体碳中和目标的重要前提。农业温室气体减排是农业可持续性发展的重要抓手,农业可持续性发展又是实现碳中和目标的重要途径和生态文明建设的重要内容。在此背景下,对农业可持续性发展潜力进行科学评估,能够为摸清环境资源"家底",顺利实现农业"双碳"目标和绿色发展提供基础支撑。

5.1 关于生态承载评价的文献综述

生态足迹模型是从农业生态系统的承载力角度出发,来考察生态环境的抗压能力。生态足迹(ecological footprint)概念最早由加拿大生态学家威廉·瑞斯(Willian Rees, 1992)提出,而后在学者们的不断努力下,逐渐发展出生态足迹模型,该模型主要用于评估某一特定领域的可持续发展程度(张翠娟,2020)。生态足迹模型因其自身方法简明、可操作性强,得到学术界的广泛认可及应用。国外利用生态足迹法研究可持续问题内容时间早，并且研究范围极为广泛。马蒂斯·瓦克纳格尔（Mathis Wacker-nagel，1997）最早将生态足迹模型运用到了全球 52 个国家和地区生态可持续能力的研究上，此后，生态足迹模型作为该领域的重要研究工具和分析框架被广泛地应用于可持续发展（Ojonugwa et al.，2021；Zahid et al.，2021；Umit，2021；Korkut，2021）、社会经济发展（Olimpia et al.，2020；Ntom et al.，2020）、能源消耗（Asad et al.，2021；Rajesh et al.，2021）等领域的研究。国内相关研究虽然起步晚，但是研究推进得较快，目前该方法已经被较多地用于水资源利用（王刚毅等，2019；张杏梅，2021；贾陈忠等，2019）、生态补偿（郭婷等，2021；杨一旸，2020）、粮食安全（刘利花等，2020；罗海平等，2021）、农业生态系统（张翠娟，2020；何晓瑶等，2020；曹院平等，2020）和城市发展（朱高立等，2021；李炳意等，2016）的可持续能力评估等领域的研究，是一种较为成熟的研究方法。在针对国内农业领域的生态足迹研究中，张翠娟（2020）、曹院平（2020）和杨洁（2016）分别测算了河南省、广西壮族自治区和山东省的耕地、水域、草地、林地的人均生态足迹及承载力，均发现其研究省份呈现不同程度的生态赤字。而在农业可持续性问题的研究上，还有不少学者采用主成分分析法（王颖等，2021；王艺洁等，2021）、层次分析法（郭艳荣等，2018）、综合评价法（王艺洁等，2021；孙炜琳等，2017）等方法构建不同的指标体系进行评价，但是归其根源，依旧将问题的实质指向了生态足迹和环境承载力。

通过文献回顾，我们发现区域农业生态情况不容乐观，农业经济在农业现代化的推动下呈现中高速发展的同时，不可回避地对生态环境造成了负面影响。如何在减少环境污染和损耗的情况下发展农业经济成为当前国家关注的焦点，在"双碳"（碳达峰、碳中和）社会发展的目标之下，使用怎样一种更加科学和"绿色"的经济增长方式来发展农业显得尤为重要，而这一切的基础是科学地衡量当前农业所处的生态状态。

四川省地处中国西南内陆，地域辽阔，人口众多，资源丰富，地理环境优越，自然条件较好，农作物种类繁多，是我国重要的商品粮基地。四川是典型的农业大省、人口大省、粮食生产大省。农业 GDP 常年位于全国前五，2019 年农林牧渔增加值为 4 937.70 亿元，农业 GDP 占全省 GDP

的 10.65%，其中，农业为 3 091.12 亿元，林业为 203.50 亿元，畜牧业为 1 356.54 亿元，渔业为 156.07 亿元；总人口占全国人口的 6.70%，并且 2019 年四川省乡村人口占常住人口的比例达到 46.21%；2019 年的粮食总产量达到 3 498.50 万吨。因此，保护四川省的农业生态系统质量，实现农业可持续性发展对于西南片区乃至全国来说都尤为重要，关乎全国"双碳"目标的实现和粮食安全的保障问题。但截至目前，对于四川省农业生态系统可持续性的研究很有限，并且研究常从单一视角出发，采用单一方法，将生态质量与绿色经济联系在一起的研究较为缺乏。本章将从环境承载能力和绿色经济发展两个视角出发，一方面利用生态足迹模型测算耕地、水域、林地和草地四种土地类型的生态足迹和生态承载力，另一方面运用超效率非期望 SBM 模型计算生态效率，综合评估四川省 2000 ～ 2019 年的农业可持续性发展状况，以期为构建四川省未来农业健康发展提供借鉴，同时为具有类似区情的区域提供绿色可持续发展的评价参考。

5.2　方法介绍

本章选用生态足迹模型对四川省农业可持续发展状态进行评估。生态足迹模型从自然资源环境的角度出发，通过核算生态足迹和生态承载力，探究整体农业生态系统和耕地、水域、林地、草地四种土地类型是否处于生态盈余从而判断其发展是否可持续，更加注重考察农业系统的承载能力。

在既有的研究中，关于农业生态足迹核算，通常分四种类型进行，即对于耕地、水域、林地、草地展开研究（曹院平，2020；张翠娟，2020；杨洁等，2016），如表 5 - 1 所示。在分类基础上计算人均生态承载力和人均生态足迹。

表 5 - 1　　　　　　　四种生产性土地类型农业项目分类

生产性土地类型	农业项目
耕地	稻谷、小麦、玉米、豆类、薯类、油料类、生麻、甘蔗、烟叶、蔬菜及食用菌和水果类共 11 项

生产性土地类型	农业项目
水域	水产品共 1 项
林地	生漆、油桐籽、油茶籽共 3 项
草地	肉类、禽蛋、奶类共 3 项

人均生态承载力表示在不损害地区生产力的前提下，一个区域有限的资源能供养的最大人口数，其可由公式（5-1）表示如下：

$$EC_j = (1 - 12\%) * (M_j * Z_j * R_j) \qquad (5-1)$$

上式中，j 仍表示土地类型；M_j 为各土地类型面积；Z_j 为各土地类型的产量因子，代表的是一个国家或者地区某一类型土地的生产力与该类土地的世界平均生产力的比值，耕地为 1.66，水域为 1.00，林地为 0.91，草地为 0.19；R_j 为各土地类型的均衡因子。据世界环境与发展委员会（World Commission on Environment and Development，WCED）建议，生态承载力的计算结果均扣除 12% 用于生物多样性保护用地。

在得到人均生态承载力的基础上，进一步展开人均生态足迹的核算。碳足迹代表了人类活动所带来的温室气体量，而人均生态足迹能够进一步衡量温室气体对环境的破坏程度，代表的是要维持一个人、一个城市、一个国家或全人类生存所需要的，以及能够容纳人类所排放废物的具有生物生产力的土地面积，体现了人类经济和社会的可持续发展能力，其值越高，人类对生态的破坏也越严重。人均生态足迹如公式（5-2）所示：

$$EF_j = R_j \left\{ \sum_{i=1}^{n} K_{ji} / (Q_{ji} \times N) \right\} \qquad (5-2)$$

上式中，j 为土地类型；N 为总人口；i 为 j 类土地类型下的农业项目；R_j 为各土地类型的均衡因子，代表的是全球范围内某类生产性土地平均生产力与全球范围内所有生产性土地平均生产力的比，耕地为 2.8，水域为 0.2，林地为 1.1，草地为 0.5；K_{ji} 为第 i 种农业项目的年均产量；Q_{ji} 为 j 类土地下第 i 种农业消费项目的世界平均生产能力；EF_j 表示第 j 类土地类型上的人均生态足迹。

当生态足迹大于生态承载力，表现为生态赤字，即该区域社会经济发展处于不可持续状态；反之为生态盈余状态，即该区域生产消费活动未超出生态系统承载力。生态盈余或赤字可以由公式（5-3）表示：

$$EQ_j = EC_j - EF_j \tag{5-3}$$

其中，EQ_j 表示各土地类型的人均生态盈余或人均生态赤字，EC_j 表示各土地类型的人均生态承载力，EF_j 表示各土地类型的人均生态足迹。

5.3 农业生态承载力测算结果及评价

5.3.1 农业生态系统总体评价

通过生态足迹和生态承载能力的核算，我们发现四川省在 2000～2019 年农业生态系统状况良好，生态承载力有增强趋势，生态足迹没有因为人口增加而有大幅度的变化，农业可持续性发展能力较强。农业生态系统（包括耕地、水域、林地、草地）总体承载力呈现先降后升的趋势，在 2008 年之前稳定在 4 755.42 公顷，2009～2013 年回升到 4 641.72 公顷，之后都基本维持在 5 200 公顷左右的高位；而人均生态承载力与总体生态承载力趋势相似，由 2000 年的 0.5895 公顷/人下降到 2013 年的 0.5726 公顷/人，之后自 2014 年开始上升，到 2019 年达到 0.6170 公顷/人。总体生态足迹呈现波动上升状态，在 2012 年之前，四川省生态足迹处于 2 500 公顷以下，之后几年中除 2019 年外都超过了 2 500 公顷，2016 年最高达到 2 047 公顷；人均生态足迹同样呈现波动状态，2000～2005 年和 2007～2017 年逐年上升，在 2005～2006 年和 2018～2019 年有明显的下调，整体维持在 0.2549～0.3217 公顷/人。四川省农业生态系统在研究期间始终处于生态盈余状态，盈余最低年份是 2005 年，为 0.2305 公顷/人；盈余最高年份是 2000 年，为 0.3345 公顷/人。

5.3.2 各土地类型评价

在耕地、水域、林地、草地四类农业生物生产性土地中，前三种类型土地在研究期间一直处于生态盈余状态，而草地则持续处在生态赤字的状态，且情况依旧十分严峻。在 2000～2008 年，生态盈余按生态系统类型有：耕地＞林地≫水域的关系，而林地从 2009 年开始实现了对耕地生态承载力的反超，呈现林地＞耕地≫水域的局面。

5.3.2.1 耕地可持续性评价

2000～2019 年，四川省耕地总体的生态承载力呈现出先降后升的变化趋势，而人均值也呈现同样的趋势（见图 5-1）。耕地总体生态承载力从 2000 年的 2 767.04 公顷开始下降到 2009 年的 2 452.63 公顷，并一直维持在低位至 2013 年，2014 年开始上升并维持到 2019 年达到 2 759.81 公顷；耕地的人均生态承载力在研究期间介于 0.2996 公顷/人和 0.3398 公顷/人之间，人均生态足迹在 0.0770～0.1204 公顷/人之间，且逐年上升。耕地的人均生态盈余介于 0.1930 公顷/人和 0.2671 公顷/人之间，2019 年相比 2000 年下降幅度达到 17.21%。耕地面积呈先降后增的趋势，总体从 2000 年的 676.5 万公顷下降到 2009 年的 599.63 万公顷，之后再上升到 2019 年的 672.28 万公顷，波动较大。在 2000～2019 年，人口从 8 234.8 万人增加到 8 375.0 万人，增加了 140.2 万人，而耕地生产性农产品却有明显的下降趋势。粮食、油类和蔬菜等三类主要耕地农产品的消费量在 2000～2019 年总体波动下降，下降比率达到 28.93%，说明人口增加并没有带来对耕地生产性农产品需求的增多，四川省耕地盈余的下降与人口的增加没有必然的联系。

耕地生态盈余的下降主要是由农药、化肥和农膜使用量增加所导致的耕地质量的下降。2000～2019 年四川省农药使用量呈现先增后减趋势，其间最大值为 2010 年的 6.22 万吨，最小值为 2019 年的 4.63 万吨；化肥中特别是钾肥和复合肥，两者都是逐年上升，钾肥使用总量从 2000 年的 10.0 万吨增长到 2019 年的 17.4 万吨，复合肥则从 2000 年的 37.5 万吨增长到 60.3 万吨，增长比率分别达到 74% 和 60.8%；农膜使用量从 2000 年的 7.26 万吨逐年增长到 2016 年的 13.24 万吨，之后缓慢降低到 2019 年的 12.32 万吨。

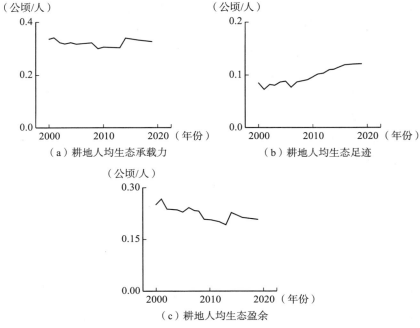

（a）耕地人均生态承载力 （b）耕地人均生态足迹

（c）耕地人均生态盈余

图 5 – 1 2000～2019 年四川省耕地情况

5.3.2.2 水域可持续性评价

在 2000～2019 年，四川省水域总体的生态承载力呈现出逐渐上升并最终趋于稳定趋势，从 2000 年的 326.27 公顷逐渐上升到 2019 年的 389.75 公顷，增长幅度达到 19.46%；而人均生态承载力却在波动后下降，2000～2013 年出现波动，2014 年突增之后却逐年下降（见图 5 – 2）。水域的人均生态承载力在 2000～2014 年呈现上升趋势，从 0.0396 公顷/人上升到 0.0479 公顷/人，而在 2014～2019 年则呈现逐年下降趋势，2019 年的人均生态承载力为 0.0465 公顷/人。总体生态足迹逐年上升，从 14.72 公顷增长到 45.22 公顷，增长幅度达到两倍以上；人均生态足迹亦呈现逐年上升趋势，2000～2019 年从 0.0018 公顷/人上升到 0.0054 公顷/人。相应地，水域人均生态盈余在 2000～2013 年一直处于波动状态，在 2014 年突增之后逐年下降。水域一直处于生态盈余的原因主要有两点：一是四川省自身水资源充足，水资源总量居全国第二，人均水资源量排名全国第六。四川省全省境内共有大小河流近 1 400 条，截至 2019 年底，四川省地表水资源量为 2 747.7 亿立方米，地下水资源量为 616.2 亿立方米，水资源总量为 2 748.9 亿立方米，人均水资源量为 3 288.9 立方米。二是四川省对水体的保护措施执行到位增加了水产品产量，同时四川人民对水产品的需求相对有限。虽然水域面积从 108.7 万公顷下降到 103.74 万公顷，但是近年来四川省始终坚持大力保护天然水体，始终倡导水产品的合理捕捞，水资源污染问题得到有效治理，水产品产量从 51.31 万吨增加到 157.69 万吨，增长比率高达 207.32%。虽然四川人对水产品的需求逐年上升，从 1.15 万吨仅增长到 7.89 万吨，但是水产品的产量远远大于消费量，完全能够满足渔业生产需求和消费者需求。

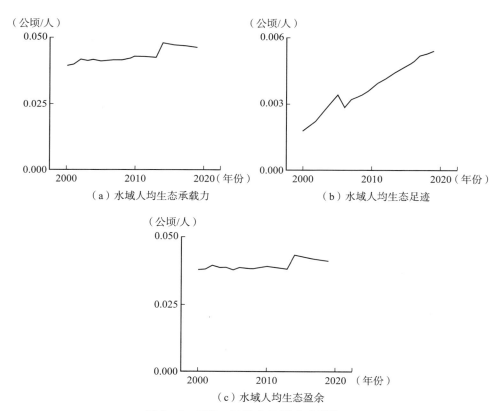

图 5-2 2000~2019 年四川省水域情况

5.3.2.3　林地可持续性评价

　　总体上看，林地人均生态承载力与人均生态足迹的差距最大，林地人均生态承载力是人均足迹的 1 500 ~ 3 600 倍，生态盈余介于 0. 1982 ~ 0. 2397 公顷/人之间，整体上升（见图 5 - 3）。林地生态盈余的上升和可持续能力的增强主要是由于四川省退耕还林和"天保工程"的有效实施。根据已公布的数据（四川日报，2019），四川省在 1999 年开始退耕还林还草试点，截至 2019 年，四川省启动的两轮退耕还林还草近 4 000 万亩，面积位居全国第三，涉及 21 个市（州）178 个县（市、区）。2000 ~ 2019年，退耕还林工程造林面积超过同期全省造林总面积的三分之一。借助退

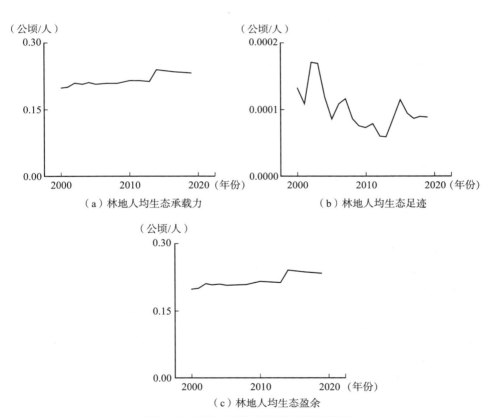

图 5 - 3　2000 ~ 2019 年四川省林地情况

耕还林工程，四川长期超负荷运行的生态系统得到休养生息，林草植被显著增加。统计表明，仅退耕还林，就让四川省森林覆盖增加 4 个百分点以上。由于退耕还林和天然林保护工程的实施，全省森林覆盖率达到38.83%，高出全国平均值 15.87 个百分点。四川省在 1998 年率先实施了天然林保护工程，旨在有效遏制生态恶化情况。该工程实施 20 余年来，全省 2.83 亿亩森林资源得到有效管护，林地面积显著增加。得益于退耕还林与天然林保护工程，四川省水源保护、水土保持、空气质量改善、生物多样性恢复与保持等方面的工作都取得了重要成绩。截至 2018 年，全省退耕还林可涵养水源 58.25 亿立方米，对比 1998 年，2018 年四川省流入长江干流泥沙含量减少了 46%。

5.3.2.4 草地可持续性评价

草地是四川省唯一一个在考察期间一直处于生态系统赤字的土地类型。经核算，总体上草地的生态承载力逐渐下降，而生态足迹逐年上升，到 2019 年生态足迹高达 1 445.04 公顷，而生态承载力却只有 102.07 公顷。四川省草地的人均生态承载力在 2000~2013 年一直在 0.0140~0.0157 公顷/人波动。自 2014 年起，人均生态承载力降低到 0.0126 公顷/人，并逐年下降到 2019 年的 0.0122 公顷/人。人均生态足迹则一直处于波动状态，在 2000~2005 年呈现逐年上升态势，2005 年达到 0.2575 公顷/人的最大值。2006~2019 年，人均生态足迹则一直在 0.1725~0.2056 公顷/人之间波动。2000~2019 年的草地人均生态赤字一直维持在 0.15 公顷/人以上，最高时达到的 0.2435 公顷/人（2005 年）（见图 5-4）。草地生态承载力在考察期间始终处于严重赤字的原因主要有三点：一是四川草地面积大幅度的减少。2000~2019 年，四川省草地面积从 1 532.7 万公顷下降到1 220.91 万公顷，下降幅度达到 20.34%，而人口从 8 234.8 万人增加到8 375.0 万人，增加了 140.2 万人，人均草地面积从 0.1861 公顷/人下降到 0.1458 公顷/人。二是四川省西北地区的荒漠化依然比较严重，且荒漠化类型多、分布广。① 四川省西北部阿坝藏族羌族自治州（以下简称阿坝州）、甘孜藏族自治州（以下简称甘孜州）的沙化和干旱半干旱土地退化

---

① 四川省的土地沙漠化主要表现为三种形式：沙化、石漠化和干旱半干旱土地退化。

最为严重。据四川省林草局统计，截至 2020 年四川省沙化土地总面积 86.3 万公顷，集中分布在阿坝州和甘孜州的 31 个县，面积 79.7 万公顷。石漠化主要分布在盆地丘陵向盆周山区、高山峡谷区过渡地带，面积 7 319.3 公顷。西部横断山区的金沙江、雅砻江、岷江、大渡河、安宁河的河谷地带是典型干旱半干旱区，总面积约 133.52 万公顷。三是对肉类和蛋类产品需求不断增加。对肉类的消费，从 229.01 万吨上升到 330.06 万吨，增长了 44.12%。对蛋类的消费，从 30 386.41 万吨增加到 75 458.75 万吨，增长了 148.33%。畜肉、奶产品的生产有赖于草地，而草地的面积又不断下降，造成供给无法满足需求，而对畜禽肉、奶产品的需求又在一定程度上加剧了草地的退化。以上三方面原因共同造成了四川省草地生态承载能力的持续赤字。

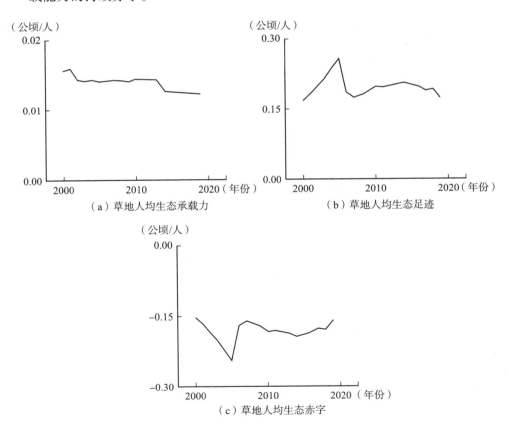

图 5-4　2000～2019 年四川省草地情况

5.4 四川省农业系统生态效率评估

托恩（Tone，2001）首先提出包含非期望产出的非径向、非角度 SBM 模型，该模型解决了传统 DEA 模型中存在非期望产出时效率评价中投入、产出的松弛性问题，超效率模型可以对于效率大于 1 的决策单元进行排序。超效率非期望 SBM 模型 DEA 模型纳入了农业面源污染和碳排放等一系列非期望产出，比传统 DEA 模型测算的农业生态效率更准确。

本章采用狭义农业为测评对象，构建出以土地（农作物播种面积）、资本（农业机械总动力、财政投入）、劳动力（第一产业就业人员）、折纯后化肥用量、农药用量、农用塑料薄膜用量、农用柴油用量、有效灌溉面积、役畜投入为投入变量，农业产值为期望产出，碳排放和农业面源污染（化肥流失、农药无效利用、地膜残留）为非期望产出（见表 5 - 2）。

表 5 - 2　　　　　　　　农业生态效率评价指标

指标	具体指标名称	单位
投入	第一产业就业人员	万人
	农作物播种面积	万公顷
	农业机械总动力	万千瓦
	折纯后化肥用量	万吨
	农药用量	万吨
	农用塑料薄膜用量	万吨
	有效灌溉面积	千公顷
	财政投入	亿元
	役畜投入	万头
	农用柴油用量	万吨
期望产出	农业产值	亿元
非期望产出	碳排放	万吨
	化肥流失	万吨
	农药无效利用	万吨
	地膜残留	万吨

　　本章使用 MAXDEA8.19.0 软件, 基于超效率非期望 SBM 模型, 测算出四川省 2000～2019 年农业生态效率, 并得出农业生态效率 (包括纯技术效率 EPT、规模效率 ES、农业生态效率) 的时间变化情况。

　　根据表 5－3 可知, 2000～2019 年四川省农业生态效率保持在 0.747～1.030, 农业生态效率在 2001 年、2008～2016 年、2018 年共 11 年均未超过 1, 总体呈现先下降再上升的趋势, 以 2008 年为分界点, 2000～2007 年较为稳定, 从 2008 年开始逐渐下降, 到 2014 年农业生态效率最低只有 0.747, 之后几年情况有所改善。纯技术效率除 2012 年和 2015 年之外, 其他年份都大于 1, 说明四川省在目前的技术水平上, 其投入资源的使用是有效率的。规模效率一直小于等于 1, 表明农业生产中资源配置效率较低, 未能够达到最优化配置。农业生态效率和规模效率的变化趋势相似, 体现出生态效率在 20 年间的变化主要是受到了规模效率变化的影响。

表 5－3　　　　　　　2000～2019 年四川省农业生态效率

年份	农业生态效率	纯技术效率	规模效率
2000	1.016	1.039	0.978
2001	0.923	1.016	0.909
2002	1.005	1.015	0.990
2003	1.013	1.025	0.989
2004	1.001	1.001	1.000
2005	1.005	1.006	0.999
2006	1.007	1.008	0.998
2007	1.003	1.003	1.000
2008	0.943	1.002	0.941
2009	0.886	1.001	0.886
2010	0.915	1.002	0.913
2011	0.786	1.000	0.786
2012	0.763	0.923	0.827
2013	0.754	1.002	0.752
2014	0.747	1.001	0.746

年份	农业生态效率	纯技术效率	规模效率
2015	0.757	0.950	0.796
2016	0.804	1.000	0.804
2017	1.005	1.007	0.997
2018	0.879	1.006	0.874
2019	1.030	1.069	0.963

5.5 研究小结

在理论上，本章利用两种方法评估了四川省农业生态系统的可持续发展能力，弥补了单一评价方法的弱说服性，能够更加全面地评价研究区域的状况。本章认为：

（1）四川整体农业系统处于可持续发展状态，林地向好转变最大，水域次之，耕地有下降趋势，而草地状况十分严峻亟待改善。四川省农业生态系统一直处于可持续发展状态。2000～2019年四川省人均生态盈余介于0.23公顷/人与0.34公顷/人之间，人均生态承载力介于0.57公顷/人与0.64公顷/人之间，人均生态足迹介于0.26公顷/人与0.35公顷/人之间，生态承载力和生态足迹都在缓慢上升。从生态足迹的计算来看，草地和耕地的生态足迹较大，而水域和林地较小。从变化趋势来看，耕地和草地呈现上升趋势，而水域和林地无明显变动。

（2）四种土地类型生态情况变化原因分析：耕地的生态盈余下降在于农药、化肥和农膜使用增多导致耕地质量下降和耕地面积波动；水资源充足以及水产品供给远大于需求量导致水域生态盈余值总体上升；近20年的退耕还林和天然林保护工程使四川省林地覆盖面积增加，林地得到有效保护，从而提高了林地的生态盈余值；在草地沙漠化和对肉类、蛋类需求的增加两方面作用下草地一直处于生态赤字状态，情况一直没有得到改善，是四种土地中形式最为严峻的。

（3）2000～2019年四川省农业生态效率保持在0.747～1.030，总体呈现先下降再上升的趋势。以 2008 年为分界点，2000～2007 年都较为稳定，从 2008 年开始逐渐下降，到 2014 年农业生态效率最低只有 0.747，之后几年情况有所改善。这些年间的变化主要是受规模效率变化的影响。

四川省的农业生态系统处于可持续性发展状态，生态系统的承载力和支撑能力较强，但仍存在许多亟待改善的地方：一是四川省的草地生态情况依旧严峻，土地沙漠化情况依然十分严重，需要引起政府相关部门的重视；二是在农药化肥和农膜的施用上，应严格控制钾肥和复合肥的增长速度，逐渐减少农药和农膜的施用；三是资源环境数量多，但是利用程度不高，需要政府科学规划和利用四川省丰富的环境资源，做到物尽其用。

第6章 四川省农业系统与农业经济的协调发展

目前学界关于绿色 GDP 的衡量普遍采用能值法来衡量。基于能值法的农业绿色 GDP 法从绿色农业经济角度出发，衡量的是生态环境和农业经济和谐程度，能够很好地评估农业经济发展的质量，从侧面对农业可持续性进行评价。目前为止，能值法已经被广泛运用到各类可持续性的评价中，大多数是运用到评估生态系统的可持续性（李海涛等，2017；徐宏等，2019；马文静等，2020），还有学者利用能值法对某项工艺技术的可持续性和农业经营主体可持续性进行评价和研究（李首涵等，2018）。近几年，绿色 GDP 的核算也因为能值法能够有效地解决环境资源计量单位统一与资产价值衡量问题而被广泛运用。李兆亮等（2016）对 2003 ~ 2014 年中国及各省域农业绿色 GDP 进行了测算，结果表明人均绿色 GDP 相对于 GDP 增长较为缓慢，并且绿色 GDP 与传统 GDP 具有同样的空间特点，即东部高、西部低。与此同时，也有学者在计算农业绿色 GDP 的基础之上对能值指标进行核算，从而考察系统的运转情况。如马世昌等（2019）就采用了能值分析法对 2013 ~ 2016 年安徽省的农业生态经济系统进行了考察，发现能值投入率和环境负载率逐年递减、环境负载率高于全国平均水平、能值自给率和能值可持续发展指数逐年递增，得出其对环境的利用程度较低，属于消费型经济系统。

基于能值法的绿色 GDP 计算首先需要计算出各种资源（能源）的全部能值，用公式表示如下：

$$E = Q \times C_{EC} \times R_{EC} \qquad (6-1)$$

其中，E 为能值，Q 为使用量或生产量，C_{EC} 为能值转换系数，R_{EC} 为能值转换率。其次，通过计算出的各种资源的能值，用货币比率这一指标计算出能值—货币价值，其中货币比率和能值—货币价值的公式表示如下：

$$R_C = I_{SE}/GDP_A \qquad (6-2)$$

$$MV_E = E/R_C \qquad (6-3)$$

最后，依据公式计算出农业绿色 GDP，表示如下：

$$GDP_{GA} = GDP_A - (\Sigma EV_T + \Sigma EV_M + \Sigma EV_{EL}) \qquad (6-4)$$

其中，R_C 为货币比率，I_{SE} 为太阳能值投入总量，GDP_A 为传统农业 GDP；MV_E 为能值—货币价值，E 为能值；EV_T 为不可更新环境资源能值—货币价值，EV_M 为不可更新工业辅助能值—货币价值，EV_{EL} 为系统中环境损耗的能值—货币价值。

投入能值计算分为可更新环境资源、不可更新环境资源、不可更新工业辅助能和可更新有机能四类。可更新环境资源包括太阳能、风能、雨水化学能、雨水势能、地球旋转能等。这些可更新环境资源的能值等于各能量能值转换率。由于环境资源能值主要是取决于雨水势能和雨水化学能，雨水对可更新环境资源能值的影响偏大，为了计算的合理性，本章选择利用可更新环境资源能值中太阳能、风能、雨水化学能、雨水势能的最大值加上地球旋转能。各种资源能计算公式如下所示：

$$E_S = S_A \times R_S \qquad (6-5)$$

$$E_W = h \times D_A \times S_A \times C_{ED} \times G_{WS} \qquad (6-6)$$

$$E_{RC} = S_A \times R_A \times D_R \times G_R \qquad (6-7)$$

$$E_{RP} = S_A \times R_A \times D_R \times g \times A_M \qquad (6-8)$$

$$E_{ER} = S_A \times F_H \qquad (6-9)$$

其中，E_S 表示太阳能值，S_A 表示农用土地面积，R_S 表示平均太阳辐射；E_W 为风能值，h 为高度，D_A 为空气密度，C_{ED} 为涡流扩散系数，G_{WS} 为风速梯度；E_{RC} 为雨水化学能，R_A 为年降雨量，D_R 为雨水密度，G_R 为雨水中的吉布斯自由能；E_{RP} 为雨水势能，g 为重力加速度，A_M 为平均海拔高度；E_{ER} 为地球旋转能，F_H 为热通量。

不可更新环境资源包括土壤流失能和净表土流失能，其能值等于各种能量乘以其能值转换率。不可更新环境资源能计算公式如下所示：

$$E_{SL} = S_A \times (V_{SL} - V_{SF}) \qquad (6-10)$$

$$E_{nTL} = S_C \times R_E \times OC_{LS} \times E_O \qquad (6-11)$$

其中，E_{SL} 为土壤流失能值，V_{SL} 为土壤流失速率，V_{SF} 为土壤生成速率，S_A 为农用地面积；E_{nTL} 为净表土流失能值，S_C 为耕地面积，R_E 为侵蚀率，OC_{LS} 为流失土壤中的有机质含量，E_O 为有机质能量。

不可更新工业辅助能包括氮肥、磷肥、钾肥、复合肥、农膜、农药、柴油、电力、煤炭等。各种不可更新工业辅助能能值 = 用量×能量折算系数×能值转换率。

可更新有机能主要是劳动力，其能值 = 用量×能量折算系数×能值转换率。

6.1 农业绿色 GDP 测算结果及分析

经过计算发现，四川省 2000～2019 年的传统农业 GDP（农林牧渔增加值）和农业绿色 GDP 均处于稳步上升的状态，且增长趋势相同，如图 6-1 所示。传统农业 GDP 从 2000 年的 959.6 亿元增加到 2019 年的 4 938.00 亿元，上升幅度高达 414.59%，农业绿色 GDP 从 2000 年的 895.35 亿元增加到 2019 年的 4 587.52 亿元，上升幅度达到 412.37%。两者每一年的增长比率相近，除 2017 年农业绿色 GDP 增长比率比农业 GDP 高接近 13 个百分点以外，其他年份两者之差不超过 6 个百分点，大多数年份维持在 1～2 个百分点。

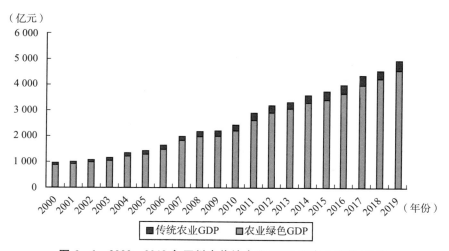

图 6-1　2000～2019 年四川省传统农业 GDP 和农业绿色 GDP

农业绿色 GDP 与传统农业 GDP 比率在研究期间始终保持在 91.5%~93.5%，表明四川省农业环境损耗和农业成本较低，农业生态环境与农业经济和谐程度较高，农业生态系统处于可持续发展状态。一方面，四川省雨水资源较为丰富，输入的能值足以支撑生态系统运转。除 2006 年和 2011 年在 850 毫米左右，其他年份降雨量基本维持在 900~1 200 毫米之间，带来了充足的雨水势能和雨水化学能。另一方面，化肥的施用较为合理化。在所有不可更新的工业辅助能值 M① 中，氮肥所占的比例最大，占比达到 48.98%~61.09%；磷肥次之，维持在 20.11%~22.45% 之间；复合肥占比逐渐增大，到 2019 年比率已经高达 21.65%。在 2000~2019 年 20 年的研究期间，四川氮肥施用量整体维持在 110 万~130 万吨之间，并且从 2009 年开始逐年下降；磷肥的使用量始终维持在 40 万~50 万吨之间，并且从 2014 年开始也是逐年下降；复合肥增长幅度相对较大，21 世纪初维持在 37 万吨左右，从 2005 年开始增长到 40 万吨以上，2009 年上升到 50 万吨以上，2016 年超过 60 万吨。从数据中得知，占比最大的氮肥和磷肥使用量较为稳定，复合肥施用量虽然增长幅度较大，导致了不可更新辅助能的阶段性增长，但是仍然处于一个农业生产所需的合理范围之内。

6.2　生态系统能值效率评价

农业绿色 GDP 的计算在总的结果上表明了四川省的农业生态环境与农业经济和谐程度较高，系统处于可持续状态，为了更细致地考察四川省农业系统承受的环境压力以及生态系统内部的转换能力，本章将农业生态经济能值分为投入能值和产出能值，选择一系列指标对四川省农业生态系统的能值利用效率情况进行探究。具体指标包括：能值投入率（*EIR*）、能值自给率（*ESR*）、环境负载率（*ELR*）、净能值产出率（*nREY*）和能值可持续发展指数（*ESI*）。

---

① 不包含货币价值。

6.2.1　各能值指标的计算方法

能值投入率（energy input rate，EIR）与能值自给率（energy self-suffi-ciency rate，ESR）主要衡量资源环境的投入程度和利用水平情况。其中能值投入率是不可更新辅助能值、可更新能值之和与环境资源能值的比值，主要用于衡量研究地区的农业经济发展情况、资源环境的负载状况以及环境资源的投入使用情况。能值自给率则是资源环境能值与总输入能值之比，考察的是生态系统资源环境的利用程度，数值越大，表明系统的自我支撑能力越大。能值投入率和能值自给率的表示如式（6-12）、式（6-13）所示：

$$EIR = (M+P)/(N+T) \qquad (6-12)$$
$$ESR = (N+T)/(M+P+T+N) \qquad (6-13)$$

环境负载率（energy loading rate，ELR）考察的是农业生态系统所承受的压力大小。净能值产出率（net energy yield ratio，nREY）是总输入能值和总辅助能投入能值之比，是生态系统的产出对经济的贡献大小。而直接衡量农业生态系统可持续性的能值可持续发展指数（emergy sustainable index，ESI）是前两个指标的比值。环境负载率、净能值产出率和能值可持续发展指数的式分别如式（6-14）、式（6-15）和式（6-16）所示：

$$ELR = (M+N+T)/N \qquad (6-14)$$
$$nREY = (M+P+T+N)/(M+P) \qquad (6-15)$$
$$ESI = PEY/ELR \qquad (6-16)$$

上述公式中，M 表示不可更新辅助能值，P 表示可更新能值，N 表示可更新环境能值，T 表示不可更新环境资源能值。

6.2.2　能值效率结果分析

经计算，四川省农业生态系统的各项指标总体呈现向好趋势，能值投入率和环境负载率下降，能值自给率、净能值产出率和能值可持续发展指数总体上升（见图6-2），表明虽然四川省环境资源足够多，但是利用

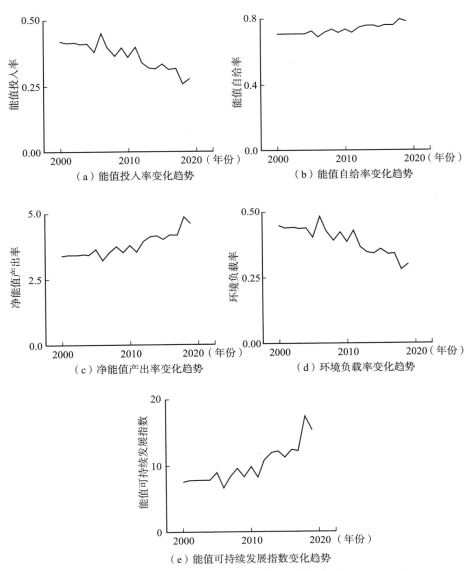

（a）能值投入率变化趋势

（b）能值自给率变化趋势

（c）净能值产出率变化趋势

（d）环境负载率变化趋势

（e）能值可持续发展指数变化趋势

图 6 - 2　2000~2019 年四川省农业生态系统各项指标变化趋势

程度不够高，农业经济发展有待进一步提高，但是生态环境的压力有减小的趋势，系统的自我支撑能力在逐渐变强，农业生态系统的可持续性越来越强。

（1）环境资源足够多，但是利用水平不高。在研究期间四川省能值自给率则呈现波动上升的状态，始终维持在 0.7 以上这样一个比较高的水平，这在一定程度上反映出四川省农业生态系统的自我支撑能力较强，环境资源较多，农业生态系统的环境资源足以满足四川省的农业经济发展所需。但是四川省的能值投入率基本维持在 0.25～0.45，一直处于低位，并且在 2000～2019 年呈现波动下降的趋势，说明四川省生态系统对于环境资源的利用程度低且呈下降状态，资源的利用程度不高，也进一步影响到了四川省的农业经济发展。

（2）环境压力下降，系统可持续能力持续增强。四川省的环境负载率在 2000～2019 年波动下降，系统压力总体下降。其最大值是出现在 2006 年的 0.48，最小值是出现在 2018 年的 0.28。而净能值产出率总体却稳步上升，从 2000 年的 3.39 上升到 2019 年的 4.61，增长率达 36.17%。由于净能值产出率稳步上升，相应的环境负载率波动下降，从而导致两者的比值能值可持续发展指数波动上升，并且所有观测期间的平均值为 10.095，表明四川省生态系统可持续发展能力总体上较强。

6.3 研究小结

在理论上，本章利用两种方法评估了四川省农业生态系统的可持续发展能力，弥补了单一评价方法的弱说服性，能够更加全面地评价研究区域的状况。本章认为：

（1）农业绿色 GDP 与传统农业 GDP 呈现协同发展状态，四川省农业经济高质量化发展。农业绿色 GDP 占传统农业 GDP 的比重保持在 91.5%～93.5%，呈现协同增长趋势，表明四川省农业生态系统与农业经济活动的和谐程度较高，农业经济高速发展的同时也没有忽略农业环境和资源的保护，侧面说明四川省的农业经济在逐步向高质量发展转化。

（2）能值效率指标总体向好，但是对资源环境的利用程度还有待进一步提高。四川省能值投入率呈现下降趋势，而能值自给率总体上升，说明四川省的农业生态系统资源种类繁多，但是对其的利用率不高且有下降趋势。同时，在环境负载率下降和净能值产出率上升的共同作用下，能值可持续发展指数逐年上升，体现出四川省农业生态系统环境压力的降低和可持续能力的增强。

第 7 章　四川省农业碳达峰与碳中和：测算与时间表

为了应对全球的气候变暖问题，中国作为温室气体排放量最大的国家，义无反顾地承担起责任和义务，提出二氧化碳排放在 2030 年前实现碳达峰，在 2060 年前实现碳中和（"双碳"目标）。作为唯一能够生产和吸收二氧化碳的产业，农业的碳达峰和碳中和是全领域碳达峰和碳中和的基础和前提。在农业碳达峰和碳中和的测算上，合理设计减排时间表和减排路径是提高减排工作效率的重要方式。

7.1　农业碳排放峰值测算与碳中和均衡

7.1.1　农业碳排放测算方法介绍

碳排放（Carbon emissions）是温室气体排放（greenhouse gas emissions，GHG emissions）的一个代称。由于温室气体的主要成分是二氧化碳和甲烷，尤其是在农业生产领域，禽畜类的排泄自然发酵、反刍动物养殖过程中产生的甲烷（CH_4）排放占比不小，农作物种植过程中的碳排放也都被纳入到碳排放的研究当中，因此，在且仅在本书中，将标准碳排放作为碳排放。随着碳排放研究的深入，根据联合国粮农组织（FAO）的定义，农业碳源是指农业生产过程中向大气产生二氧化碳等温室气体的活动，主要有水稻种植、畜禽肠胃发酵、化肥农药等，这些农业碳源所产生的温室气体则是农业碳排放。本书将延续 FAO 的定义，将农业碳排放定义为在农业生产过程中，通过自然和人为两种途径产生的温室气体排放。为了在文字表达上更为简洁，用农业碳排放代替农业温室气体排放。农业碳排放的核算主要围绕种植业和畜牧业展开。在碳源分类上，本章将其分为种植活动、畜牧业活动和水稻种植排放三大类，主要包括农用物资投入、畜牧生产、能源消耗、水稻种植、农地利用五个方面，具体碳排放源分为水稻种植、氮肥、磷肥、钾肥、农药、农膜、农用柴油、农业灌溉、农业翻耕、肠道发酵、粪便管理。在计算方法上，目前国际最流行的是排放因子法，即指利用 IPCC 公布的排放因子乘以活动数据来获得碳排放量数据（IPCC，1995），因为这种方法简单易理解，所以使用的范围也最为广泛（Villarino et al.，2014；Zhang et al.，2019；Tongwane et al.，2020）。在此基础之上，国外研究者还创新了 Agri – LCI、SPAC 和农业生态系统（DNDC）等模型对地区、行业和农场的碳排放进行测算（Vetter et al.，2017；Peter et al.，2017）。除此以外，还存在质量平衡法和实测法两种方法。质量平衡法是计算满足替换去除气体而消耗的新化学物质份额；实测法则是对碳排放样品进行监测最后汇总。但是因为在实际测算时的具体操作较麻烦和数据获取困难，两种方法都没有得到广泛使用和推广（刘明达等，2014）。

农业碳排放具体分类和系数情况如表 7 – 1 ～ 表 7 – 3 所示。

表 7 – 1 农地利用碳排放系数

碳源	碳排放系数	参考来源
氮肥	3. 1kg C/kg	美国橡树岭国家实验室
磷肥	0. 61kg C/kg	美国橡树岭国家实验室
钾肥	0. 44kg C/kg	美国橡树岭国家实验室
农药	4. 9341kg C/kg	美国橡树岭国家实验室
农膜	5. 18kg C/kg	南京农业大学农业资源与生态环境研究所（IREEA）
农用柴油	0. 5927kg C/kg	IPCC
农业翻耕	312. 6kg C/hm²	田云等
农业灌溉	25kg C/hm²	田云等

表 7 - 2　　　　　　　　　　畜牧养殖碳排放系数

碳源	肠道发酵 kg CH₄/年	粪便管理		参考来源
		kg CH₄/年	kg NO₂/年	
奶牛	68.0	16.00	1.00	IPCC、FAO、胡向东等
非奶牛	51.4	1.50	1.37	
山羊	5.0	0.17	0.33	
绵羊	5.0	0.15	0.33	
马	18.0	1.64	1.39	
骡/驴	10.0	0.90	1.39	
猪	1.0	3.50	0.53	
家禽	—	0.02	0.02	

表 7 - 3　　　　　　　各省份水稻种植的碳排放系数　　　　　单位: g(C)/m²

省份	排放因子	省份	排放因子	省份	排放因子	省份	排放因子
北京	13.23	上海	31.26	湖北	38.20	云南	5.70
天津	11.34	江苏	32.40	湖南	35.00	西藏	6.83
河北	15.33	浙江	35.60	广东	41.00	陕西	12.51
山西	6.62	安徽	31.90	广西	36.40	甘肃	6.83
内蒙古	8.93	福建	34.60	海南	38.40	青海	0
辽宁	9.24	江西	42.20	四川	16.9	宁夏	7.35
吉林	5.57	山东	21.00	重庆	16.90	新疆	10.50
黑龙江	8.31	河南	17.85	贵州	16.10	—	

资料来源: 水稻种植的碳排放系数参考闵继胜 (2012) 与何艳秋 (2018) 等的研究成果。

7.1.2　农业碳汇方法介绍

"碳汇"一词来自《京都议定书》, 出现在国际碳排放交易机制中"通过高效监管陆地的生态系统来增加固碳潜能, 获得增加的碳汇抵偿缔约政府的碳减排量"的描述中。换言之, 碳汇主要是指利用绿色植物光合作用吸收转化空气中的二氧化碳的过程、活动和机制, 衡量的是植被吸碳的一种自然能力。目前公认的碳汇资源有森林、草地、农田、海洋、湿地等。当某一地区所有子生态系统（森林、草地、农田等）的碳汇量之和多于碳排放量之和时，此时该地的生态系统表现净碳汇，反之则表现为净碳源，而当两者相等时则体现为碳平衡。在农业领域，参考伍国勇等（2021）的研究，将农作物碳汇作为农业碳汇。

农业碳汇的计算如式（7-1）所示：

$$CS = \sum_{i=1}^{m} CS_i = \sum_{i=1}^{m} CS_i \times Y_i \times (1 - Q)/HI_i \qquad (7-1)$$

其中，总农作物碳吸收量 CS 为 m 种农作物的碳吸收量 CS_i 的总和，CS_i 为农作物通过光合作用合成单位有机质所需吸收的碳，Y_i 为农作物的实际产量，Q 为作物成熟时的含水量，HI_i 为经济作物经济产值的核算系数。各系数参考田云等（2013）的研究成果。农作物碳汇的具体分类和系数情况如表 7-4 所示。

表 7-4　　中国主要农作物碳吸收率、经济系数和平均含水量

农作物	碳吸收率	经济系数	平均含水量（%）
水稻	0.41	0.45	12
小麦	0.49	0.40	12
玉米	0.47	0.40	13
薯类	0.42	0.65	70
豆类	0.45	0.35	13
棉花	0.45	0.10	8
油菜籽	0.45	0.25	10
花生	0.45	0.43	10
麻类	0.45	0.10	12
甘蔗	0.45	0.50	50
甜菜	0.41	0.70	75
烟草	0.45	0.55	85
蔬菜	0.45	0.60	90

7.1.3　国家层面的农业碳排放峰值测算与碳中和均衡

表7-5呈现的是中国2005~2020年农业碳排放的总量、结构和强度变化。从表7-5可知，总体上看，农业碳排放总量呈下降趋势，从2005年的40 638.63万吨下降到2020年的30 660.21万吨，同时碳排放强度也从0.21吨/万元下降到0.03吨/万元。细分阶段来看，农业碳排放总量经历了大致三个阶段：第一个阶段是2005~2006年，农业碳排放仍然处于40 000万吨的高位；第二个阶段是2007~2014年，该阶段农业碳排放开始减少，数值在35 600万吨~37 700万吨波动上升或下降；第三个阶段是2015~2020年，在此期间，农业碳排放持续下降，减少量高达近7 000万吨。而在碳排放强度的时序变化分析上，我们发现在2005~2020年，农业碳排放一直处于持续下降状态，平均下降速度为12.24%。

从结构上看，在农业碳排放中，占比最大的是牲畜养殖，其次是农地利用，最后是水稻种植。牲畜养殖活动所产生的碳排放占到总农业碳排放的50%左右。在排放减少量上，牲畜养殖也是贡献最大的部分，农地利用次之，而水稻种植碳排放量几乎没有变化。

牲畜养殖在2005~2020年碳排放处于持续波动中，呈现"先下降——上升——再下降——再上升——又下降——又上升"的波动阶段特征，从2005年的23 031.53万吨减少到2020年的14 154.93万吨，累计下降速度为38.54%；而比重也从最初的56.67%下降到46.17%，占比减少约10%。

农地利用总体分为两个阶段，变化趋势则是先上升再下降。农地利用碳排放从2006年的10 935.26万吨持续上升至2014年的12 160.94万吨，之后又连年缓慢下降，到2020年时排放量为9 699.39万吨。虽然在排放量数值上是在减少，但是在排放量占比上，却总体呈现增加状态，说明农地利用减排在总体农业减排工作中的贡献并不大。

水稻种植的碳排放部分，因为各地水稻种植面积较为稳定，因此因种植活动产生的碳排放基本维持在6 700万~7 000万吨左右，但是因为由牲畜养殖活动减少的碳排放引起的总量减少，使得水稻种植碳排放占比呈现上升趋势。

表 7 - 5　　　　2005～2020 年中国农业碳排放的总量、结构与强度

年份	水稻种植		农地利用		牲畜养殖		总量（万吨）	碳排放强度（吨/万元）
	碳排放（万吨）	比重（%）	碳排放（万吨）	比重（%）	碳排放（万吨）	比重（%）		
2005	6 892.41	16.96	10 714.68	26.37	23 031.53	56.67	40 638.63	0.21
2006	6 935.78	17.10	10 935.26	26.96	22 683.13	55.93	40 554.16	0.18
2007	6 781.10	18.03	11 208.20	29.80	19 622.55	52.17	37 611.85	0.14
2008	6 831.37	19.16	11 228.57	31.50	17 586.33	49.34	35 646.26	0.11
2009	6 920.01	18.99	11 435.56	31.39	18 076.75	49.62	36 432.32	0.10
2010	6 927.26	18.60	11 640.08	31.25	18 677.93	50.15	37 245.27	0.09
2011	6 928.21	18.56	11 848.35	31.74	18 547.65	49.69	37 324.21	0.08
2012	6 917.47	18.60	12 007.18	32.28	18 269.53	49.12	37 194.18	0.07
2013	6 929.05	18.73	12 084.20	32.66	17 986.30	48.61	36 999.56	0.06
2014	6 935.81	18.53	12 160.94	32.50	18 323.84	48.97	37 420.59	0.06
2015	6 927.48	18.59	12 082.70	32.43	18 249.87	48.98	37 260.06	0.05
2016	6 889.77	19.01	11 850.64	32.70	17 497.70	48.29	36 238.11	0.05
2017	6 976.56	21.41	11 457.69	35.17	14 144.25	43.42	32 578.49	0.04
2018	6 848.04	21.70	10 758.73	34.09	13 951.84	44.21	31 558.60	0.03
2019	6 696.69	21.81	10 174.02	33.14	13 830.29	45.05	30 701.00	0.03
2020	6 805.89	22.20	9 699.39	31.64	14 154.93	46.17	30 660.21	0.03
累计增速（%）	-1.26		-9.48		-38.54		-24.55	-85.90
平均增速（%）	-0.08		-0.66		-3.19		-1.86	-12.24

　　图 7 - 1 展示的是中国 2005～2020 年农业碳汇的时序变化。从图 7 - 1 中可以看出，农业碳汇在 2005～2020 年呈现出上升趋势。农业碳汇从 2005 年的 56 895.48 万吨增长到 2020 年的 78 470.58 万吨，总碳汇量增加了 21 575.1 万吨，并且期间除了 2008～2009 年和 2015～2016 年有两次小幅度的减少，其他年份都在增长。

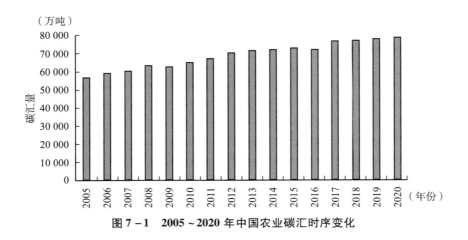

图 7 - 1 2005 ~ 2020 年中国农业碳汇时序变化

在最主要农作物中，水稻、玉米、小麦的碳汇量之和占到总农业碳汇的绝大部分，比例高达 74.01%。其中，水稻在 2005 年的碳汇量最多，其次是玉米和小麦，但在之后玉米的碳汇量都多于水稻，且持续增长。截至 2020 年，玉米的碳汇量已经达到 26 646.48 万吨（见表 7 - 6），占总农业碳汇的 34%。并且玉米碳汇量增长最多，增长量为 12 399.85 万吨，农业总碳汇贡献比例达到 57.47%，而小麦只增加了近 4 000 万吨，水稻碳汇量增加 2 507.04 万吨。

表 7 - 6　　　　　　　　**2005 ~ 2020 年各农作物碳汇变化**　　　　　　单位：万吨

农作物种类	2005 年	2010 年	2015 年	2020 年
水稻	14 479.18	15 695.69	16 695.02	16 986.22
小麦	10 504.58	12 655.83	14 033.94	14 472.69
玉米	14 246.63	18 118.89	22 963.11	26 646.48
薯类	2 413.51	2 121.41	1 778.08	2 558.51
豆类	672.36	603.66	644.75	579.10
棉花	2 114.45	2 119.19	2 418.66	2 275.61
油菜籽	2 365.67	2 467.49	2 320.06	2 447.15
花生	1 350.80	1 473.41	1 548.14	1 694.60
麻类	437.54	95.95	61.62	99.79

农作物种类	2005 年	2010 年	2015 年	2020 年
甘蔗	3 898.71	4 985.49	5 263.56	4 865.45
甜菜	115.39	136.10	117.58	175.48
烟草	62.81	66.81	63.48	51.00
蔬菜	4 233.86	4 294.87	4 981.88	5 618.51

在其他农作物中，以 2020 年的碳汇数据为参考来排序，蔬菜为最多，其次是甘蔗、薯类、油菜籽、棉花、花生，然后是豆类、甜菜，最后是麻类和烟草。并且蔬菜和花生的碳吸收量在研究期间持续增长，蔬菜的增长量较高，为 1 384.56 万吨；甘蔗碳吸收量波动上升，从 2005 年的 3 898.71 万吨一度增长到 2015 年的 5 263.56 万吨，之后再在 2020 年回落至 4 865.45 万吨，总体在 16 年间增加了 966.74 万吨；薯类先降后升，2015 年降为 1 778.08 万吨，后又上升到与 2005 年持平的状态，为 2 558.51 万吨，在总的研究期间内前后差别小；麻类减少，最初有 437.54 万吨，但在 2010 年至 2020 年间都不足百万吨，占农业碳汇的比例也越来越小；豆类、棉花、油菜籽和烟草变化不大，其中棉花和油菜籽基本维持在 2 000 万吨～2 500 万吨的水平，豆类则是在 600 万吨的水平徘徊，烟草的占比最小且很稳定，一直维持在 60 万吨左右。

7.1.4 四川省农业碳排放峰值测算与碳中和均衡

通过测算和数据分析，可以得到如图 7-2 所示的四川省农业碳排放和农业碳汇的时序变化统计图。从图 7-2 可知，四川省的农业碳排放分为两个阶段，分别是 2005～2011 年的波动阶段和 2012～2020 年的持续下降阶段，总趋势是减少了 649 万吨标准碳。与此同时，四川省的农业碳汇却是节节攀升，截至 2020 年，已经增长到 3 778 万吨，是农业碳排放的 1.59 倍。在 2005～2020 年期间，四川省绝大多数时间处于农业碳汇多于农业碳排放的状态，并且随着时间推移，净碳汇数值也在不断增长（净碳汇指的是碳汇与碳排放之间的差值），这也说明四川省在某种意义上已经实现了农业层面的碳中和。但当考虑全产业的碳中和时，农业作为唯一能够吸收碳的产业，目前的农业碳汇还远远不足以抵消全部生产生活所产生的碳排放，因此进一步开发农业碳汇资源对于实现总体碳中和来说仍然是一项重要工作。

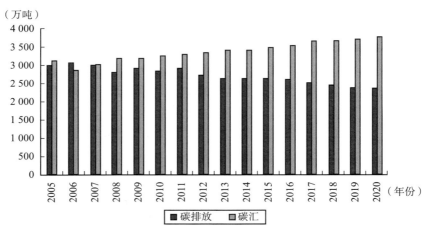

图 7-2　2005~2020 年四川省农业碳排放和农业碳汇时序变化

7.2　单一政策与综合政策情境下的农业碳减排

7.2.1　碳达峰预测模型介绍

对区域碳排放峰值进行情景预测，要求明确碳排放量与驱动因素间的定量关系。就二者关系的研究，学术界采取的方法主要有 IPAT 模型，LEAP 模型和 STIRPAT 模型等。其中，STIRPAT 模型应用最为广泛，STIR-PAT 模型由 IPAT 模型发展而来。传统的 STIRPAT 模型由 IPAT 模型发展而来，公式表示如下：

$$I = a \times P^b \times A^c \times T^d \times e \qquad (7-2)$$

其中，I、P、A 和 T 分别表示区域的碳排放量、人口、经济发展水平和技术因素；a 为模型系数；b、c、d 分别为变量 P、A、T 的指数；e 为模型误差项。本章从全国的宏观层面和四川省的微观层面选择影响因素，构建开放 STIRPAT 模型。公式表示如下：

$$I = a \times P_i^{bi} \times A_i^{ci} \times T_i^{di} \times e \quad i = 1, 2 \quad (7-3)$$

其中，I 为全国碳排放量；变量 P_i、A_i 和 T_i 为驱动因子；角标 b_i、c_i 和 d_i 为驱动因子指数；下标 $i = 1$ 或 $i = 2$ 分别表示影响碳排放量全国和四川省域层面的驱动因子和变量指数。

本章在参考邱子健等（2021）的基础之上，选择如下因素：人口因素为农村人口数，经济发展水平分解为人均农业产值，技术因素分解为碳排放强度。

因此，综合而言，对数处理之后的模型公式如下所示：

$$\ln I = \ln a + b_i \ln P_i + c_i \ln A_i + d_i \ln T_i + \ln e \quad i = 1, 2 \quad (7-4)$$

通过查阅文献发现多重共线性是 STIRPAT 模型的主要缺点，而通过偏最小二乘回归（PLS）可以解决这一问题（赵慈等，2022；张哲等，2022）。首先，需要分析各因素间的相关性；其次，对自变量进行降维提取主成分（因子分析法）；最后，进行回归求得 STIRPAT 模型。

将原始时间序列数据做自然对数处理后，进一步降维处理，提取 2 个主成分，分别以 FAC_1，FAC_2 表示，全国数据可解释因变量的 99.742%（见表 7-7），四川省数据可解释因变量的 99.843%（见表 7-8）。

表 7-7　　　　　　　主成分分析解释的总方差（全国）

成分	初始特征值			提取载荷平方和		
	总计	方差（%）	累积（%）	总计	方差（%）	累积（%）
1	2.952	98.392	98.392	2.952	98.392	98.392
2	0.041	1.351	99.742	0.041	1.351	99.742
3	0.008	0.258	100.000	—	—	—

表 7-8　　　　　　　主成分分析解释的总方差（四川省）

成分	初始特征值			提取载荷平方和		
	总计	方差（%）	累积（%）	总计	方差（%）	累积（%）
1	2.978	99.282	99.282	2.978	99.282	99.282
2	0.017	0.561	99.843	0.017	0.561	99.843
3	0.005	0.157	100.000	—	—	—

将 FAC_1、FAC_2 分别作为因变量，与原始数据的 3 个变量做最小二乘回归，回归方程如下所示：

全国：
$$FAC_1 = -29.420 + 2.754\ln P - 0.907\ln A + 0.555\ln T \quad (7-5)$$
$$FAC_2 = -332.803 + 30.414\ln P + 8.909\ln A - 0.647\ln T \quad (7-6)$$

四川省：
$$FAC_1 = -22.576 + 2.702\ln P - 0.838\ln A + 0.486\ln T \quad (7-7)$$
$$FAC_2 = -431.631 + 50.976\ln P + 7.540\ln A - 4.740\ln T \quad (7-8)$$

将综合变量数据作为自变量，$\ln Q$ 作为因变量，采用最小二乘法进行拟合得到表 7-9 和表 7-10 的结果。

表 7-9　　　　　全国数据回归分析统计

变量	系数	标准误	T 统计量	P 值
C	10.482	0.011	946.629	0.000
FAC_1	0.074	0.011	6.473	0.000
FAC_2	0.027	0.011	2.319	0.037

表 7-10　　　　　四川省数据回归分析统计

变量	系数	标准误	T 统计量	P 值
C	7.910	0.006	1420.206	0.000
FAC_1	0.081	0.006	14.065	0.000
FAC_2	0.010	0.006	1.713	0.110

由表 7-9 和表 7-10 可得，关系方程为：

全国：$\quad \ln Q = 10.482 + 0.074 FAC_1 + 0.027 FAC_2 \quad (7-9)$

四川省：$\quad \ln Q = 7.910 + 0.081 FAC_1 + 0.010 FAC_2 \quad (7-10)$

将式（7-5）、式（7-6）代入式（7-9），式（7-7）、式（7-8）代入式（7-10），得出：

全国：$\quad \ln Q = -0.681 + 1.025\ln P + 0.173\ln A + 0.024\ln T \quad (7-11)$

四川省：$\quad \ln Q = 1.765 + 0.729\ln P + 0.008\ln A - 0.008\ln T \quad (7-12)$

因此，全国和四川省的 STIRPAT 模型为：

全国：$\quad Q = e^{-0.681} \times P^{1.025} \times A^{0.173} \times T^{0.024} \quad (7-13)$

四川省：
$$Q = e^{1.765} \times P^{0.729} \times A^{0.008} \times T^{-0.008} \qquad (7-14)$$

由式（7-13）和式（7-14）可知，全国 P、A、T 对碳排放的弹性系数分别为 1.025、0.173 和 0.024，四川省的 P、A、T 对碳排放的弹性系数则为 0.729、0.008、-0.008，两个模型都表明在三者共同影响下，农村人口活动是碳排放最主要的驱动因素，与碳排放量呈较强的正相关性，人均农业 GDP 对于全国和四川省的碳排放量都具有正向影响，而碳排放强度对于全国的碳排放是正向影响，对于四川省则是负向。因此，加快城镇化进程，提高能源、资源利用率和集约化水平，促进农业经济高质量发展将是农业实现减碳的重要途径。

7.2.2　2005～2020 年实际值与模型预测值的比较

将全国和四川省模型拟合得到的结果与估算值比较（见图 7-3 和图 7-4），从拟合曲线来看，全国大部分年份碳排放的实际值与预测值相近，而四川省的实际和预测情况也基本吻合，说明全国和四川省的预测都比较准确，预测模型是有效的。

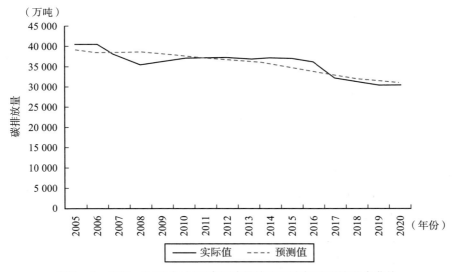

图 7-3　2005～2020 年全国碳排放量的实际值与预测值拟合曲线

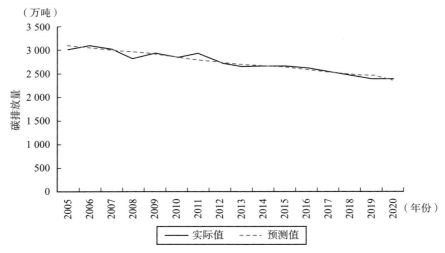

（万吨）

图 7 - 4　2005～2020 年四川省碳排放量的实际值与预测值拟合曲线

7.2.3　2021～2030 年全国农业碳排放预测

农村人口：根据第七次全国人口普查，截至 2020 年底，全国常住人口为 14.118 亿人，其中乡村人口为 5.098 亿人，占比 36.11%。与第六次普查结果相比较，总人口增加了 0.7206 亿人次，年增长率为 0.53%，但是乡村人口却减少了 1.644 亿人次，农村人口占比减少了 14.21%。未来，城镇化进程会随着经济发展不断持续推进，农村人口仍将处于下降趋势，但目前处于快速发展期的减速发展阶段。根据联合国《世界城市化展望 2018》预测，中国城镇化率将在 2030 年达到 70.6%。因此在 2030 年，农村人口占比则为 29.4%。同时，国务院印发《国家人口发展规划（2016～2030 年）》，2030 年全国总人口将达到 14.5 亿人左右。根据以上所有信息，预测 2030 年的乡村人口为 4.263 亿人，而 2020 年乡村人口为 5.098 亿人，推算出 2021～2030 年增长率为 -16.38%，平均年增长率为 -1.773%。因此，设定人口规模在基准情景下增长率为 -1.77%，低碳情景 1 为 -1.87%，低碳情景 2 为 -1.97%（见表 7 - 11）。

表 7 – 11　　　　　　　　　不同情景模式下各参数增长率设定

情景	增长率设定（%）		
	农村人口	人均农业 GDP	农业碳排放强度
基准情景	– 1.77	6.30	– 2.50
低碳情景 1	– 1.87	5.40	– 3.50
低碳情景 2	– 1.97	5.00	– 4.50

人均农业 GDP：根据陈锡康等（2021）对于中国经济在新型冠状病毒感染疫情之下的发展分析及预测，中国的 GDP 在 2021～2025 年将保持中高速增长趋势，平均增速为 6.3%，2026～2030 年的平均增速为 5.4%，2031～2035 年的平均增速为 5%。同时《"十四五"规划和 2035 年远景目标纲要》提出居民人均可支配收入增长"与 GDP 增长基本同步"。在"十三五"期间，居民的可支配收入年均增长为 5.6%，同期 GDP 的年均增长为 5.8%。因此，在 2021～2030 年，假定居民可支配收入与 GDP 增长是同步的，基于学者对于 GDP 的预测，本章设定 2021～2030 年人均农业 GDP 的基准速度为 6.3%，低碳情景 1 为 5.40%，低碳情景 2 为 5.00%。

农业碳排放强度：中国政府在向联合国气候变化框架公约秘书处提交的《强化应对气候变化行动——中国国家自主贡献》的文件中指出，2030 年二氧化碳强度比 2005 年下降 60%～65%，通过测算得出年平均碳排放强度降低 2.4%～2.6%，本章取平均值为基准。而在 2021 年，中共中央、国务院提出到 2025 年碳排放强度要比 2020 年下降 18%，即年均下降 4.84%。因此，在 2021～2030 年，农业碳排放强度增长率在基准情景设定为 – 2.50%，低碳情景 1 和低碳情景 2 则设定为 – 3.50% 和 – 4.50%。

通过测算，得到全国 2021～2030 年在基准情景、低碳情景 1 和低碳情景 2 下的碳排放预测（见图 7 – 5）。由图 7 – 5 可知，在三种情景下，碳排放都处于持续下降的趋势，而 2030 年的碳排放都下降到了 28 000 万吨以下，实现了 2021～2030 年 2 000 万吨的下降量。而低碳情景 2 下降最快，到 2030 年碳排放量已经降为 26 333.304 万吨，十年间的下降量比低碳情景 1 多 541.694 万吨，比基准情景下多 1 322.760 万吨。

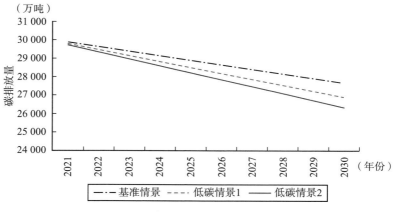

图 7 - 5 不同情景模式下全国农业碳排放预测

7.2.4 2021~2030 年四川省农业碳排放预测

农村人口:《四川省人口发展中长期规划》明确提出,到 2030 年常住人口预计达到 8 470 万人左右。而根据四川省下发的《"十四五"规划和 2035 年远景目标纲要》,2020 年四川省城镇化率为 55%,到 2025 年四川省常住人口的城镇化率预计会达到 60%,2030 年达到 66%,则农村人口占比将在 2025 和 2030 年分别达到 40% 和 34%。在 2005~2020 年,城镇化率增长率为 1.582%。因此,本章在四川省农村人口增长率的设置上,选择年平均增长 -1.0% 作为基准情景,-1.5% 作为低碳情景 1,而 -2.0% 则作为低碳情景 2(见表 7 - 12)。

表 7 - 12 　　　　　　不同情景模式下各参数增长率设定

情景	增长率设定（%）		
	农村人口	人均农业 GDP	农业碳排放强度
基准情景	-1.0	9.5	-2.5
低碳情景 1	-1.5	8.0	-3.5
低碳情景 2	-2.0	6.5	-4.5

人均农业 GDP：根据《"十四五"规划和 2035 年远景目标纲要》，四川省提出在"十四五"期间，四川省的居民人均可支配收入增长应大于 6%，而四川省的人均农业 GDP 在 2005～2020 年的年均增长率为 9.53%，参考以上信息，本章将人均农业 GDP 增长率为 9.5% 作为基准情景，8.0% 作为低碳情景 1，6.5% 作为低碳情景 2。

农业碳排放强度：在全国总体碳减排目标下，四川省的农业碳排放工作是根据国家下发的目标任务而确定的。因此，本章选择的情景设置与全国的农业碳排放强度设置相同。

在三种设定的情景之下，同样也是与全国情况相似，碳排放处于持续下降状态，如图 7-6 所示。并且在基准情景之下，农村人口减少速度最慢，农业经济情况发展最好最快的情况下，农业碳排放下降到 2 199.745 万吨，相比 2020 年减少了 7.30%；在低碳情景 1 下，农村人口转移速度和农村经济发展速度都处于中等水平时，碳排放量总共减少了 253.629 万吨，比率为 10.69%；在低碳情景 2 下，农业碳排放量减少得最多，为 331.402 万吨。由此表明，在低碳情景发展模式下，四川全省农业碳减排的潜力巨大，且在实现农业碳减排的同时，也能兼顾农业经济的发展。

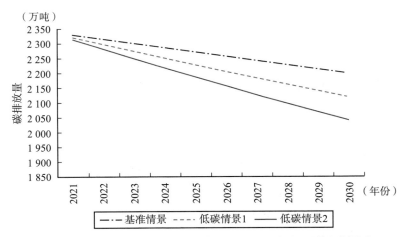

图 7-6　不同情景模式下 2021～2030 年四川省农业碳排放预测

7.3 实现农业碳达峰与碳中和
发展面临的困境与挑战

第一，农业碳达峰、碳中和时间紧任务重。我国人口基数大，伴随着生活水平的不断提升，肉蛋奶和生产生活用能需求持续增长，在有限的可耕土地上既要保障粮食安全，又要实现农业减碳，实现农业碳达峰、碳中和，对农业来说有较大压力。目前，我国对农业温室气体排放和减排固碳技术进行了部分试验，研发和筛选了减排固碳技术，但减排效果、对农业生产的副作用还有待验证；部分技术操作烦琐，使劳动力投入或生产成本均有所增加，需要依赖国家财政补贴，限制了其应用推广。在种植业方面，以小农户种植为主，减排固碳的规模效应难以显现，缺乏减排固碳技术标准和规程；在养殖业方面，饲料饲草质量不高，单位畜产品温室气体排放量高，短期内提高饲料质量难度大；在废弃物循环利用方面，成本效益低，需要国家补贴，亟须进行技术创新，研发颠覆性技术，探索区域化的整体解决方案。碳汇林种植面积有限，林业碳汇认证过程相对烦琐，绝大部分核证减排信用均供工业系统减排使用，农业碳达峰和碳中和被忽视。

第二，农业碳达峰、碳中和缺少专门政策和系列化标准。尽管相关部门出台了以农业绿色发展为导向的一系列政策措施，对协同减排固碳也有一定的作用，但由于没有颁布专门的气候变化法律法规，针对农业的碳达峰、碳中和政策尚属空白，也未制定相应的技术标准，导致减排固碳关键技术措施的推广及有效实施面临较大障碍。

第三，碳减排手段单一，缺乏强有力的统一措施。国内主要通过核证减排信用（CCER）的市场化交易来实现间接减排，而没有单独开征的碳税（目前有环境税和资源税等税种），对减排有重要贡献的碳减排补偿机制理论研究较多。同时，机构、个人通过切实行动（如节约能源、植树等）产生的非核准碳汇无法进入市场交易。市场化的减排手段（碳汇市场）"雷声大雨点小"，虽已建成统一的全国性碳汇交易市场，但交易并不活跃，交易量有限，容易使资源发生错配。此外，碳汇的金融属性逐渐成为人们关注的重点，而金融产品的逐利性容易使碳汇本身应对全球气候变化的功能被弱化。

第四，农业碳达峰、碳中和缺乏专业研究平台。由于过去对农业减排固碳没有明确要求和约束性指标，导致农业领域不仅没有清晰的碳达峰、碳中和路线图，也没有专门从事农业农村应对气候变化的专门机构。相关研究分散在不同的单位，无法整合各方力量，开展系统的碳达峰、碳中和理论、方法、技术和政策研究，迫切需要建立农业碳达峰、碳中和专业研究平台。

7.4　促进农业碳达峰与碳中和发展的对策建议

第一，大力发展低碳农业，发挥农业系统固碳减排的潜力。高度重视农业领域的碳达峰与碳中和发展问题，各地做好农业碳汇资产清查与评估，理清碳汇"家底"。合理发展农村生物质能源产业，利用秸秆、粪便、农村有机垃圾等废弃资源开发生物质能源，抵消农业生产的部分能源消耗；改善土壤质量，提高农田和草地固碳增汇能力，包括保护性耕作、秸秆还田、有机肥施用、人工种草和草畜平衡等，通过提升农田草地有机质可增加其温室气体吸收和固定二氧化碳的能力，让农田从碳源变成碳汇，强化国土空间规划与用途管控，有效发挥森林、草原、湿地、海洋、土壤、冻土的固碳作用，提升生态系统碳汇增量；推进化肥农药减量化、果菜茶有机肥替代化肥，推广绿色防控产品和技术；优化养殖结构，大力推广种养结合和生态健康养殖技术，不断改进和提升畜禽粪便等废弃物资源处理水平和还田率；积极发展农机技术，淘汰高排放老旧设备，用补贴手段推动农机换代，促进农机节能减排绿色生产；强化宣传教育，加强党政领导、部门行业达峰培训，构建具有地区特色的农业固碳减排技术模式，率先在农业绿色发展先行区、乡镇、大型种养企业等进行试点示范，因地制宜构建农业碳中和示范县、示范乡镇、示范企业，探索开展气候投融资试点，并为低碳农业发展提供强有力的科技支撑，让低碳农业为区域碳达峰、碳中和助一臂之力。

第二，尽快制定颁布农业碳达峰、碳中和法律法规。通过法制化、制度化、标准化确保碳达峰、碳中和工作的稳定与可持续。鼓励低碳消费，加快产品绿色标识或碳足迹标识系统的落地执行；制定促进减污降碳协同效应的政策和考核制度，将碳达峰、碳中和与面源污染防治一起纳入地方政府和重点企业的考核指标，逐步形成减碳控污协同的考核激励机制，提升企业碳排放碳资产管理能力和水平。

第三，适时引入碳税手段，规范碳交易市场。碳交易比较适合排放点集中且易于监管的企业，但如果要将众多排放量较小或者不易监管的企业纳入全国碳市场，实施起来则存在一定困难，而碳税相对灵活，可以在每一个参与社会经济运行的工商企业头上都悬上一把剑，时刻提醒其减碳发展的社会责任。引入碳税以规范碳市场未覆盖行业企业的碳排放行为，并利用碳税收入支持我国可再生能源以及低碳、零碳和负碳技术的发展；进一步规范碳交易市场，建立健全全国性统一碳交易市场，完善绿色金融政策框架和激励机制，加大投融资支持力度，增加气候资金供给；各地在全国性的碳汇交易框架下，规范和完善地方性碳排放权交易相关规范措施，明确对地方主体参与碳汇市场交易的监督和指导。及时动态跟踪、发布行业减排技术前沿信息，联合财政部门鼓励、支持减排技术的更新与高排放行业过剩产能的退出和转型发展；加强针对碳市场建设的相关研究工作，从配额分配方法、温室气体核查、市场风险管控等方面设计更为科学有效的行动方案。

第四，建立农业碳达峰、碳中和专业研究平台。加强农业碳达峰、碳中和理论、方法、技术和政策等方面的系统研究，不断完善农业碳计量监测体系，提出相应的技术标准、政策建议，推动碳排放核算、碳中和实施标准化、规范化和数字化。推进科技创新支撑引领农业碳达峰、碳中和工作，建议设立专项资金支持农业固碳减排关键技术的科技创新，重点加强高效作物、能源植物品种选育、农业土壤固碳减排、健康养殖、废弃物资源化利用、设施农业碳中和生产模式等低碳技术及其装备的研发与应用。

7.5 研究小结

本章研究从全国的宏观层面和四川省的微观层面出发，利用排放因子法测算农业碳排放和农业碳汇资源，采用 STIRPAT 模型对全国和四川省的农业碳排放潜力做出预测，得出以下结论：

（1）全国的农业碳排放量正处于下降阶段，2020 年的碳排量相较于 2005 年减少了 9 978.42 万吨；农业碳排放强度也从 0.21 吨/万元下降到 0.03 吨/万元，平均增长率为 12.24%；结构上，农业碳排放中占比最大的是畜牧业，比率常年在 50% 左右，其次是农地利用，然后是水稻种植。而全国的农业碳汇资源总体呈现上升趋势，水稻、小麦、玉米是最主要的碳汇来源，并且在研究期间，农业碳汇资源多于测算的碳排放量。

（2）在对四川省的情况进行考察时，同样发现四川省与全国具有相似的趋势，即农业碳排放存在下降趋势，而农业碳汇却在上升，并且农业碳汇仍然多于农业碳排放。截至 2020 年，四川省农业碳汇已经增长到 3 778 万吨，是农业碳排放的 1.59 倍。

（3）本章通过设定农村人口、人均农业 GDP 和农业碳排放强度的不同变化情况，设置了基准情景、低碳情景 1 和低碳情景 2 三种模式，模拟得出全国和四川省的农业碳排放量在 2021～2030 年都处于持续下降阶段。以低碳情景 2 作为参考，全国到 2030 年最多可以减少 4 128.67 万吨，四川省则可以减少 331.40 万吨。

综上所述，全国和四川省的农业碳环境都处于相对健康的状态，没有出现碳排放多于碳汇资源的情况，未来全国的农业碳排放潜力较大，四川省农业领域也有进一步减排的空间。

第8章 区域比较视角下的四川省农业绿色发展

8.1 国际多维博弈与四川省农业绿色发展动力

8.1.1 多维博弈的国际环境

20 世纪初，大气中二氧化碳的浓度不到 50ppm，而在短短的 100 年间，大气中二氧化碳浓度已经上升到了 400ppm（余光英，2010）。气候变化造成的对人类生存环境的威胁正在不断显现。气候已经不再是仅涉及气象科学领域的单一问题，而是与人类的经济活动、政治活动、技术创新等活动紧密地联系在一起，关系到人类未来的生存和发展空间。因此，对全球气候变化问题的分析不能仅仅停留在气候变化的现象层面，而更应当关注在气候变化这一现象的背后，由经济环境、政治环境、生态环境以及技术环境变化引起的一系列变化及其动因。

8.1.1.1 政治环境

从 2005 年《京都议定书》正式生效，再到 2009 年召开哥本哈根气候变化大会以及坎昆会议和德班会议，世界各国从未停下关于全球气候治理的谈判。

以中美两个大国为例，2015 年《中美气候变化协定》的签署，标志着世界上两个最大的经济体朝着低碳未来的共同愿景迈进。2017 年特朗普就任美国总统后，中美两国未能达成气候协议，中美气候峰会被迫中止。2021 年拜登政府提出"清洁能源革命和环境正义计划"，并承诺与中国合作解决全球变暖问题。从全球气候治理的角度看，中美在气候方面的竞争与合作将不同程度地激发两个大国的气候治理伟大愿景。

近年来，气候变化成为新的全球热点，各国纷纷开展气候治理相关的谈判与合作，但由于温室气体排放空间（机会）是全球公共资源，因此涉及气候变化和气候治理的议题极有可能跨越主权、民族、国家的边界而带有"全球公域"的属性，从而成为霸权国家冠冕堂皇地侵犯其他独立主权国家的借口（毛维准，2022）。

2015 年《巴黎协定》在法律和实践上都坚持"共同但有区别的责任"。因为在大多数国家都采取以化石能源为原料的高碳工业模式下，过于严格的履行碳减排承诺必定要以减缓经济发展为代价。而工业革命以后，发达国家凭借高碳工业迅速发展，在消耗大量不可再生资源的同时排放了大量污染物，对地球的可持续承载能力造成严重破坏。相比之下，发展中国家由于工业发展的过程相对落后，无法采取与发达国家相似的发展模式，其发展进程将受到地球环境和碳空间的限制。因而必须走可持续的、资源节约、环境友好的清洁发展道路，但这意味着更高的发展成本。因此，"共同但有区别的责任"原则将发达国家与发展中国家的责任区分开来，正体现了国家间对环境资源享受的公平和正义（周伟铎，2021）。

8.1.1.2 经济环境

（1）碳交易市场。

近年来，随着气候治理进程不断深入，温室气体减排问题逐渐成为国际共识。目前国际上已经建成多个碳排放交易市场，国际主流碳市场根据参与形式可分为两种，即以芝加哥气候交易所为代表的自愿参与的碳市场（后被亚特兰大的洲际交易所收购）和以欧盟排放交易体系为代表的强制减排的碳市场。根据路孚特（LSEG Data & Analytics）① 统计资料显示，2020 年全球主要碳市场的成交量为 103 亿吨，交易总额达到 2 290 亿欧元左右，较 2019 年增长近 20%；其中，欧盟、新西兰、美国区域温室气体

---

① 汤姆森路透（市场）有限责任公司旗下品牌，是金融市场数据和基础设施提供商之一。

行动计划（RGGI）、韩国等碳市场成交量比 2019 年分别同比增加 20%、20%、19%、10%。2020 年受到新型冠状病毒感染疫情影响，多数碳交易市场价格出现短期大幅下跌的情况，下半年逐步恢复增长态势。欧盟、美国 RGGI 和加利福尼亚州、新西兰等碳市场的价格，年中已恢复至疫情前水平，其中，欧盟、美国 RGGI、新西兰等碳市场的价格年底达到年初价格的 1.4 倍左右，2021 年 5 月欧盟碳价更是创出每吨 56 欧元的历史新高。碳交易市场交易规模呈持续上涨态势（杨洁，2021）。

近年来，碳市场制度得到不断修订和强化，碳交易所覆盖的行业范围也在不断扩大。截至目前，这些碳交易制度覆盖了工业、电力、航空、交通、建筑等多个领域。尽管在碳交易市场中还未大范围涉及农业领域，但为了提升本国农业在国际市场上的竞争力，一些国家已经开展相关的农业碳交易试验。美国政府允许农民通过芝加哥气候交易所拍卖自己的聚碳指标来获得收益。作为农业大国的中国也作出了相应的尝试：湖北省将农业碳减排项目与精准扶贫相结合，通过抵消机制进入市场交易，实现履约抵消农业碳减排量约 107 万吨，经济收益超过 1 600 万元。从国际竞争角度来看，农业纳入碳交易市场将成为国家绿色农业发展与竞争力的重要助力。

（2）碳关税。

碳关税是指主权国家或地区对高耗能产品进口征收的二氧化碳排放特别关税，其实质是欧美发达国家抢占低碳战略制高点的一种手段（李小芳，2015）。碳关税不仅违反了世界贸易组织（WTO）的基本规则，也违背了《京都议定书》有关"共同但有区别的责任"原则。欧美发达国家将其作为贸易保护主义的一种形式。然而，这种针对发展中国家的贸易保护法律违反了公平、"共同但有区别的责任"和各自在国际气候治理中的能力等概念，并无益于国际气候治理和合作。

8.1.1.3 技术环境

（1）高碳技术困锁。

高碳技术困锁是指在长期的正向反馈机制的作用下，具有高产稳定的高碳科技结构主导了经济、社会的发展路径，从而阻碍了低碳科技的扩散与应用效果（肖洋，2016）。在中国产业经济结构的长期形成过程中，由于高碳科技之间具有系统关联性，一国的工业如果建立在高碳科技体系之上，加上国家经济制度的辅助，就会对高碳技术产生强烈依赖，形成技术惯性，甚至发展模式惯性。也就是说，即使想要对高碳技术进行改变，也会被长期以来的技术固化与巨大的替代成本所阻碍，最终形成"高碳技术困锁"。陷入高碳技术困锁的发展中国家会在能源供给和生态安全方面面临一系列的安全威胁。以中国为例，中国的工业所消耗的能源以煤炭、石油为主，然而随着煤炭和石油资源的日益枯竭，中国石油的对外依赖率越来越高。然而，近年来世界石油主产地政治动荡，国际局势错综复杂，因此中国能源稳定和安全供应承担着巨大的风险。除此之外，石油和煤炭的使用都会排放大量污染物，对我国生态环境产生严重损害，导致区域性气候异常、雾霾等污染频发。高碳技术困锁是粗放式经济发展模式下的必然产物，过度的能源依赖使能源安全得不到保障，对生态环境的透支和消耗，导致环境严重恶化。高碳技术困锁带来的能源安全和生态安全，成为发展中国家参与气候治理和走低碳发展道路面临的巨大困境。

（2）低碳技术转移。

低碳科技是指那些能够减少甚至抵消温室气体排放的科技，促进低碳科技在世界范围的推广与应用是全球气候治理的关键。《联合国气候变化框架公约》和《巴黎协定》中都提到技术转移的问题，并鼓励发达国家向发展中国家转移低碳科技，带动全球环境的改善。然而国际低碳科技转移并不是基于经济考量的简单技术转让过程，而是一种国家间的博弈。国际上的低碳科技转移途径主要有三种：企业间的商业低碳科技贸易、清洁发展机制下的低碳科技转让以及政府间的低碳科技援助。在这三种途径中，以企业间的商业低碳科技贸易为主要转移途径，政府间的低碳科技援助和清洁发展机制下的低碳科技转让为补充形式。国际低碳转移过程并不是简单的转出转入，该过程涉及众多利益相关者，包括低碳科技研发单位、技术专利方、技术购买方、技术转移融资机构，技术贸易信息传递者、发达国家与发展中国家政府、低碳科技贸易平台运营方等，不同利益主体的转移动机各不相同。

根据《联合国气候变化框架公约》和《巴黎协定》，发达国家有义务对发展中国家进行低碳技术援助，但目前国际上大多数低碳技术转移都是有偿的。例如，清洁发展机制（CDM）作为国际低碳科技转移的最高平台，承担着发达国家与发展中国家之间低碳技术转移的重大责任。尽管如此，由于发达国家对新兴低碳技术具有绝对的掌控力，在低碳科技转移中具有相当大的话语权，因此，国际低碳科技交易无疑是卖方市场。然而，作为既得利益者，发达国家一方面构建起国际低碳话语体系和碳排放美元（欧元）货币交易体系，另一方面却以知识产权保护为借口，表面上将过时的、低价值的低碳科技转移到发达国家以获得国际低碳声誉，实则限制高精尖低碳科技对发展中国家的转移，迫使发展中国家遵守发达国家主导的国际低碳科技市场秩序，维护本国在国际低碳科技市场中的霸权和垄断地位。这种带有强烈政治色彩的行径直接导致了国际低碳科技交易的低效率，给全球气候治理进程带来一定的负面影响。

8.1.2　国际博弈中中国的角色定位和战略选择

8.1.2.1　地缘政治中的角色定位

碳排放空间具有公共物品属性，全球变暖的气候危机需要各国共同携手解决。不同国家的综合国力、经济实力与国际影响力有着巨大的差别，对气候变化所担负的责任也有所不同，虽然近年来的气候会议已经确立了各个国家之间"共同但有区别的责任"的原则，但是并未落实具体的责任范围，也没有对各国在气候治理中应承担的具体责任进行量化。这也是气候治理停滞不前的重要原因之一。据联合国环境署《排放差距报告2017》所述，目前《巴黎协定》所做的减排承诺，相较实现2℃温控目标的最低成本路径，仍存在着110亿~135亿吨二氧化碳当量（$GtCO_2e$）的排放差距（庄贵阳，2018）。即使所有有条件和无条件的国家自主贡献承诺得以完全履行，到2100年，全球仍极有可能升温3℃以上，气候治理的整体前途暗淡（潘家华，2018）。在这个重要转折点上，迫切需要有国家扛起低碳大旗，推动《巴黎协定》的实施，以推进全球气候治理。理论上来看，美国作为发达国家之首，拥有强大的经济实力和广泛的国际影响力，在全球面临的气候问题面前，应当担负着号召和引领国际气候治理的重要责任。然而，特朗普政府在2020年却主动退出《巴黎协定》，阻碍了全球气候治理进程。尽管拜登当选总统后，美国重返《巴黎协定》，但这种摇摆不定的态度已经使美国在全球气候治理中的国际公信力大大减弱，成为气候治理中的不稳定因素。

面对日益严峻的气候变化局势，中国不断增强生态文明建设意识，制定了一系列政策。2021 年 2 月 22 日，国务院印发《关于加快建立健全绿色低碳循环发展经济体系的指导意见》，绿色低碳经济作为顶层设计得到正式部署。中国必须自主探索符合中国国情的减排路径。虽然在环境治理方面任重道远，但中国的各项政策都表明，在双碳目标下中国必将成为 21 世纪的绿色低碳大国。

在全球气候治理中，美国摇摆不定的态度是中国在国际社会中优化国际"碳形象"、构建低碳"中国模式"、加强中国气候影响力以及引领全球气候治理的重要机遇。如今，中国经济进入新常态，在国际社会中的影响力不断提高，国际社会对中国在气候治理方面的角色也有了新的预期。中国的气候治理理念不断成熟，在气候治理中不断做出努力，对外寻求各国气候利益共同点，保护广大发展中国家在全球气候治理中的平等权益；对内制定"3060"减排目标，出台相关政策法规，积极推动国内能源转型。这是世界各国未来继续走绿色低碳发展道路的基本要求，也是中国秉持大国责任意识的集中体现。

8.1.2.2　中国的低碳战略选择

国际气候治理的公平性和碳排放历史责任的问题亟待解决。作为气候治理进程的主要推动者和引领者，中国应当把握气候治理的时代机遇，推动世界绿色发展方式的转变，增强中国在气候治理中的国际话语权（陈志恒，2019）。

从国际和国内两个维度进行战略考量：一是坚持多边主义，推动健全以《巴黎协定》为基础的国际气候治理机制，处理好碳排放历史责任的问题，推动发达国家兑现减排承诺，维护广大发展中国家在气候治理中的发展权益。习近平主席强调，《巴黎协定》符合全球发展大方向，成果来之不易，应该共同坚守，不能轻言放弃（王文，2019）。尽管中国在气候治理中的声音愈发强烈，但是由于意识形态等政治因素的存在，美国、欧盟等大国集团并不会无条件地跟随中国在全球气候治理中的引领，而中国目前的实力也不具备单独引领世界气候治理的条件。因此，中国必须尽快完成转型，以便为世界其他国家树立榜样，积累领导能力。中国要参与全球气候治理，做出长远的战略决策，根据自身能力为发展中国家提供实际援助，并从资金、技术、制度、政策等层面着力解决欠发达国家能力不足的共同问题。二是高举生态文明建设大旗，逐步摆脱经济增长对碳排放的路径依赖，将生态文明措施覆盖到政治、经济、文化和社会的方方面面。2005～2015 年，中国单位 GDP 能耗累计下降 34%，二氧化碳排放强度下降 38.6%。2016 年，中国在可再生能源领域投入资金约 780 亿美元，此类投资连续 5 年居世界之首；碳排放强度相比 2005 年下降了 42%，提前完成了到 2020 年下降 40%～45% 的目标。

8.1.3 复杂国际背景下四川省农业绿色发展动力

在以气候政治和碳霸权为代表的国际政治背景及以碳交易市场和碳关税为代表的经济背景下，中国争做全球温室气体减排"引领者"，以积极的战略措施应对。四川省也应当响应中国在多维国际博弈背景下的角色定位和战略选择，寻找农业绿色发展的动力。

8.1.3.1 四川省农业发展条件概况

四川省是我国的农业大省，地形地貌复杂；其辖区面积为 48.6 万平方公里，居全国第五。四川省境内仅东部为盆地，其余地区以山地为主。因此耕地较少，中低产田土比重较大。但四川省较好的农业生产气候条件，使其成为中国的粮食主产区和畜牧业大省，对中国农业乃至世界农业作出了巨大的贡献。

四川省富含碳汇资源。碳汇交易的出现为全球温室气体减排提供了新的有效途径，这对于碳汇资源丰富的地区来说是一个重大机遇。据《中国森林资源报告》，截至 2018 年，我国森林覆盖率为 22.96%，森林面积为 2.2 亿公顷，森林蓄积为 175.6 亿立方米，碳总储量为 91.86 亿吨。据国家林业和草原局 2022 年发布的《2021 中国林草资源及生态状况》报告，我国林草植被总碳储量达到 114.43 亿吨。四川省有林地 38 129.4 万亩、草地 14 531.76 万亩、湿地 1 846.14 万亩。因此，四川省保有丰富的生态碳汇资源，对中国碳汇量具有巨大的贡献。

四川省作为中国的粮食主产区，其生产的农产品在全国农产品市场中有着不可替代的重要地位。2021 年，四川省粮食产量为 3 582.1 万吨，占全国的 3.05%，位列全国第九。耕地面积超过 10 000 万亩，永久基本农田有 7 804.8 万亩。除此之外，四川省肉猪出栏头数居全国第一，猪肉产量占全国总产量的 9.3%。2021 年，四川省农产品进出口额达到 117.54 亿元，同比增长 26.2%，占全部进出口额的 1.4%，农产品跨国流动大。

8.1.3.2 四川省农业绿色发展动力

未来国际上对农产品碳足迹的重视程度将会越来越高。欧盟理事会于 2022 年 3 月 15 日达成有关协议，将对碳排放限制相对宽松的国家和地区进口的高碳产品征税。虽然还未涉及粮食或者其他农副产品，但西方国家对中国出口产品的碳限制将会愈发收紧。届时，如果依然按照传统的粗放型农业生产方式，农产品的生产加工和运输过程依然会依靠大量的资源与环境消耗，单位农产品的温室气体排放量也将居高不下。四川省乃至整个中国的农产品出口将会受到巨大的限制，给农业经济发展带来巨大的负面影响。

因此，在这样的国际大背景和中国面临的巨大压力之下，应将四川省农业绿色发展的动力进行多方面的分解，可以分为四方面的动力，即政策导向为四川省农业绿色发展提供直接动力，农业发展提质增效为绿色发展提供间接动力，国际市场的需求是四川省农业绿色发展的外生动力，获得环境效益是四川省走农业绿色发展道路的持续动力。这四大动力是推动四川省走农业绿色发展道路的主要原因。

第一，政策导向拉动方面。为了实现"双碳"目标，需要将国家层面的整体减排指标逐级分配到地方，同时将减排指标纳入地方主政者的政绩考核中，促使地方主政者积极落实低碳政策，推动地方产业绿色生产，从而完成减碳指标。与此同时，国家对于碳减排任务在各省（区、市）的分配直接影响着该地方未来产业的发展方向与发展前景。因此，在国家自上而下的减排任务分配中占得先机成为四川省农业绿色发展的直接动力。2021 年，四川省人民政府发表《关于全面实施乡村振兴战略　开启农业农村现代化建设新征程的意见》（以下简称《意见》）。《意见》中提到要健全化肥等农业投入品减量使用制度，深入推进畜禽粪污、秸秆和废旧农膜等资源化利用。四川省各地市地方政府纷纷落实农业绿色发展政策，以邛崃市为例，其探索形成"就近循环＋异地循环＋多形式综合利用"三种畜禽粪污治理模式，化肥、农药使用量持续 3 年实现负增长。这代表在"双碳"目标下，四川省正在将传统的农业生产方式转变为现代化的农业生产模式，走绿色可持续发展道路。

第二，提质增效推动方面。农业绿色生产效率的提高是农业绿色发展的主要体现，它与机械化程度提高、生产技术进步和人力资本提升有关。随着农产品消费的增长和消费水平的提高，先进的农业机械被广泛应用于农业领域，改变了传统的粗放型农业生产劳作方式，提高了农药化肥的有效使用，促进了农业生产效率的提高。农业绿色技术的发展和进步是农业提质增效的重要方面，绿色技术使作物具有更高的质量和经济价值。人力资本在农业提质增效中的作用也不容忽视，对农民进行现代化教育的投资，使农民获得绿色生产必要的技术和知识，促进农民增收。农业产业和产品提质增效的结果导向，将直接推动四川省的农业企业、家庭农场和种养大户在提高农业机械化程度、引进新型农业绿色生产加工运输技术和培养具有绿色生产意识的新兴职业农民方面加大投入力度，从而间接促进四川省农业绿色转型的升级。

第三，国际市场要求刺激方面。在气候问题日益严峻的今天，全球各国都制定了较为严格的环境规制。碳关税影响了世界消费者的行为，在绿色消费舆论的引导之下，消费者会越来越倾向于具有绿色标识的产品，会更加关注产品的碳足迹。在同样的产品质量和价格条件之下，消费者会选择消费绿色低碳产品。这无疑是一种坚固而无形的贸易壁垒。如果中国再沿袭传统的粗放型发展方式，会导致出口额降低，经济发展将受到巨大的影响。虽然农产品不在高碳产品的名单之上，但是未来低碳经济将会持续发展，不断扩大低碳限制所包含的范围，不断收紧行业和产品的低碳限制。因此，农业绿色化道路是中国要走的必经之路。日益旺盛的国际市场的绿色产品需求将会是影响四川省农业生产发展方式的重要因素，也是推动四川省农业绿色发展的重要动力。2013 年，经过 5 年建设的中欧班列正式通车。作为始发地，青白江一跃成为西部开放的枢纽和门户，2019 年获评"国家农业绿色发展先行区"。中欧班列使四川省对外贸易渠道畅通无阻，"一带一路"倡议的实施，使四川省对外开放水平大大提高。2020 年

11月，四川农产品出口联盟正式成立。在出口特色农产品的过程中，必须考虑国外市场的绿色产品需求，才能稳住农产品的出口量，保持农民增收现状。因此，国际市场需求是四川省农业绿色发展的重要动力。

第四，环境效益激励方面。农业面源污染减少和绿色化水平提高的过程中带来的环境效益将成为农业绿色发展的持续动力。《京都议定书》引入了清洁发展机制，主要目标是允许项目级的减排补偿在缔约方（即发达国家）与非缔约方（即发展中国家）之间相互转让。清洁发展机制包括农业（甲烷和氧化亚氮项目）和碳汇项目（仅适用于造林和再造林项目）。2016年5月，《联合国气候变化框架公约》秘书处对138个国家提交的自主贡献承诺进行的调查显示，其中涉及农业的超过70%。因此，农业活动中的碳减排空间十分可观，通过改善传统农业生产方式，走绿色低碳发展道路，能够获得巨大的碳排放空间，从而给减排主体带来巨大的环境收益和经济利益。除此之外，碳汇交易市场的形成也使农业绿色化更加有意义。目前碳汇分为森林碳汇、草地碳汇、湿地碳汇、农作物碳汇和海洋碳汇等。在碳排放空间充足的条件下，碳汇并不具有经济价值。然而，在气候变化以及全球变暖问题日益严重的今天，碳汇的存在具有巨大的经济价值和生态价值。四川省拥有丰富的森林资源、草地资源和湿地资源，且资源存在时间长，不易被改变和破坏，有条件在未来持续开发碳汇项目。丰富的碳汇资源将在未来给四川省带来源源不断的环境效益，这将是四川省农业绿色低碳发展的持续动力。

8.2 国内区域竞争与四川省农业绿色发展动力

农业是担负着国计民生的重要产业。"十四五"是2030年碳达峰的关键期和窗口期，也是我国农业现代化向农业绿色高质量发展进发的开端期。作为一大碳源，中国各区域农业绿色发展行动刻不容缓。然而由于中国幅员辽阔，区域间农业发展的自然条件、人力资本、技术水平和产业结构等存在巨大差异，仅仅对农业碳排放总量进行测算和研究并不能科学有效地对各地的农业绿色发展状况进行对比。因此，农业碳排放效率成为衡量国内各地区农业绿色低碳发展的重要指标。有效的农业绿色发展应当是在确保粮食安全、农民增收和国民经济稳定发展的情况下，保持既定的要素投入，实现更多的期望产出和更少的非期望产出。通过客观地对我国各省份农业生产的碳排放效率进行测算，进一步判断出各地区农业碳排放效率和碳排放潜力的大小，找出四川省在全国各地区农业绿色发展效率竞争中所处的地位，从而为四川省提高农业碳排放效率，降低农业碳排放总量，推进农业低碳转型、提升绿色竞争力提供重要依据。

8.2.1 研究方法与数据来源

8.2.1.1 种植业碳排放量测算

对于种植业碳排放的测算，本章着眼于现有研究通常关注的农药、化肥、农膜、柴油、翻耕、灌溉六项排放因子。因此，根据相关文献研究和数据的可获得性，主要考虑农地利用、农资投入两种碳源类型，每种碳源类型包含若干排放因子。

根据联合国政府气候变化委员会（IPCC）和中国农业大学农学与生态研究所（IABCAU）发布的碳排放系数，运用碳排放系数法来对中国2010~2020年的种植业碳排放量进行测算，估算公式如下：

$$C = \sum C_i = \sum (T_i \times Q_i) \qquad (8-1)$$

其中，C 代表种植业碳排放总量，C_i 代表第 i 种碳源的碳排放量，T_i 代表第 i 种碳源的碳排放系数，Q_i 代表第 i 种碳源的量。各碳排放因子排放系数及参考来源如表 8-1 所示。

表 8-1　　　　　　　　各碳排放因子排放系数及参考来源

碳排放源	碳排放系数	参考来源
农药	4.9321	IPCC
农膜	5.1800	IPCC
化肥	0.8956	IPCC

续表

碳排放源	碳排放系数	参考来源
灌溉	266.4800	IPCC
翻耕	3.1260	IABCAU
柴油	0.5927	IPCC

注：化肥、农药、农膜的单位为 kg C/kg，灌溉、翻耕碳排放系数的单位为 kg C/hm²。

8.2.1.2 畜牧业碳排放量测算

在畜牧业产品生产、加工、运输、消费的全过程中，尽量减少温室气体排放，实现畜牧业发展和环境保护的双赢，是低碳畜牧业的本质。生命周期评价法（LCA）是一种定量评估产品对环境的影响的方法，它在温室气体排放等环境管理领域得到了广泛的应用。由此，本章从饲料粮种植、饲料粮加工运输、胃肠发酵、粪便管理、畜禽产品屠宰加工、畜禽饲养耗能等六个环节进行温室气体的排放量估算。分别按照畜牧业生产环节的作用归类为三个系统：饲料粮输入系统、能源消耗系统，胃肠发酵与粪便管理系统。

由于国内畜牧业碳排放系数的官方标准尚未建立，因此，本章参照王效琴（2012）、闵继胜（2012）、孙亚男（2010）等人的研究，并结合 IPCC 准则的内容，确定了畜牧业所涉及的碳排放系数，如表 8-2 所示。

表 8-2　　　　　　生命周期法各环节的温室气体排放系数

系统	环节	符号	碳源排放系数	值	单位
饲料粮输入	饲料粮种植	e_{j1}	玉米 CO_2 当量排放系数	1.50	t/t
			小麦 CO_2 当量排放系数	1.22	t/t
	饲料粮加工运输	e_{j2}	玉米 CO_2 当量排放系数	0.0102	t/t
			大豆 CO_2 当量排放系数	0.1013	t/t
			小麦 CO_2 当量排放系数	0.0319	t/t

续表

系统	环节	符号	碳源排放系数	值	单位
能量消耗	畜禽饲养耗能	$price_e$	畜禽养殖用电单价	0.4275	元/(kW·h)
		e_e	电能消耗 CO_2 排放系数	0.8953	tCO_2/(MW·h)
		$price_c$	畜禽养殖用煤单位支出	800	元/t
		e_c	燃煤消耗 CO_2 排放系数	1.98	t/t
	畜禽产品屠宰加工	MJ_u	猪肉屠宰加工耗能系数	3.76	MJ/kg
			牛肉屠宰加工耗能系数	4.37	MJ/kg
			羊肉屠宰加工耗能系数	10.40	MJ/kg
			禽肉屠宰加工耗能系数	2.59	MJ/kg
			牛奶加工耗能系数	1.12	MJ/kg
			禽蛋加工耗能系数	8.16	MJ/kg
		e	一度电热值	3.6	MJ
其他转换系数	—	e_{tpf}	CO_2 当量转化为标准碳的系数	0.2728	—
	—	GWH_{CH_4}	CH_4 全球升温潜能值	21	—
	—	GWH_{N_2O}	N_2O 全球升温潜能值	310	—

（1）饲料粮输入系统产生的温室气体排放。

饲料粮是畜牧业生产过程中的主要输入，包括饲料粮的种植、加工和运输。其种植过程产生的温室气体排放应当计算在该系统内。不同种类的畜禽，其饲料粮中的粮食作物比例不同，通过计算可以得到每年畜禽产品所消耗的粮食作物，将其用量乘以玉米和小麦的排放系数 e_{j1}，可以得到特定作物的消耗碳排放。种植环节后的饲料原料需要进行干燥、筛选等一系列加工，在这一过程中产生的温室气体排放都应当包括在核算范围内。将畜禽产品每年所需的粮食作物用量乘以玉米和小麦的加工运输系数 e_{j2}，可得到饲料粮加工运输所产生的温室气体排放。计算公式如下：

$$TC_x = \sum_{j=1}^{n} \sum_{u=1}^{n} Q_u \times S_u \times q_{uj} \times e_{ji}, \quad i=1,2 \quad x=cz, cy \quad (8-2)$$

其中，当 $x=cz$ 时，TC_{cz} 为饲料种植过程中产生的二氧化碳排放（万吨），当 $x = cy$ 时，TC_{cy} 为饲料粮食运输加工过程中的二氧化碳排放（万吨）；u 为牲畜产品类型，包括猪肉、牛肉、羊肉、禽肉、禽蛋、牛奶；Q_u 为第 u 类畜禽产品的年产量（万吨）；S_u 为第 u 类单位畜禽产品饲料粮消耗系数；q_{uj} 为第 u 类畜禽产品的饲料配方中第 j 类粮食的比例；e_{j1} 是种植玉米和小麦的排放系数（吨/吨），e_{j2} 是饲料粮加工运输的排放系数（吨/吨）。

（2）能源消耗系统的温室气体排放。

能源消耗系统包括畜禽饲养耗能以及畜禽产品屠宰加工两个环节。畜禽在饲养过程中会产生大量的能耗，如保温降温、生产照明等，从而造成温室气体排放。畜禽饲养产生的温室气体可按以下公式计算：

$$TC_{sc} = \sum_{i=1}^{n} AAF_i \times \frac{cost_{ie}}{price_e} e_e + \sum_{u=1}^{n} AAF_i \times \frac{cost_{ic}}{price_c} e_c \qquad (8-3)$$

其中，TC_{sc} 表示畜禽养殖能耗温室气体排放量（万吨）；i 为畜禽种类；AAF_i 为第 i 类动物的年平均饲养量（万只）；$cost_{ie}$ 和 $cost_{ic}$ 分别为第 i 类单位畜禽电力消耗和煤炭消耗费用（元）；$price_e$ 和 $price_c$ 代表牲畜养殖电单价和煤炭单价（元）；e_e 代表电力消耗的碳排放系数；e_c 代表煤炭消耗的碳排放系数。在畜禽产品屠宰加工过程中的能源消耗也需要包括在系统的边界内。畜禽产品屠宰加工产生的温室气体排放计算公式如下：

$$TC_{sg} = \sum_{u=1}^{n} Q_u \times \frac{MJ_u}{e} \times e_e \qquad (8-4)$$

其中，TC_{sg} 为畜禽产品屠宰加工的二氧化碳排放（万吨）；Q_u 为第 u 类畜禽产品的年产量（万吨）；e_e 代表电力消耗的碳排放系数；MJ_u 为加工的能量消耗系数；e 为单位用电量产生的热值。

（3）胃肠发酵与粪便管理系统的温室气体排放。

此环节包括牲畜的胃肠发酵和粪便管理两大部分。在胃肠发酵系统中，反刍家畜（牛、羊）瘤胃发酵气体的主要成分是甲烷等温室气体，甲烷占所有反刍家畜肠道甲烷排放总量的80%以上。非反刍家畜（马、骡子、驴）和单胃家畜（猪）的肠道发酵产气则相对较少。由于家禽胃肠道发酵产生的甲烷含量较低，本章未将其考虑在内。

在粪便管理系统中，厌氧条件下的粪便降解主要产生甲烷气体，好氧条件下主要产生氧化亚氮气体。因此，粪便管理系统的碳排放量可分为两部分。粪便降解产生的氧化亚氮和甲烷可由如下公式计算：

$$TC_y = \sum_{u=1}^{n} AAF_i \times ec_{ji} \quad y = sw, \ mc, \ md \quad i = 1, \ 2, \ 3 \quad (8-5)$$

其中，当 $y = sw$ 时，TC_{sw} 表示家畜胃肠道发酵过程中排放的甲烷气体；当 $y = mc$ 时，TC_{mc} 表示粪便管理系统中的甲烷排放量；当 $y = md$ 时，TC_{md} 是粪便管理系统中的氧化亚氮排放量。ec_{j1} 是牲畜胃肠发酵的甲烷排放系数；ec_{j2} 是牲畜粪便管理系统的甲烷排放系数；ec_{j3} 是畜禽粪便管理系统的氧化亚氮排放系数（见表 8-3）。

表 8-3　　　　　牲畜胃肠发酵和粪便管理环节温室气体排放系数（kg/头）

畜禽种类	甲烷排放系数		氧化亚氮排放系数
	胃肠发酵（ec_{j1}）	粪便管理（ec_{j2}）	粪便管理（ec_{j3}）
肉牛	51.400	1.500	1.370
奶牛	68.000	16.000	1.000
马	18.000	1.640	1.390
驴	10.000	0.900	1.390
骡	10.000	0.900	1.390
骆驼	46.000	1.920	1.390
山羊	8.330	0.530	0.064
绵羊	8.130	0.480	0.064
猪	1.000	3.500	0.530
家禽	0.000	0.020	0.020
兔子	0.254	0.080	0.020

（4）标准碳（C）排放量。

在整个生命周期内，整个生命周期内的温室气体排放量计算如下：

$$TC_{total} = [TC_{cz} + TC_{cy} + TC_{cd} + TC_{sc} + TC_{sg}] \times e_{tpf} \quad (8-6)$$

其中，TC_{total} 代表畜牧业总碳排放量（万吨）；TC_{cz}、TC_{cy}、TC_{sw}、TC_{cd}、TC_{sc}、TC_{sg} 分别代表饲料粮种植、饲料粮加工运输、畜禽饲养能耗、畜禽产品屠宰加工、胃肠发酵、粪便管理环节所产生的温室气体排放量；

e_{tfp}为单位二氧化碳当量转化为标准碳的系数；GWH_{CH_4}为甲烷全球升温潜能值；GWH_{N_2O}为氧化亚氮全球升温潜能值。

8.2.1.3 农业碳排放效率测度方法

参考碳排放效率的概念，将碳排放效率定义为：在既定期望产出和投入要素条件下，农业生产活动可能实现的最小碳排放量与实际排放量之比。这一概念能够反映出既定产出与投入下生产单元的碳排放量最大可能削减率。本章利用 DEA 模型对农业碳排放效率进行测度，通过构建规模报酬不变和规模报酬可变的假设模型，对各地区之间的农业碳排放效率进行横向对比，通过计算 Malquist 指数，对各地区 2010～2020 年的农业碳排放指数进行纵向对比，并进一步将农业碳排放效率指数分解为技术效率指数和技术进步指数。

8.2.1.4 指标选择与数据来源

本章研究实证过程中用到的化肥折纯量、农膜用量、农药用量、农机柴油、农作物播种面积、有效灌溉面积、种植业总产值、农林牧渔业总产值、农业劳动力规模等数据均来源于 2009～2021 年《中国统计年鉴》以及《中国农村统计年鉴》。其中，种植业总产值是指包括粮、棉、油、糖、麻、烟、茶、果、药等在内的所有种植作物的总产值；柴油为当年农用机械柴油使用量；灌溉为当年有效灌溉面积；翻耕为当年农作物播种面积。2010～2020 年，我国 31 个省份猪、牛、羊等畜禽年产量，猪肉、牛肉、羊肉、家禽、奶、家禽蛋年产量均来自 2009～2021 年《中国统计年鉴》《中国农村统计年鉴》和《中国畜牧业统计年鉴》；畜禽单位用电量、煤炭消费支出、各单位畜禽产品的耗粮系数均来自《全国农产品成本收益价格汇编》（2009～2020 年）。部分缺失值使用临近年份代替。因来源所限，统计数据不含我国港、澳、台地区数据。

从投入产出视角来考察各地区农业碳排放效率。农业系统的生产过程包括要素投入和产出两部分。要素投入分为人力投入（农业从业人员）、物力投入（化肥、农药、农膜）和资源投入（农业机械总动力、农业用水量）。产出主要由农业总产值来体现，非期望产出通过农业碳排放量来体现。农业从业人员用第一产业从业人员数乘以农业总产值与农林牧渔总产值之比来表示。耕地面积代表生产投入的土地要素，用农作物总的播种面积表示。由于在 DEA 模型中的投入和产出指标均为非负数，因此，将非期望产出作为农业生产中的环境投入来处理。

8.2.2 实证结果分析

运用 Deap Version2.1 软件测算 2010～2020 年我国 31 个省份的农业碳排放效率指数。同时，运用 Malmquist 指数分解法，从时间序列维度将农业碳排放效率指数（ML）分解为技术进步指数（TECHCH）和技术效率指数（EFFCH），从而更加科学地分析我国各省份农业碳排放效率的变化趋势以及其内部变化。

8.2.2.1 从时间序列角度的评价分析

分别计算出 2010～2020 年我国 31 个省份农业碳排放 ML 指数、EFF-CH 指数和 TECHCH 指数的平均值，如表 8－4 所示。结果表明，2010～2011 年、2019～2020 年的 ML 指数均值大于 1，这说明在这段时间内，中国农业碳排放效率呈上升态势。对 ML 指数进一步分解发现，TECHCH 指数大于 1 是 ML 指数大于 1 的主要原因。也就是说，在 2010～2011 年和 2019～2020 年这两个时间段中，农业碳排放效率指数的增加主要归功于农业技术的进步。在其余的时间段中，EFFCH 指数和 TECHCH 指数都处于小于 1 的状态。2018～2019 年，EFFCH 指数大于 1，TECHCH 指数小于 1，ML 指数小于 1。这说明虽然技术效率的提升对农业碳排放效率有一定贡献，但是不能弥补技术进步效率的亏损，从而导致总体农业碳排放效率指数小于 1。更进一步对 EFFCH 进行分解，分解为纯技术效率变化（PECH）和规模效率变化（SECH）。结果发现，2011～2012 年、2012～2013 年、2016～2017 年、2017～2018 年这四个时间段内，纯技术效率变化均大于或等于 1，规模效率变化小于 1。这说明在这段时间内，农业纯技术效率处于提升状态，并且不断为农业技术效率的增长作出贡献。然而，由于先进的绿色农业技术推广规模受限，导致规模效率小于 1。这是技术效率乃至农业碳排放效率指数最终小于 1 的根本原因。

表 8 – 4　　　我国 31 个省（区、市）农业碳排放 Malquist 指数及其分解指数

时间	EFFCH	TECHCH	PECH	SECH	ML
2010～2011 年	0.990	1.022	0.993	0.997	1.012
2011～2012 年	0.991	0.992	1.000	0.991	0.953
2012～2013 年	0.992	0.991	1.002	0.991	0.984
2013～2014 年	0.979	0.967	0.998	0.981	0.946
2014～2015 年	0.981	1.018	0.997	0.984	0.998
2015～2016 年	0.983	0.993	0.996	0.987	0.977
2016～2017 年	0.995	0.943	1.008	0.987	0.938
2017～2018 年	0.999	0.911	1.002	0.997	0.911
2018～2019 年	1.011	0.950	0.998	1.012	0.960
2019～2020 年	0.988	1.057	0.999	0.989	1.044
均值	0.991	0.981	0.999	0.992	0.972

8.2.2.2　从地区角度的评价分析

测算可以得出 2010～2020 年我国 31 个省份的 ML 指数、EFFCH 指数、TECHCH 指数均值（见表 8 – 5）。结果表明，仅北京、青海的 ML 指数均值大于 1。对 ML 指数进行分解发现，技术进步和技术效率同时是这两个地区农业碳排放效率改善的主要原因。这说明，在目前的技术水平和资源配置下，该地区农业生产有效。接下来浙江、内蒙古、天津分别排第三名到第五名。这三个地区的 ML 指数均值小于 1 的主要原因是技术进步指数小于 1，说明该地区先进的绿色农业技术的开发和引进还有待提高。与此不同，辽宁的 ML 指数均值与天津并列第五名，虽然其 ML 指数同样小于 1，但经过分解可知，这是由技术效率指数小于 1 导致的，更进一步分解可知，辽宁的农业碳排放效率指数小于 1 的深层原因在于规模无效。因此，应当注重农业技术与农业生产条件之间的匹配，防止盲目扩大生产规模导致的规模无效。四川省的农业碳排放效率指数均值排在第 27 名，在我国各省份中的排名较为靠后。通过对 ML 指数进行分解，可以得知，四川省农业生产的技术效率指数和技术进步指数均小于 1，资源配置处于无效状态。进一步对技术效率指数进行分解得知，纯技术效率指数为 1，

规模效率小于1。这说明在不考虑规模的情况下，技术效率有效，然而由于技术的理想规模与实际规模有一定差距，导致在现有的规模下农业生产所投入的资源、农业技术与生产规模不匹配，农业碳排放效率降低。

表8－5　　　　　我国31个省份农业碳排放效率指数平均值

省份	EFFCH	TECHCH	PECH	SECH	ML	排名
北京	1.000	1.016	1.000	1.000	1.016	1
青海	1.000	1.012	1.000	1.000	1.012	2
浙江	1.000	0.999	1.000	1.000	0.999	3
内蒙古	1.000	0.995	1.000	1.000	0.996	4
天津	1.000	0.995	1.000	1.000	0.995	5
辽宁	0.972	1.024	1.000	0.972	0.995	5
黑龙江	1.004	0.987	1.004	1.001	0.991	7
山东	0.994	0.995	1.000	0.994	0.989	8
江西	0.998	0.985	1.011	0.987	0.983	9
贵州	0.991	0.990	1.005	0.987	0.982	10
云南	0.984	0.994	1.019	0.966	0.978	11
河北	1.000	0.976	1.000	1.000	0.976	12
河南	1.000	0.975	1.000	1.000	0.975	13
西藏	1.000	0.975	1.000	1.000	0.975	13
江苏	0.998	0.975	1.000	0.998	0.973	15
广东	1.000	0.972	1.000	1.000	0.972	16
福建	0.990	0.980	1.000	0.990	0.970	17
上海	1.000	0.969	1.000	1.000	0.969	18
吉林	0.976	0.991	0.981	0.994	0.967	19
宁夏	1.010	0.957	1.000	1.010	0.967	19
甘肃	0.956	1.004	0.994	0.962	0.961	21
安徽	0.993	0.967	1.006	0.987	0.960	22
湖北	1.001	0.959	1.000	1.001	0.959	23

省份	EFFCH	TECHCH	PECH	SECH	ML	排名
新疆	1.000	0.957	1.000	1.000	0.957	24
湖南	0.992	0.959	1.000	0.992	0.952	25
陕西	1.000	0.952	1.000	1.000	0.952	25
四川	0.979	0.972	1.000	0.979	0.951	27
山西	0.978	0.972	1.005	0.974	0.950	28
重庆	0.976	0.973	0.997	0.978	0.949	29
海南	0.949	0.981	0.974	0.974	0.930	30
广西	0.978	0.946	0.985	0.993	0.925	31

8.2.2.3 农业碳排放效率的分析

从表8-6可以看出，2020年，在规模报酬不变的情况下，北京、天津、河北、上海、浙江、河南、湖北、广东、西藏、陕西、青海、新疆等12个省份的农业碳排放效率大于1，说明这些地区农业生产的资源配置处于有效状态。在规模报酬可变的情况下，除以上12个省份外，还有内蒙古、辽宁、黑龙江、江苏、福建、山东、湖南、四川、贵州、宁夏等10个省份的农业碳排放效率大于1。这表明在规模报酬可变的情况下，更多地区成为农业碳排放效率前沿面，农业生产的人力、物力、技术等资源配置达到有效状态。在我国31个省份中，12个省份农业生产处于规模报酬不变的状态，18个省份的农业生产处于规模报酬递减的阶段，只有宁夏的农业生产处于规模报酬递增的阶段。其中，四川省在规模报酬可变的情况下农业碳排放效率大于1，但由于其农业生产的规模效率小于1，导致在规模报酬不变的假设下，四川省的农业碳排放效率小于1。结合四川省农业生产处于规模报酬递减阶段的测算结果，可以得知，四川省的农业生产应当注重适度规模化，不考虑资源配置而盲目扩大农业生产规模，不仅不会产生规模经济收益、提高农业碳排放效率，反而会造成农业生产规模无效，影响地区农业碳排放效率的提高。

表 8 – 6   2020 年我国 31 个省份农业碳排放效率

省份	crste	vrste	scale	规模报酬
北京	1.000	1.000	1.000	—
天津	1.000	1.000	1.000	—
河北	1.000	1.000	1.000	—
山西	0.687	0.906	0.759	drs
内蒙古	0.877	1.000	0.877	drs
辽宁	0.754	1.000	0.754	drs
吉林	0.731	0.814	0.899	drs
黑龙江	0.929	1.000	0.929	drs
上海	1.000	1.000	1.000	—
江苏	0.982	1.000	0.982	drs
浙江	1.000	1.000	1.000	—
安徽	0.662	0.762	0.869	drs
福建	0.906	1.000	0.906	drs
江西	0.672	0.831	0.809	drs
山东	0.946	1.000	0.946	drs
河南	1.000	1.000	1.000	—
湖北	1.000	1.000	1.000	—
湖南	0.927	1.000	0.927	drs
广东	1.000	1.000	1.000	—
广西	0.781	0.859	0.910	drs
海南	0.592	0.770	0.769	drs
重庆	0.782	0.973	0.804	drs
四川	0.809	1.000	0.809	drs
贵州	0.823	1.000	0.823	drs
云南	0.614	0.971	0.632	drs
西藏	1.000	1.000	1.000	—
陕西	1.000	1.000	1.000	—
甘肃	0.474	0.847	0.559	drs

省份	crste	vrste	scale	规模报酬
青海	1.000	1.000	1.000	—
宁夏	0.999	1.000	0.999	irs
新疆	1.000	1.000	1.000	—

8.2.3 四川省农业绿色发展动力分析

通过计算分析 2010～2020 年我国各地区的农业碳排放效率指数及其分解，对我国农业的投入产出情况有了初步的了解。通过分析四川省的农业碳排放效率指数以及技术效率和技术进步的贡献，可以对四川省农业绿色发展的动力和方向进行深入剖析，从而促进四川省提高农业碳排放效率，使其农业发展在全国各地区中处于领先地位，为全国的农业绿色发展发挥模范带头作用。

长期以来，四川省十分注重保护生态环境、发展生态农业、强化农产品绿色优质导向，在农业可持续发展中走在全国前列。四川省农业发展持续向好的背后，也存在一些潜在制约因素：一是工业化、城市化的快速发展，导致农业劳动力大量外流，农业生产面临人才短缺困境；二是化肥、农药以及中低端农业机械等的大量使用，加剧了农业环境污染，对农业生态系统的可持续发展构成威胁，影响到农业产出的数量与质量；三是耕地面积减少，在土地资源日益紧缺的情况下，若不及时转变农业生产方式，将面临严峻的农业生产资源短缺困境。为了继续推动四川省农业农村高质量发展，在全国农业绿色发展、高质量发展过程中担任引领角色，四川省应当挖掘内生动力，推动农业绿色发展转型，走出一条符合新发展阶段特征的农业高效、高质、低耗的绿色可持续发展道路。

（1）人才带动绿色发展。

随着经济的迅速发展，大量农村青壮年劳动力流入第二、第三产业，继续从事第一产业种植业和畜牧业的劳动力平均年龄偏高，文化程度偏低。较低的受教育水平影响了传统农民对新型绿色农业技术和生产经营理念的采纳和使用，使先进的现代化农业技术和设备的普及受到阻碍，农民使用新设备和新技术的效率也大打折扣。因此，新时代农业人才的培养和引进成为农业现代化和绿色化发展的不竭动力。根据前文的测算结果可知，四川省的农业生产处于规模报酬递减阶段，继续扩大对农业的人力、物力、动力以及其他资源环境的投入只会使四川省农业碳排放效率更低。要进一步提升农业发展质量和效益，应着力精简农业从业人员队伍，培养一批有文化、懂技术、会经营的新型职业农民，引进农业生产的专业化人才，建立一支健全高效的新型农业经营队伍，用先进的绿色发展思维、创新型的绿色发展理念、熟练的农业生产操作技能"武装"农民，使其更加"绿色"地从事农业生产、加工、运输等一系列生产活动。具有绿色生产发展理念的新型职业农民是农业绿色发展中的主体，在未来农业发展的道路上将具有持久的影响力，也将是四川省农业绿色发展的不竭动力。

（2）创新驱动模式转变。

创新为农业绿色发展提供源源不断的活力。基于绿色、环保和节约理念的农业绿色技术创新是缓解、减少农业碳排放的有效途径之一。与大多数农业技术一样，绿色技术的创新同样旨在发展生产力，但不同之处在于：一般农业技术创新都立足于增产增收，通过增加人力、物力、动力等投入来达到增产增收目的，是在农业发展过程中做"加法"；而绿色农业技术创新的理念是给农业发展做"减法"，即适当地减少不必要的劳动力、过量的化肥、农药、农膜等物资投入，从而减少生产过程中的碳排放，促进农业绿色发展。针对农业绿色发展的创新有两种形式，一种是创新绿色生产技术，另一种是创新绿色经营管理理念。创新绿色生产加工技术，加大农业科技投入力度，将农村与农业科研院所、农业院校紧密联系起来，建立从农业科研院所到农村田地间的"试验——试点——推广"一体化合作，农业科研院所可以针对农村实际的生产需求来进行农业科技研发，提高技术的针对性、实用性；农村也可以将实际的生产观测数据提供给农业科研院所，提高农业科技的适用度。技术创新研发地区与技术推广使用地区紧密联系，动态调整。广大生产前沿的需求能够及时、快速、精确地传导到技术开发前沿，使新型技术不断契合生产需求，同步提高农业绿色生产的技术进步率和技术效率；创新绿色经营管理模式，灵活运用市场的力量，加大对广大消费者的绿色知识教育程度和绿色消费宣传广度，提高农产品碳足迹的关注度，使绿色消费成为带动绿色生产一大动力，反向驱动

农业绿色发展。总之，来自各个方面的创新将是农业绿色发展的重要驱动
因素。

8.3 研 究 小 结

本章从区域比较的视角出发对四川省农业绿色发展动力机制进行分
析，大体分为两个层面。在国际层面上，首先，从政治环境、经济环境和
技术环境对国际多维博弈的背景状况进行深入分析。其次，对中国在此国
际背景中的角色定位与战略选择进行阐述。得出结论，中国是全球生态文
明建设的"引领者"与"推动者"。这是中国顺应全球气候治理格局演变
的必然发展，也是中国大国担当的集中体现，更是中国为世界绿色低碳未
来作出贡献的智慧和方案。"碳中和"对世界各国而言都是一条全新的发
展道路，并没有成功经验可以借鉴，中国必须自主探索相关路径。虽然在
环境治理方面任重道远，但中国的各项政策都表明：在"双碳"目标引领
之下，中国生态文明建设会持续前行，努力践行成为绿色低碳大国。

本章分析在国际背景下四川省农业绿色发展的动力发现，政策导向动
力为四川省农业绿色发展的拉动力，提质增效动力为绿色发展的推动力，
国际市场的需求为四川省农业绿色发展的外生动力，环境效益是四川省走
农业绿色发展道路的持续动力。这四大动力是推动四川省走农业绿色发展
道路的主要原因。在国内层面上，通过分析四川省的农业碳排放效率指数
以及技术效率和技术进步的贡献，可以对四川省农业绿色发展的动力和方
向进行深入剖析，为了继续推动四川省农业农村高质量发展，在全国农业
绿色发展、高质量发展中担任引领角色，四川省应当挖掘内生动力，从而
促进四川省农业碳排放效率的提高，推动农业绿色发展转型，走出一条符
合新发展阶段特征的农业高效、高质、低耗的绿色可持续发展道路，为全
国的农业绿色发展起到模范带头作用。

第 9 章　循证实践视角下的四川省农业绿色发展

　　作为农业大省，四川省要在农业绿色发展方面先行先试，开展示范性工作。近年来，四川省农业绿色发展取得了巨大的成绩，在耕地质量保护、新型肥料推广、高标准农田建设、土壤健康等方面不断迈上新台阶。"十三五"期间，四川省农用化肥施用量呈下降态势。据农业农村部数据，四川全省 2020 年农用化肥使用量为 220.06 万吨（折纯），较 2015 年减少 11.1%，持续五年保持负增长，主要农作物化肥利用率达到 40.1%。但随着现代农业的发展，农用化学品导致的白色污染，使土壤、水资源的质量下降，规模化畜牧养殖、水产养殖、农用废弃物等加剧了农业面源污染。"十四五"规划强调农业绿色发展理念，这也意味着农业实践任务由以经济目标为导向的农业向更具内涵、更为全面的绿色低碳农业转变。而当前我国农业绿色发展处于初级阶段（金书秦等，2021），如何有效运用科学的手段和管理方式发展绿色农业？关键在于实践主体及其实践行动。

　　发端于医学领域的循证实践，原本是为缓解西方一些发达国家日益尖锐的卫生服务经济学问题而兴起的（邓敏杰等，2019），其理念强调"基于最佳证据做出最佳决策"。1999 年后，学界关于"循证实践"的文献研究大量涌现，其理念在社会科学领域逐渐得到应用，学者们在网络舆情治理、地震灾后重建、精准扶贫工作、乡村治理工作等领域引入循证实践并探讨其模型的可行性（杜泽等，2020；郭伟和等，2012；戴小文等，2017；2022），希冀开发出具有中国特色的循证理论。在农业绿色发展背景下，本章尝试将循证实践方法运用到中国农业绿色生态的实践情境中，为中国农业绿色发展提供新的理论与实践工具，这不仅能够扩展循证实践理论的丰度，还有利于构建创新型的绿色治理模型，规范农业绿色发展中各主体行为，创造更多客观性和科学性的证据以指导农业绿色发展的实践活动。

9.1　循 证 实 践

9.1.1　起 源

源于 20 世纪 80 年代医学领域的循证实践，注重"慎重、准确和明智地应用当前所能获得的最好的研究证据，结合医生多年的临床经验，充分尊重患者的价值和意愿，制定出最佳的治疗措施"（Sackett et al.，1996），强调在"科学证据、经验和能力、价值取向"三者之间寻找一个平衡点作为医疗决策的出发点（包国宪等，2021）。自 20 世纪 90 年代初循证医学在国际上兴起后，其理念在医学以外的社会科学领域开花结果，形成了循证社会学（Mullen et al.，2008；杨克虎，2018）、循证教育学（Davies，1999；柳春艳等，2022）、循证管理学（Pfeffer et al.，2006）、循证经济学（魏丽莉等，2020）等诸多新的社会科学领域。自然科学精准性的研究方法逐渐在社会科学领域兴起并被广为接受，也日益成为相关部门科学实践、学术界进行研究的重要工具。

9.1.2　循 证 实 践 主 体

循证实践主体包括四类：管理者、研究者、实践者和实践对象，循证实践强调在四者通力合作下，让证据和实践结合得更紧密。研究者将识别到的社会问题传递给管理者，管理者对社会问题进行界定，通过科研立项、项目资金等激励手段引导研究者深入探讨这些社会问题，期望其通过研究形成初始证据（此时还不是最佳证据），管理者将初始证据转化为切实可行的政策方案进行试点；实践者根据管理者发布的政策，结合自身的实践经验，在充分考虑实践对象的价值观、福利、意愿偏好和社会情景的前提下进行实践；实践对象衡量成本因素和效益因素后，积极主动配合实践者的行为活动（包括为其行为的直接接触者提供证据），并对实践活动进行反馈，以修补和完善初始证据。循证实践整个过程将管理者、研究者、实践者和实践对象连接起来形成了一个动态的环形路径，为实践提供客观、科学的证据，以期有效地解决社会问题，增进社会整体福祉。

9.1.3 循证实践证据

循证实践旨在围绕质量最高的证据展开实践活动。"提高实践效率、降低资源浪费"的前提是实践个体有"证"可循、有"据"可依，遵循最佳证据的实践不仅满足了实践对象的需求，也改变了传统"片面经验"指导下的实践缺点。作为循证实践的核心要素，最佳证据的重要意义不言而喻。由于证据来源是多元化的，且质量良莠不齐，管理者和实践者要从海量的证据中选择出最适合且客观的证据就需要耗费大量的时间和精力，因此，依据证据质量对证据进行分级是非常有必要的。医学领域的证据分级发展日益成熟，多学科交叉在证据分级标准上也大放异彩。循证管理学仿照循证医学，按照证据强弱将证据定性分为 6 个等级，形成循证管理证据金字塔状，处在塔尖的具有最高质量的证据是由元分析得出的（Jeremy et al.，2006）（见图 9 - 1）；与之相似，加拿大心理学会认为：与个人经验和专家意见相比较，系统综述具有更高的证据等级（Dozois et al.，2014）。自 20 世纪 60 年代证据分级概念被首次提出后，不同领域、不同时空下的证据标准呈现出多元化的状态，但无论证据分级体系的标准有多不统一，都存在共同的特点：获取证据所采取的方法越系统、越严谨，证据质量越高。

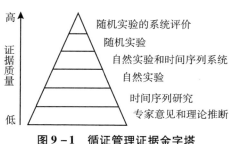

图 9 - 1　循证管理证据金字塔

一般来说，运用 Mete 分析、系统综述等方法取得的证据级别较高；随机实验（RCT）受技术和伦理因素的限制，因而得到的证据相较于前者较低；一些个人经验和专家意见则处于最低等级。决策者合理、高效运用证据的最佳状态是在高质量证据不完全或者不可得的情况下，依次选择低质量的证据。2007 年成立于英国的环境证据协作网（Collaboration for Environmental Evidence，CEE）①，致力于合成与环境政策和实施最相关的证据，是一个可以为中国农业固碳减排治理提供证据合成方法学参考的一个开放性证据库（樊景春等，2020）。

循证实践的出现以及被用于社会科学是一次社会科学全面向自然科学靠拢的重大实践。从理念到方法都全面地向自然科学学习，不仅是社会科学研究自证其科学性的一个重要实践，也使得我们在研究社会问题时更加具备精准识别和科学判断的思维和能力。然而，目前在农业固碳减排研究领域，理论研究相对被弱化，采用以数据为基础的实证研究成为主流，为了向自然科学靠拢，社会科学研究不得不做出一些改变，于是大量的计量研究不断涌现。但值得注意的是，计量方法本身存在统计误差和运算误差（耿涌等，2010；郝千婷等，2011；Kenny et al.，2009），一些计量方法本身在构建时就存在指标难以量化、指标选取自由度较大的缺陷（王丹华，2016；从建辉等，2014）。由于实践情景和实践主体特点的原因，农业固碳减排，尤其是从社会经济角度进行的农业固碳减排实践虽然可能并不像自然科学那样有可控制的试验环境、能够运用大量量化研究方法展开研究，但不可否认的是，循证实践方法的研究范式和实践思维为农业碳减排实践提供了一种极具价值的思想工具。

9.2 循证实践框架下农业绿色发展

根据经济学理性经济人假设，作为理性的经济人，农业绿色发展的各

① 环境证据协作网 2007 年始创于英国，是全球可持续环境和生物多样性保护领域中的科学家和管理者工作的开放性学术组织，致力于合成与环境政策和实施最相关的证据。其在全球逐渐成立了 6 个分中心，并与全世界 7 个组织一起合作，在环境治理方面进行循证实践。由环境证据协作网出版的环境治理证据合成标准和指南，目前广泛应用于通过科学提供决策信息的各个社会领域，并已成为获取、评价和整合科学信息的公认标准。

方参与者，都将出于某些利益诉求参与到农业绿色发展的（研究与实践）过程中。例如，从事农业生产活动的农户或企业追求利润；实践者为了完成上级布置的任务和获得一定的经济回报；研究者为了实现自身的学术抱负，获得社会认可；实践对象为了符合管理者的期望，实现自身的价值，对社会大众兑现承诺和为全社会做出减排的贡献等。而政府作为高于市场的存在，其所肩负的社会责任使其除了关注经济发展外，还需要同时关注生态、社会等非经济效益。众主体的循证实践过程是利用科学的方法总结、归纳和运用经验，实现经验对另一个实践的验证。因此，农业碳减排过程既是经济过程也是管理过程。将循证实践方法和机制引入到农业绿色发展治理中，将成为实现碳达峰与碳中和目标的催化剂。一个由管理者、研究者、实践者、实践对象构成的完整循证实践主体系统是开展循证实践的关键参与者系统。

9.2.1 农业绿色发展中的循证实践主体

一是农业绿色发展中的研究者。农业绿色发展背景下的循证研究者，即对农业发展、绿色发展具有深刻见解、能以"绿色发展"理念研究现代农业发展新格局的大专院校、科研机构、商业机构、独立学者等。这些研究者秉持以人民为宗旨、以发展为目的和核心、以绿色为方式的思想（陈芳芳，2022），通过观察微观主体行为、社会现象等研究现代化农业发展过程中存在的问题、探究现代化农业可能存在的方式，以课题项目申报等渠道获得资助，进行相关的测量或数据收集，运用经济学、社会学等的研究范式尝试阐述和解决问题，形成与农业发展、绿色发展、农业高质量发展等相关的研究报告、专著、论文等，为农业绿色发展的循证实践提供可靠的客观证据。此外，研究者还要对实际情况进行持续观察，对已有证据不断进行补充和修改，为管理者高质量决策提供科学性证据，帮助提高农业绿色发展中实践者的实践效率。

二是农业绿色发展中的管理者。在循证实践框架下，可以将管理者分为两个层面。第一个层面是中央一级的政府管理者。中央政府从"两个大局"出发，把握农业绿色发展的重要意义，既关注生态目标和经济目标，也注重国家安全和国家发展。一方面，中央政府从整体发展、生态优先的视角出发，严格督察资源滥用所导致的农业面源污染加剧行为的发生，持续监测农业资源质量，通过监测和评估发现已有证据（政策、方针、制度标准）在现实实践中存在的漏洞，以此完善的监测评价体系，制定政策性措施方针；另一方面，国家通过不断完善顶层设计，加快形成健全的制度体系和补偿机制，为农业绿色发展提供宏观政策支持，助力推进乡村振兴战略和保证国家粮食安全。第二个层面的管理者则是指地方各级政府管理者。对于地方管理者而言，可能更多地关注本地的经济效益，但受中央一级管理者制定的环境绩效考核压力影响，地方各级管理者必须关注生态效益，根据各地的区情，组织科研人员、专家教授开展对微观和宏观层面农业科学技术、生产方式、经营模式等的探索和研究。同时，地方一级管理者要对研究者的研究证据、循证实践者和实践对象反馈的信息做出及时的反应，制定出契合地方实际的农业绿色发展路径。

三是农业绿色发展中的实践者。本章认为循证实践框架下低碳减排的实践者也分为两个层面。第一个层面是相对于中央政府的各级地方政府。地方政府作为连接中央政府和各生产经营主体的桥梁，既要积极响应和贯彻中央制定的农业绿色发展的政策方针，又要担任起传播者、监督者的角色，强化各农业生产经营主体的绿色生产经营意识、技能和行为。地方一级实践者的双重角色意味着其在农业绿色发展中的重要地位，一方面，作为中央政府治理生态环境的代言人，地方一级实践者拥有更多的、更为直接的实践信息，而这些信息能否转化为有效的证据取决于地方一级实践者的行为偏好，毕竟地方一级实践者面临着现实的生态环境绩效考核；另一方面，地方一级实践者按照管理者出台的政策方针，监督、管控碳排放主体的行为，通过宣传增强公众意识、合理配置资金和资源协助农业企业开发绿色科学技术、设法提高各经营主体采纳绿色技术的意愿。从某种意义上来说，地方政府兼具上位管理者与下位实践者的双重身份。第二个层面是相对地方政府进行实际生态修复、促进绿色农业工作的主体，包括环保局、农业农村局及其工作人员。其工作跨度大，涉及农业生态环境监测各方面，如控制农业污染物总量排放、土壤修复、水资源保护、农业企业环境评价等。

四是农业碳减排中的实践对象。农业绿色发展的实践对象是参与农业绿色发展的龙头企业、农业专业合作社等新型农业经营主体，生产前端实施绿色科学技术的小农户以及购买并消耗这些绿色农产品的消费者，本章将新型农业经营主体和农户归为直接实践对象，消费者归为间接实践对象。首先，新型农业经营主体作为中国农业发展的"领头人"，基本包括了当前我国农业的上游、中游、下游的生产组织形式（詹孟于，2021），其生产经营体系、绿色发展方式及效果，直接影响我国农业绿色发展的质量。与小农户相比，新型农业经营主体更具生态环境意识，应用绿色技术成果的意愿也更高，有利于实现自身的可持续发展和助推中国农业绿色发展。其次，作为农业生产活动前端的行为主体，农户绿色生产行为不仅会受到个体特征、家庭特点、乡村邻里的影响，实践者的政策引导、政府补贴等外界刺激也会影响农户的绿色生产行为。因此，要从多方面引导农户积极展开绿色生产活动。最后，虽然消费者不直接从事农业生产活动，但消费者碳排放敏感系数也会影响企业的最佳碳减排量、产品价格和产品销量（范如国等，2017；郭军华等，2020），消费者的环境意识有利于提高企业利润和绿色产品的市场份额（杨晓辉等，2022）。消费者基于不同程度的绿色农产品购买倾向，其行为反应是管理者、实践者进行决策调整的重要依据。需要注意的是，在推进农业绿色发展的过程中，实践者必须要按照循证实践方法论思维充分考虑各主体意愿，以人为本、充分尊重主体意愿，不侵害任何一方福利空间，既要保持社会整体福利最大化，也要平衡各主体福利获得感。实践对象的主观意愿得到充分尊重，能提高其绿色技术采纳意愿，发挥自身价值，使实践者的工作更为顺畅地开展。

五是第三方机构。尽管在传统的循证实践机制中，并没有第三方机构这一主体，但在中国的现实语境下，第三方机构在诸多国家大事中发挥着重要作用。第三方发挥自己的专业优势，对农业生产各环节的特征进行系统分析和研究，形成农业领域的专业知识，并应用到农业生产的各环节（如良种服务、农资服务、农业技术培训服务农业信息服务等），以此促进农业进一步发展。在推进"三农"工作的循证实践过程中，引入第三方机构有利于提高农业资源利用率、加快农业技术进步、增强农业可持续发展能力（李凯，2016）。第三方机构基于自身专业性和独立性的优势收集与农业有关的信息，并将其转化为具体的服务，根据当地的地理、气候等情况加以应用。但必须注意的是，第三方机构在提供服务后，要及时对研究者、实践者、实践对象和管理者进行多方面的调查和事后的反馈，完善自已收集到的信息的准确度。

9.2.2　农业绿色发展中的循证实践证据

基于科学证据的科学决策是高质量社会治理的必要前提。农业绿色发展治理涉及央地政府、减排企业、农业生产者等主体之间的关系，理顺这些关系不仅是进行农业绿色发展重要前提，也是在农业绿色发展研究中形成证据的出发点。目前，整个社会科学领域的循证实践研究都处于发展阶段，并没有统一的证据分级标准，将循证实践用于农业绿色发展的研究也存在这样一个证据分级的问题需要解决。由于缺少既有研究作为参考，本章根据农业固碳减排研究的自身特点，尝试将农业绿色发展实践证据分为以下几类：

一是经验型证据。经验是一切认识的起点，在哲学上是指人们在同客观事物直接接触的过程中通过感觉器官获得的关于客观事物的现象和外部联系的认识。经验深化为理论可以指导实践，被实践者推广，继而演化为证据被参考和使用。《资治通鉴》中"取之有度，用之有节，则常足。取之无度，用之不节，则常不足"的表述，以及《论语》中"子钓而不纲，弋不射宿"的思想表达，充分体现了古人可持续发展的自然生态观，这些观念正是来源于古人的生活实践经验。以浙江湖州"桑基鱼塘"为代表的生态农业循环系统，经过上千年的发展（叶明儿等，2014），2018 年被联合国粮食及农业组织确定为"全球重要农业文化遗产"（沈文泉，2019）。良性的循环立体系统对减少农业污染、维护地区生态安全稳定发挥了重要作用（刘通等，2017）。利用古人的智慧，全国各地区通过创新和发展，改造出许多适宜本地特点的系统（如珠江三角洲地区单一高密度养殖塘、粤港澳大湾区现代绿色基塘等）（陈彩霞等，2021；陈浩涛等，2022）。同样入选"全球重要农业文化遗产"的还有从江侗乡稻鱼鸭系统，千百年来，这个凝结着侗乡人智慧的生态系统一直发挥着减少稻田甲烷排放、增强土壤肥力等多重效益。这些建立在古人实践经验和当地非静态知识基础上的农业生态系统，为现代绿色循环农业发展提供了借鉴之道。四川科道农业有限责任公司所推出的"智慧碳中和生态价值系统"项目，正是一个基于古人智慧和经验而形成的现代农业生态系统的创新体。① 值得注意的是，基于经验转化而来的证据，必须要经过长时间在真实生产过程中的检验，而这种有用经验一旦形成，就能够在较长时期比较稳定地发挥作用。因此，基于经验的证据对于农业固碳减排循证实践而言，从研究层面未必是最高级别的，但从指导生产实践层面来看，可能是能切实产生效果的证据。

二是试点经验型证据。这一类证据取得的实质是通过试验的方式获得的一种具有自然科学属性的证据形式。通过分析政策实施前后对照组和试验组的试验对象个体特征变化来进行政策评价，可以有效地减少政策失败的风险。利用小范围试点的方法，降低政策实施风险和降低政策成本。改革开放以来的 40 余年中，这种政策试点方法已经是一种成熟的方法。在农业绿色发展的语境下，由于农业固碳减排本身兼具了自然科学对规律性的探索和社会科学对制度安排做出的研究。因此，采用成本较低的试验与试点方法，可以为农业固碳减排治理循证实践提供必要的证据形式。如2015～2017 年，辽宁省铁岭县开展了面积为 0.67 万公顷的东北黑土地试点项目，该项目的实施不仅收获了经济效益和社会效益，项目实施的秸秆还田还增加了土壤固碳的能力（薛振亚，2019）。该项目的试点为其他具备类似自然条件的地区土壤固碳提供了一套"可复制推广、可落地"的综合技术模型。尽管自中国推行碳交易试点政策以来，在全国碳排放交易市场中进行碳汇交易活动的主体绝大多数来自电力行业，但不可否认的是，随着试点碳交易市场的逐步推进，中央政府积累了丰富的经验和宝贵的证据，为建立全国农业碳市场打下坚实基础，相关农业部门也进行了积极的尝试并取得了一定的效果。譬如，2012 年国家发展改革委颁布了《温室气体自愿减排交易管理暂行办法》，支持农林碳汇、畜牧业养殖和动物粪便管理等申请作为温室气体自愿减排项目；2019 年生态环境部门出台的文件也鼓励和支持"农业温室气体减排交易"，并明确表示"研究推进将国家核证自愿减排量纳入全国碳市场"的政策设想；2022 年 5 月，厦门产权交易中心设立了全国首个农业碳汇交易平台，形成农业碳汇登记、交易、融资等一站式服务，三个月时间成功完成 6.6 万吨农业碳汇交易，碳

---

① 智慧碳中和生态价值系统是四川科道农业有限责任公司在 2021 年成都全球创新创业交易会"双千""双百"发布会上所推出的一个"城市与农业"相结合的生态系统项目。该系统通过绿色、循环种养殖技术，实现生产、生活、生态融合，是一个可行的"减排增汇"项目。

汇交易试点在农业领域初显成效。不断地试点探索为农业碳交易市场建设积累了证据，这种带有试错性质的证据收集方式可以降低政策风险，减少试错成本。以最小的代价换来为更大范围地区发展低碳农业所适用的可复制、可推广的证据。

三是案例型证据。案例型证据就是对典型的实践项目进行归纳总结和剖析，将此类案例提炼出的证据应用于其他情景。譬如，曾维忠等在《森林碳汇扶贫：理论、实证与政策》一书中基于"理论——实践——理论"，遵循理论与实践并行的原则，强调既不能简单将在贫困地区实施森林碳汇项目等同于森林碳汇扶贫，也不能片面将森林碳汇项目等同于一般产业扶贫项目（杜受祜，2020）。该书主要章节凝聚的成果直接成为指导"四川省森林碳汇扶贫示范工程"的实践证据，其独特的价值和特色为西南地区乃至整个中国应对温室气体变化和减贫提供了切实可行、普适性的四川方案。该方案从森林碳汇实践的视角出发，构建绩效评价指标，为完善森林碳汇交易市场机制提供可衡量、可考核的客观典型证据。此外，中国沼气资源也十分丰富，2009 年 11 月，中国首个特大沼气工程 CDM 项目成功运行，对该类项目进行调查、监测、分析等形成的可行性研究报告和环评报告，为各省份开发 CDM 项目提供了依据。农业领域优秀的减碳增汇案例可为农业低碳减排发展提炼出可供参考、吸收和应用的证据。但需要注意的是，典型案例证据的适用范围相较于前两种类型的证据更窄，同时也容易与经验类证据混淆。从时间维度上看，案例型证据未必是一个通过长期实践得出的结果。它可能是因为特殊的自然条件加上恰逢其时的政策制度而造就的某个个案，而经验类证据则需要更长的时间来沉淀。因此，可以说案例型证据可遇不可求，这有赖于研究者的发现与总结。同时案例也有典型与非典型之分，其中典型案例也可以被视为可复制和推广的农业碳减排证据（这种证据包括已经建立的关于农业碳减排的科学原理和理论），一旦能与典型案例相匹配，其对典型案例做法的运用效果也大概率会有好的结果。而非典型案例则可以作为一种非典型证据，在研究中用作对照研究。

四是数据型证据。数据型证据是指对某一项目或者活动产生的各类数据进行记录、分析、筛选后形成的可供管理者决策的证据。顾名思义，在农业绿色低碳语境下，数据型证据指通过监测手段获取的农业碳汇和碳排放数据，包括养殖、种植、运输、加工、仓储、交易等环节产生的温室气体排放数据和广义农业碳汇数值。有关农业温室气体排放的相关数据可以通过联合国粮食及农业组织、美国橡树岭国家实验室二氧化碳信息分析中心（CDIAC）等渠道获得，2022 年 4 月中国"大气一号"主动激光雷达二氧化碳探测卫星正式上线运行，我国自主温室气体监测数据将更加丰富和精准。以上数据可以为研究者提供深入研究的基础原料，其研究成果可以为管理者制定政策方针提供参考。例如，徐清华等（2022）利用 282 个城市的面板数据分析了农业机械化对农业碳排放强度的影响，并向政府提出了"出台农机跨区域作业补贴"的政策建议；褚力其等（2020）分析了 1985～2017 年的中国农业碳排放驱动因素，设计动态政策情景，模拟和预测 2018～2030 年中国农业碳排放量，为农业低碳政策制定提供了合理的理论依据。学者们基于多元化数据形成学术成果为管理者提供科学证据，因此，数据型证据又可以被称为证据的证据。此外，在互联网技术飞速发展，大数据、云计算、人工智能技术、3S 技术等日益成熟的背景下，数据赋能的清洁低碳也逐渐显现。譬如，2021 年，英国帝国理工学院研究团队开发了一项新型智能传感技术（纸质电化学气体传感器），通过该技术可以实现化肥减量、减少污染的目的；德国的 NaLamKI 平台可以通过数据分析实现对农作物生长环境的控制从而减少排放；荷兰 Hanskamp AgroTech BV 公司研发的奶牛专用厕所运用数字化解决方案实现奶牛粪便与尿液分离，对减少奶牛碳排放有重要意义。数据技术将是未来农业低碳发展的趋势，但如何利用好这些原始的数据资料是研究者需要重点关注的问题。例如，建立农业碳排放账户以记录实践主体碳行为产生的数据，将这些动态数据作为各地区、各主体未来的配额分配依据。管理者也可以利用大数据对碳市场主体交易数量、交易实践、交易价格等进行记载并汇总，为评价市场有效性提供证据资源。总之，决策者需要依据本国以及国内各地区客观的碳排放数据，实施科学的、可落地的农业减排固碳方针，未雨绸缪，提高农业在国际气候谈判中的地位和国内的核心竞争能力。

9.2.3 循证实践视角下的农业绿色发展主体与证据

证据的出现、完善以及证据库的建立与农业实践主体息息相关，各实践主体的知识体系、能动能力等综合素质直接关系到证据的应用效果,抑或说农业实践主体直接决定证据等级。

一是研究者与证据。科学研究者在研发农业碳减排新技术和新方案时,必须要与实践地域文化特征、自然条件相适应。实践对象对证据(减排技术、减排方案)的理解程度和采纳程度会逆向影响研究者,所以在某种程度上,研究者若能够"用脚步丈量大地""将论文写在祖国大地上",深入到农业减排实践最终端环节,建立"研究主体 + 企业""研究主体 + 农户""研究主体 + 消费者"等模式,实现与实践对象直接沟通,汇集信度更高的证据,并结合实践者提供的证据进行综合判断,就能研发出适宜的科研成果,呈现出科学可靠的证据。

二是管理者与证据。管理者常常通过制度、政策措施对农业碳排放进行宏观调控,这些制度措施可分为强制性和鼓励诱导性。尽管目前已经出台的《中华人民共和国畜牧法》《中华人民共和国土壤污染防治法》《中华人民共和国固体废弃物污染环境防治法》《农业农村减排固碳实施方案》等法律法规更多的是从义务角度规范环境活动参与者的行为,但对于激发各参与主体的积极性,以有益于证据的形成、传播与积累还有限。不过,这些法律法规仍然能体现出行政力量对农业碳减排循证实践的引导作用。完善的具有引导性、激励性的减排措施对农业降碳减污证据的传播与应用更具有现实意义,这需要在国家层面法律法规的基础上根据地方实际情况开发更多的补充措施政策来完善。

三是实践者与证据。实践者是连接证据和实践活动的媒介,是证据运输的桥梁。实践者在农业碳减排实践中起着宣传、推广、解释和总结等功能,即实践者要将学术用语转化为当地通俗易懂的语言,宣传推广优秀的科研成果,在运用证据的过程中精确识别实践对象需求并总结为学术用语,所以对实践者和实践对象的素质能力要求很高。实践者作为连接研究者和实践对象的关键主体,能力过低会导致证据的优势面被缩小,需求识别错位会导致证据劣势面被放大。因此,增加对实践者专业知识、应用转化能力的培训是证据有效运用的前提。

四是实践对象与证据。在中国农业碳减排语境下,实践对象尤其是"小而散"的农户的需求不尽相同,成为直接制约实践者甄别其内在需求的"瓶颈"。实现证据的有效落地必须要考虑数亿农民的个人特点、综合素质、社会关系等。舒尔茨（Schultz）所提出的对农民进行投资特别是后天获得新知识和新技能以促进农业经济增长，可以认为是提升农民素质的一种表现，也可以是农户较为准确表达自身需求的一种途径。当然，其他实践对象（农业生产企业、农产品终端消费者）也有着类似的特点。因此，加强对实践对象的教育资源投资是证据发挥作用的根本保障。

9.2.4 循证实践视角下的农业绿色发展

在实际发展绿色农业的过程中，一是要进行有序管理，细化具体任务，逐渐推进、落实各领域、各环节、各方面的工作；二是要关注绿色发展的关键领域，精准识别薄弱环节，打造重点任务。遵循客观事实，建立科学的体制机制，推动农业绿色发展。循证实践框架下，农业绿色发展机制可概括如下：

中央一级的管理者根据农业发展现状，制定指示性、方向性的政策方针；地方管理者把握中央的总体方向和原则，结合当地实际情况，因地制宜制定工作指南。研究者结合当下热点、政策方针、制度等，将自己的研究成果转化为可操作性的证据，并形成证据库。实践者在充分理解这些证据的基础上，结合自己多年的工作经验，合理地应用证据，在保证实践对象主观意愿的前提下，推动绿色农业的实践活动。实践对象充分表达自己的行为意愿和利益诉求，充分了解可供自己选择的行动方案，在自愿的前提下积极配合实践者开展工作。第三方机构在框架之外对整个循证实践过程，包括专业知识、证据的运用及其效果等，进行第三方收集，将问题进行完善并反馈给管理者，管理者将其传递给其他三个循证实践主体督促其改进（见图9－2）。

值得注意的是，在初始的循证实践框架中，实践对象是身患恶疾的病人，出于求生的欲望，实践对象从主观意愿上的自我改变，配合来自实践者的治疗方案时有很强的内源动力。而当实践对象映射到需要进行低碳减排活动的农业生产者后，可预知由于减排成本的原因，实践对象的内源性动力将大打折扣。因此，一种能够激发农业固碳减排实践对象内源动力的机制或政策必须先行。另外，农业绿色减排实践过程中，实践对象尊重自然、爱护环境的个人道德情操以及在经济利益方面的牺牲精神所能发挥的

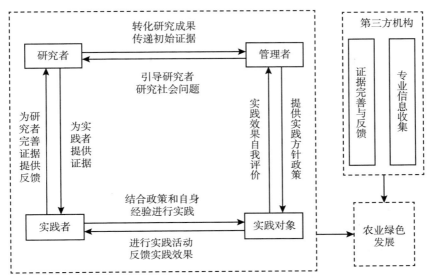

图 9-2   循证实践框架下农业绿色发展的参与主体定位及其功能

积极作用也需要从长期的教育和动员过程中得以培养。在农业低碳发展语境下，大多数实践对象更看重经济成本和获利能力，少数具有环保责任心的实践对象可能会考虑生态效益，追求绿色有机概念的终端消费者则会出于健康需求选择低碳生活实践。因此，面对实践对象更加多元化的利益诉求，实践者所处的实践情境变得更加复杂，实践难度也大大增加。研究者将面临更多的研究素材，不存在一劳永逸的证据，而静态证据也将被动态证据所替代。管理者由于面对包括农业在内的多产业领域，就全社会的"双碳"目标而言需要更加综合的考量，因此，也将面临前所未有的挑战。

9.3   参与者分析框架下农业绿色发展动力机制

9.3.1   管理者的主导动力

从《"十四五"全国农业绿色发展规划》到 2022 年发布的《中共中央   国务院关于做好 2022 年全面推进乡村振兴重点工作的意见》，"推进农业绿色发展"已经占据官方话语体系的主流地位，是政府管理者关注的重中之重。对于管理者而言，发展绿色农业不仅有利于保障国家粮食安全、推动乡村振兴，还可以提高农业的核心竞争力。第一，后新型冠状病毒感染疫情时代，世界粮食生产与贸易波动异常，而中国要以全球9%的耕地、6%的淡水资源，保证世界近20%的人口口粮（何可等，2021），粮食可持续生产显得尤为重要。加大耕地质量保护力度、建立生态友好型的高标准农田、明确与粮食生产相关联的环境规制（高鸣等，2021）、严格落实"藏粮于地、藏粮于技"战略以此增强粮食绿色生产能力，是保障粮食安全的有效方案。第二，在乡村振兴背景下，农业绿色发展是建设美丽乡村的重要组成部分。推广应用"高产高效、绿色生态"的现代化农业种植模式，才能解决传统农业生产导致的环境污染加剧、生态破坏的种种弊端，实现真正的产业振兴（吕娜，2022）；处理好畜禽粪污、合理利用农作物秸秆、废弃回收农膜等，持续改善农村人居环境，是实现人与自然和谐共生的重要路径。因此，走农业绿色发展道路是实现乡村振兴战略的中坚力量。第三，在国内国际实现双循环视角下，农业绿色发展可以提高农业的核心竞争力。利用好"两个市场、两种资源"（韩冬等，2022），发展绿色高效、生态可持续性的农业，是稳定国内市场、占据国际市场主动权、抵御市场不确定性的必要道路。因此，管理者必须发挥主导者作用，鼓励和刺激各农业主体积极投入到农业绿色发展的进程中，为农业绿色发展注入源源不断的驱动力。

9.3.2 实践者的主要动力

对于实践者而言，"自上而下"的压力和实践者内部之间的竞争力内化为动力将会推动农业绿色发展。一是当前我国的农业补贴正在朝"绿色生态"的方向改革，补贴更环保、更有生产效率、更有利于加强食品安全的产业，补贴方向的变革也成为农业绿色转型的推动力。这就意味着只有当地方政府和实际的农业从业者在农业领域发展生态、绿色、循环农业，才能获得上级政府的农业补贴资金。国务院办公厅印发的《关于加快畜禽养殖废弃物资源化利用的意见》中明确提出，对未严格落实环境影响评价的畜禽规模养殖，环保部门予以处罚，将农业废弃物治理任务细化分工，明确各部门职责，并建立责任追究机制和激励机制。一开始，这种"自上而下"的政策制度，对于实践者而言可能是一种压力，但随着机制的运行和资金、补贴等优惠利好政策的激励，这种压力就会内化为动力。二是在实践者内部存在着横向的非正式博弈行为。但适当的内部竞争有利于解决"搭便车"问题，促进团队实践者共同减排除污（梁平汉等，2020）；将地方官员的政绩考核与生态环境绩效考核相关联，也会激发地方实践者政治竞争的治理效应（张振波，2020）。此时，这种竞争力也就转化为实践者推动农业绿色发展的驱动力。

9.3.3 实践对象的内生动力

作为中国现代农业发展的"领头人"，新型农业经营主体具有专业化、规模化、科技化、集约化等特点（刘银行等，2022），因此，其绿色发展方式和路径已经成为政府和社会关注的焦点（许玲燕等，2022）。近几年，国家颁布了一系列政策制度助力新型经营主体发展绿色农业、扩大覆盖面。新型经营主体走绿色发展道路，不仅有利于提高农业质量效益、农业生产质量，于其自身而言，也是一种可持续发展的方式。对于农户而言，受传统农业生产方式的影响，农户接受新兴绿色生产方式有一个过程，也存在着一些阻碍，但这种阻碍一旦被打破，就会成为强大的推动力助力农业绿色发展。因此，相关部门在实施农业绿色生产政策时，必须要关注农户的利益诉求，帮助农户认识绿色生产的盈利能力和预期收益，强调农户在绿色农业中的重要地位，从内从外满足农户的真正需求，从而推动农业绿色发展。对于消费者而言，"亚健康""营养均衡""有机"等关键词已成为日常饮食关注的重点，消费者对食物的考量日渐从"吃饱"到"吃好"转向"无污染、绿色"。绿色农业不仅杜绝了农业源头污染，也可以保证消费者购买到绿色健康、低碳安全的农产品，实现从农田到餐桌的低碳化和绿色化，提高消费者的幸福感。因此，消费者出于对自身和家庭健康的考虑，也会支持农业向绿色有机转型。

9.3.4 研究者的外生动力

对于高校、科研院所、社会机构等研究者而言，驱动其进行农业绿色研究的因素大致可以分为以下几类：第一，研究者的自我价值与外部职责具有高度一致性。"智者顺势而谋"，科研就是一场激烈的比赛，研究者在农业绿色领域抢先一步聚焦时代潜在需求，完成学术目标和科学研究以期实现自我价值，而这种自我价值与外部职责存在一致性，一致性越高时，研究者的外生动力就越强。第二，研究收益大于成本。当研究者的科研成果转化为客观的证据，推广应用于实践活动并产生效益时，会让研究者产生自豪感和获得感，从而获得继续进行绿色农业领域研究的动力。第三，进行农业绿色研究的研究者具有较强的自主性。基于对学术研究、科技研究等某类别职业的偏好，研究者在科研这条道路上具有较强的定力和耐力，那么由于职责所产生的压力对于研究者个体而言可以是一种动力。上述因素既是研究者的压力，同时也是研究者推动农业绿色转型的外生动力。

9.4　循证实践框架下的农业绿色发展可行性

9.4.1　农业绿色发展与循证实践在实践精神和机制上的契合

其一，"循"不仅强调"遵循"证据，还有基于"理论——实践——理论"路径的螺旋式上升循环；农业低碳绿色是在特定的历史条件下我们所面临的必然选择，本着实事求是的原则，应注重用科学的方法探索低成本、高效率的减排路径。因此，农业绿色发展与循证实践二者之间存在实践精神契合。其二，从解决微观个体问题到实现宏观整体效益，从系统整合各实践环节到明确细化目标导向，从实践效果评估到实践问题反馈再到修改完善，循证实践和农业绿色发展既注重由小及大推进实践工作、由大及小把控整体进度，也重视构建循环有机体。因此，两者的实践机制相契合。

9.4.2　农业绿色发展与循证实践都有明确的主体

和一般循证实践相似，农业绿色发展有明确的参与者，而参与者也可以按照循证实践的主体划分标准划分为管理者、研究者、实践者和实践对象。另外，在农业固碳减排领域，具有重叠身份的主体研究，甚至可以拓展循证实践理论本身，为该理论的发展添砖加瓦。农业固碳减排是一个自上而下的政策实施过程，更是一个自下而上的多方参与过程，这也就意味着一些参与主体可以担任不同角色，实现研究、应用、归纳、转化等多环节一体化，从而提升证据的质量和效益。某些情况下地方管理者可以被视为实践者，如县农业农村局，既要根据中央思想拟定县域"三农"发展战略和规划，又要监督指导、建设"三农"工作体系。

9.4.3　循证实践思想与农业的特殊性质相适应

一是农业独特的碳汇属性丰富了减排证据库。寻找证据支撑自己行为符合科学发展的逻辑，也是循证的最初形态。作为唯一创造碳汇的产业部门，农业有着比其他部门更为丰富的减排固碳途径，工业、能源等只能基于碳源视角替换清洁能源或者通过碳捕获减少碳排放；而农业产业在此基础上，还可以从碳源角度出发，寻求森林碳汇、草原碳汇、湿地碳汇、农田碳汇等固碳形式，从"源"和"汇"实现固碳减排。独特的碳汇属性意味着农业领域在实现"双碳"目标的道路上可以有更多的减排证据（增汇减排双重路径）进行实践工作。以证据为本的农业绿色低碳模式与循证实践核心思维相适应。

二是农业绿色低碳是自然技术和社会技术相融合的结果。以医学为例（尤其是临床医学），凭借自己独特的学科位置，其在"科学化"过程中综合考虑了自然科学和社会科学的两重性，最先取得突破，形成"循证医学"，最终促成了"循证实践"方式。对于更接近人文社会科学的农业绿色发展而言，农业绿色发展不仅要依靠绿色低碳等自然技术，更要依靠制度、组织、教育、文化等社会技术并以此促进自然技术的传播与应用，从而实现实践应用的"科学化"。由此可见，农业碳减排在"科学化"过程中所展现的自然属性和社会属性，正是循证实践思维的映射。

9.5 现行体制机制下的循证农业
绿色发展的潜在困境

9.5.1 证据使用者难以均衡各方主体利益

由于我国碳达峰碳中和目标的实现过程，将主要是政府主导的自上而下的实践过程，因此，管理者面临较大的责任和压力。这些压力包括：在农业固碳减排实践过程中平衡各类参与主体的利益，充分满足各类参与主体的各种合理诉求。要保证证据的客观性、科学性和实用性，必须考虑管理者、实践者等各个实践主体的现实利益。但实践者在使用证据时，往往难以顾及多方利益需求，导致证据和实践之间出现错位。若地方政府优先考虑本地经济发展，以简单的经济指标衡量地区发展水平，就可能罔顾环境污染治理和碳减排的长期性和艰巨性，易导致证据使用效果与上级政府期望的契合度不高。若地方政府仅服从上级政府的要求，机械地完成上级政府下达的生态环境绩效考核指标，则很容易忽略并扼杀当地农业企业的创造力和伤及农户的利益。换言之，既要保证实践工作符合上级政府的预期，又要考量当地各利益主体的需求，对实践者而言，是极具挑战性的。

9.5.2 证据应用与问题整合可能受阻

证据转化和问题识别可能因为实践主体自身原因受到阻碍，导致理论证据与实践之间衔接不充分。一是实践者在接触现成的规范证据时，由于缺乏信息检索、筛选的能力和对所处社会情境的考察欠佳，可能导致证据难以匹配实际需求，降低了证据使用的有效性。二是实践对象在表述和传递自身利益诉求与困境时，不能清晰表达自己应用低碳技术时所面临的困境以及应用前后的经济效益、环境效益变化等，尤其是对自身某些关键因素（如一些生产指标、财务指标、排污指标等）进行刻意隐瞒，可能误导研究者，从而生成无效证据，导致研究者的研究成果转化严重缺乏真实性；若实践者不能进一步挖掘出潜在实践对象面临的深层次问题，只是根据实践对象表象来循证实践，就可能造成证据与问题错配，而反馈给管理者的问题也将导致管理层宏观决策的失效。三是与地方管理者和实践者相比，研究者在开展实际工作时往往是基于短时间的调查与访谈，更注重解决短期内的问题，这就容易导致研究者在生产证据时忽略一些长期因素，从而使证据具有很强的实效性，因此，研究者的证据生产应当注重长期与短期的结合，管理者在引导研究者从事研究时就应当考虑中长期课题与应急课题合理分布。

9.5.3 农业碳排放数据库相对缺乏

以碳排放数据为例，目前常用且权威的数据库有联合国粮食及农业组织数据库、中国碳核算数据库（CEADs）、中国多尺度排放清单模型（MEIC）、全球碳预算数据库（GCB）等平台。这些数据库涵盖了中国多尺度碳核算清单、经济贸易数据、日分辨率全球碳排放空间展示等。虽然这些数据库对中国农业碳排放数据有所记录，但数据丰度有限。当前中国还未建立官方的农业碳排放数据库；农业碳排放统计体系不健全，一些排放源因其碳排放量较小且排放因子无法计算，尚未被纳入核算体系中。[①]此外，一些农业企业和大型的跨国公司还未建立起完善的温室气体报告制度，缺乏对企业日常碳排放数据的监管，可能出现企业数据造假等行为，不利于数据库的建设。因此，适用于农业碳减排的数据库还亟须专业性、统一性、权威性建设。

9.5.4 农业基础设施投入巨大引致的碳排放家底不清

农业的发展是一个传统农业向现代农业转型的过程，农业转型和进步

---

① 根据《2006 IPCC 国家温室气体清单指南》，农业生产过程中的温室气体排放源主要包括 10 个方面，但中国政府提交给 IPCC 秘书处的国家温室气体清单报告中却只包括稻田甲烷排放、农田施肥氧化亚氮排放、动物肠道甲烷排放、动物粪便管理甲烷和氧化亚氮排放、秸秆田间燃烧甲烷和氧化亚氮排放等五个方面，而热带稀疏草原燃烧甲烷和氧化亚氮排放、有机土壤开垦氧化亚氮排放、土壤有机质分解氧化亚氮排放、石灰施用二氧化碳排放、尿素施用二氧化碳排放，由于目前排放源很小，加上很多数据难以获得，排放因子还没有办法进行计算，因此到目前为止，中国政府提交给 IPCC 的温室气体清单里不包括这五个方面的内容。

意味着必须投入大量的基础设施（如水电、灌溉、农机、交通等），农业基础设施在改善农业生产条件的同时，水利设施运作、农业机械使用过程消耗的电力、燃油等也会产生温室气体，增加农业碳排放量。尽管我国可以采用 IPCC 推荐的排放因子方法对农机、渔机等耗油的碳排放量进行核算，但因消耗电力而产生的碳排放则很难准确估计，尤其是在农业分拣、烘干、包装等加工环节。基础设施对于数据收集、保存、传播、检索和适用都很重要，现代科技技术便利了农业碳排放的监测，但是前期具备监测功能的基础设施投入，如各种探头的布置等的高投入可能将小规模农业生产者和个体家庭农业生产者排除在外，而这些生产者广泛存在且数量庞大，若不能获取此类碳排放数据，农业低碳发展进程必然会极大地受限。

9.6 循证实践框架下农业绿色发展路径

9.6.1 建立完整的农业低碳减排目标体系

从国家总体减排目标出发，在遵循各主体意愿的前提下分层级实现各类目标，协调各参与主体的利益。为有效地进行农业碳减排实践，发挥证据最优面，必须要寻求各参与者间的均衡点，切实保障实践主体的利益。管理者和实践者可通过强制性和诱导性措施逐渐改变消费者的消费理念和农业企业、农户的生产观念，提高低碳购买意愿和低碳生产意愿，采取补贴、税收返还等政策帮助农业企业和农户降低前期转型成本。通过改善生产条件、传授参与者生产技术等途径来提高低碳技术应用率，实现农业产出效益最大化，从而保障参与者收益最大化，通过实现福利最大化倒逼实践对象积极减排。

9.6.2 建立四方联系，保证证据准确、及时传递与应用

首先，研究者要对已有的研究进行追踪调查和不断更新，与以各级农业部门为主的管理者共同对已有的减排证据进行转化，形成通俗易懂的知

识体系和技术体系，并对实践者进行培训，保证实践者熟练掌握证据应用程序与原则。其次，以各级干部为主的实践者要与时俱进，主动学习信息化时代不断涌现的有关生态振兴、农业固碳减排的专业知识。最后，各区域建立部门和组织，定期对实践对象进行新知识、新技术培训，保证实践对象能够掌握证据使用规则，准确反馈自我需求。与此同时，政府部门建立在线服务平台，做到能够当下解决的问题及时解决，不能解决的问题共同商议，由此形成一个良性高效的系统。

9.6.3 统一农业碳排放测算标准，完善排放因子体系

细化统计指标与统计内容，尽量做到不遗漏重要的碳排放来源（如农业基础设施、农产品加工等间接农业碳排放），保证农业碳排放数据计算零误差或者误差较小，为农业固碳减排证据库的建立奠定基础。在当前这一信息化、智能化时代，各级部门应建立起格式统一、数量庞大、内涵丰富、科学性强、可信度高的农业碳排放证据库，做好证据类型分区（经验型证据、试点型证据、案例型证据、数据型证据等），以便进行证据的检索。与此同时，应系统整理和优化现有的零散证据，将其归类到相应证据库。各区域部门要增强证据库的开放力度，促进农业碳减排证据的借鉴交流和传播应用。

9.7 研 究 小 结

本章将循证实践按方法引入农业绿色发展，并对循证实践框架下的农业绿色发展参与主体、实践证据和运行机制进行了分析。运用循证实践方法，将参与绿色农业发展的主体凝聚为一体，运用科学的管理方式将客观证据应用到实际的农业绿色发展过程中。在循证实践框架下，农业绿色发展的各个主体明确自己的定位，做到各司其职又相互联系，合力推动农业绿色发展。

本章首先从循证实践参与主体视角分析了农业绿色发展的动力机制。保障国家粮食安全、推进乡村振兴和提高农业核心竞争力是管理者推进农

业绿色发展的主导动力；政策制度的偏向和实践者内部之间的竞争是推进农业绿色发展的主要动力；经济和心理上的满足是实践对象推进农业绿色发展的内生动力；自我价值和社会价值的实现是研究者促进农业绿色发展研究的外生动力。其次，从实践精神及实践机制、实践主体和特殊性质三方面探讨了农业绿色发展与循证实践契合之处。最后，分析了循证实践框架下农业绿色发展过程中可能存在的问题，并提出建议：一是建立完整的农业低碳减排目标体系；二是建立四方联系，保证证据准确、及时传递与应用；三是统一农业碳排放测算标准，完善排放因子体系。

第 10 章　四川省农业绿色发展的可能方案与主体动因研究

　　传统的农业受自然环境和劳动工具的影响，难以扩大生产，农产品市场规模较小、市场需求有限，从而呈现出"低投入、低产出、低排放"的特点，传统农业在一定程度上实现了碳汇与碳排放的均衡（何可等，2022）。随着经济发展和工业化进程的加快，不同新要素被投入到农业生产中，农业生产力大幅提高农产品产量大幅增加，市场规模的扩大满足了消费者的需求，数量日益渐增的市场需求在某种情况下便可以变成倒逼农业生产力的提高动力源泉。但是，理性生产者总是追求利益最大化，所以，在农业产业链的生产、加工、流通等环节中，在当下的技术水平之上，生产者倾向于投入更多的生产资料（化肥、农药、农膜等）来维持农业的经济利润，长期而无节制的生产资料投入导致土地质量退化，相应的，土壤的固碳能力被削弱。对于大多数生产者而言，尤其是农业家庭组织这种小规模的生产者，其自身的减排动力和能力都是有限的。采取低碳技术将增加其生产经营成本，对于本就难以创造经济利润的农业而言，无疑将挫伤农户的生产积极性。另外，生产成本的提高，使单位农产品的价格上涨（成本往往从农户转嫁到消费者头上），进而导致农产品销售量下降（农产品价格，尤其是经济作物的产品价格对于价格敏感的消费者而言，微小的价格上涨将极大地降低其购买需求），从而生产者获利减少。生产者作为理性经济人，在权衡惩罚成本和经济收益后，为压缩成本以获取最大收益，直接排放到自然环境中（包括温室气体），给生态环境和气候变化带来了严峻的挑战，这对新时期的粮食安全、农民利益保障，农业高质量发展和农业绿色发展等多目标的综合实现提出了挑战。具体到本书而言，控制农业生产领域产生的以二氧化碳为代表的温室气体是在全球应对气候变化，中国向全球做出"双碳"承诺的背景下提出的正义之举。

10.1 不同碳减排政策下社会福利的比较研究

为有效减少温室气体排放，国际国内相继提出了关于"碳税""碳关税""碳配额""碳补贴"等的解决方案。中国提出"3060"碳减排目标，需要各行业、各区域共同努力，"十四五"规划强调推动高质量发展，生态文明建设实现新进步，民生福祉达到新水平（新华网，2022），这对农业发展提出了明确的由低碳发展向绿色发展深化的具体目标，间接地决定了必须对农业生产实施减排工具创新。四川省作为农业大省，在"双碳"目标下，要实现农业绿色发展，必须规范碳交易市场，进行合理的碳减排补贴政策，形成"看得见的手"与"看不见的手"的共同合力。

关于碳减排政策对社会福利的影响。赵子健等（2014）基于福利视角发现，结合返还机制的碳税政策，使碳减排成本更具有优势，有利于提高社会福利。魏琦等（2021）通过构建双寡头模型，研究碳配额政策、碳补贴政策对企业生产经营造成的影响，并通过数值算例分析兼顾企业利益和社会福利最大化的情景。刘郁葱等（2019）分析高新技术的需求弹性和效用特征，发现与税收公平原则相比，税收优惠视角下高新技术消费者剩余的提高大于普通产品。郭军华等（2019）和周艳菊等（2019）分析碳税政策下不同类型的制造商的产品需求和利润，以寻求社会福利的最大化。

通过大量的文献梳理不难发现，现有文献大多研究碳减排政策下各行为主体的决策，一些学者研究不同减排政策下，企业的碳排放行为和生产决策；一些学者基于政府与供应链成员之间、供应链成员之间、加入地方政府的"中央政府—企业"等的博弈模型（郭军华等，2019；周艳菊等，2019；王明喜等，2021），探究各博弈主体的均衡决策，以实现各主体的最优获利路径。学者们从不同学科角度讨论了碳排放权属性，形成了碳排放权具有法律属性、金融属性、商品属性多种混合属性的公共认同的观点（蒋博雅，2019；赵彦锋等，2018）。一方面，从生态环境的角度分析，生态环境质量考核已经成为约束各级政府环保工作的重要指标，政府必须要克服碳排放所造成的环境负外部性，以期实现碳达峰、碳中和目标；另一方面，从金融属性视角来看，"双碳"目标具有很强的市场属性，碳交易价格的不稳定、碳排放配额数量等均会影响各市场主体的生产、购买等行为，从而影响产品价格、供给与需求，造成社会福利的波动。

2013 年中国在北京等 7 个地区试点探索开展碳交易，2021 年 7 月 16 日全国碳排放权交易市场正式开市，目前我国碳交易市场仍处于发育阶段，市场流动性不足、各参与主体之间的约束依赖机制尚未完善，仅依靠单一的政策监管远远不能弥补低碳绿色领域的空白，若各主体之间不能进行有效协调分工与合作，也无法形成强大的合力推动社会福利最大化和各主体利益最大化。基于此，我们将剖析各参与主体的选择边界，引入消费者剩余、生产者剩余概念，同时考虑政府和环境外部性等因素，分析不同政策下的社会福利差异，探讨对低碳企业、非低碳企业征收统一碳税是否合理可行，以期实现兼顾"碳排放水平最小"和"社会福利最大"的双重目标。

10.1.1 碳税、碳补贴视角下的社会福利变化

10.1.1.1 基于碳税视角下的福利变化

作为以控制碳排放为目的的经济手段之一，政府可以以货币计量为依据，对企业生产的产品征收碳税，但对于供应链上游的企业来说，这种带有"惩罚"性质的环境税增加了产品生产成本，压缩了企业的获利空间，增加的成本最终转嫁给消费者，导致消费者获得感、福利感降低，企业也可能因此失去大量的忠诚顾客并最终破产。征收碳税收时，生产者所面临的生产者剩余和消费者所能得到的消费者剩余将会发生显著的变化。

与其他商品不同，农产品受气候、季节等因素的影响较大，其供给弹性相较于其他产品更大；农产品消费端稳定，价格波动对需求影响不大，其需求弹性较小。如图 10 - 1 所示，为方便分析，将农产品视作一般产品，其将具有一般商品的供给曲线（S）与需求曲线（D）特征。假设市场上只有一个生产企业，并且只生产一种产生碳排放量的农产品，该生产企业规模足够大，在没有征收碳税时，市场形成均衡价格 P^* 和均衡产量 Q^*，均衡需求点用图 10 - 1 中 O_1 表示。与其他产业不同，农业既是碳源

（产生碳排放）又是碳汇（吸收碳排放），因此，我们可以分两种情形进行讨论。两种情形下，消费者的需求均不发生改变，这也符合现实世界中消费者对农产品消费的真实情况。我们将农业生产者抽象为一个整体的"厂商"概念，即此时众多的农业生产者是一个提供农产品的整体概念。

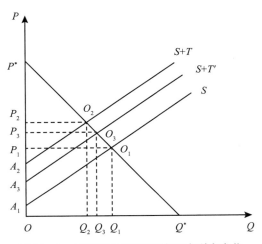

图 10 - 1　农产品征税前后的经济剩余变化

情形一：不考虑碳汇但对厂商征收碳税。

这种情形是不考虑农业碳汇，直接对生产者实际产生的碳排放征收碳税 T，此时，当厂商生产面临较大的减排压力，其生产成本增加、收益减少，厂商选择减少供给，体现为供给曲线向左移动，形成新的供给曲线 $S + T$，与需求曲线（D）相交于新的均衡需求点 $O_2(Q_2，P_2)$。

未征税之前，整体福利为 $\triangle P^* O_1 A_1$ 表示的面积，包括消费者剩余（$\triangle P^* O_1 P_1$ 表示的面积）和生产者剩余（$\triangle P_1 O_1 A_1$ 表示的面积）。征税后，消费者剩余减少至 $\triangle P^* O_2 P_2$ 表示的面积，生产者剩余也减少到 $\triangle P_2 O_2 A_2$ 表示的面积，整体福利（$\triangle P^* O_2 A_2$ 表示的面积）下降。显而易见，政府征收碳并没有改善消费者、生产者以及社会的整体福利，损失的福利为 $A_1 O_1 O_2 A_2$ 表示的面积。

情形二：考虑碳汇且同时对厂商征收碳税。

这一种情形是将农业碳汇量考虑在内，即在征收碳税时，以"农业实际碳排放量与农业碳汇量之间的差额"为依据进行征税。假设考虑厂商生产方式为普通型生产（即碳排放量大于碳汇量），此时征收碳税 T'（$T' < T$），同样也表现为企业的生产成本增加、收益减小（与第一种情况比较，其成本增加量、收益减小量较少），供给曲线左移，形成新的供给曲线 $S + T'$（在供给曲线 $S + T$ 的右侧），与需求曲线（D）相交于新的均衡需求点 O_3（Q_3，P_3）。

尽管这种情况考虑了农业碳汇功能，但通过图 10 - 1 不难发现，此时消费者剩余为 $\triangle P^* O_3 P_3$ 表示的面积，小于征税前 $\triangle P^* O_1 P_1$ 表示的面积；生产者剩余为 $\triangle P_3 O_3 A_3$ 表示的面积，同样也小于征税前 $\triangle P_1 O_1 A_1$ 表示的面积；整体福利为 $\triangle P^* O_3 A_3$ 表示的面积，与征税前比较，损失的福利部分为 $A_1 O_1 O_3 A_3$ 表示的面积。

综上所述，无论是否将农业碳汇量考虑进征收碳税的范围内，政府征收碳税的这一行为都会使生产者剩余和消费者剩余减少，社会福利水平下降。但从另一个角度考虑，在碳排放征税时把农业碳汇量囊括在内，企业到底是会积极挖掘低碳技术以减少生产碳排放，实现碳中和，进而避免大于减排成本的碳税，还是会消极生产，使生产碳排放与农业本身碳汇量相抵消，以规避碳税？毫无疑问，前者不仅有利于低碳技术的创新与进步，也促进了经济的发展，但是到底以什么样的方式实现，值得关注和讨论。毕竟技术的开发也需要经济的投入，对于企业而言，低碳生产技术或者生产碳减排技术的研发仍然需要不断的经济投入。我们暂时未将减排技术这一外部因素考虑进对于福利变化的分析中。

10.1.1.2 基于政府补贴视角下的福利变化

如前所述，尽管碳税在某种程度上降低了碳排放水平，但可能也会造成企业消极生产，不利于经济发展，同时降低消费者和生产者福利水平，这种带有"惩罚"性质的制度对社会整体福利的改善不甚友好。那么，在碳减排补贴这种积极正向的激励措施下，社会福利又会发生怎样的变化呢？事实上，在补贴政策下，企业获得了产品销售以外的收益，企业某种程度上获得了一定的减排动力。但即便如此，也可能出现以下两种情形。

情形一：政府补贴小于企业减排成本。

我们仍然假设市场上只有一个农产品生产厂商，情形一是当政府补贴额度不足以弥补企业的减排和技术改造成本时，生产厂商的供给曲线仍然将向左移动，此时形成 $S+G$ 的供给曲线，与需求曲线相交于 O_2（Q_2，P_2），由图 10 – 2 可知，当政府补贴力度不足以抵消企业的成本时，此时消费者福利仍然会减少，消费者获得感降低；同样生产者剩余也会减少，整体损失福利为 $A_1 O_1 O_2 A_2$ 表示的面积。

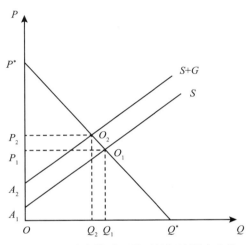

图 10 – 2　政府补贴不足时的经济剩余变化

情形二：政府补贴大于企业减排成本。

适当补贴额度足以抵消企业减排成本并且有剩余的情况。此时考虑两个场景：第一个场景是企业在获得大于减排成本的补贴时，为了获取更多利益，并不会降低产品价格，按照未进行补贴时的均衡产量和均衡价格进行生产和销售，从而形成供给曲线 $S+G_1$；第二个场景是企业获得补贴后，增加供给量、降低产品销售价格，此时供给曲线向右移动，形成 $S+G_2$ 的供给曲线，与需求曲线相交于 O_2。

当企业按照原来的价格销售产品时，由图 10 – 3 可知，消费者剩余并没有减少或者增加，保持补贴前由 $\triangle P^* O_1 P_1$ 表示的面积，但此时，生产者由于获得政府补贴，其福利由原来的 $\triangle P_1 O_1 A_1$ 表示的面积增加到 $\triangle P_1 O_1 A_2$ 表示的面积，生产者福利得到了改善，增加的福利部分为 $\triangle A_1 O_1 A_2$ 表示的面积；当企业适当降低产品的销售价格，此时消费者剩余

为 $\triangle P^* O_2 P_2$ 表示的面积，相较于初始情况增加了 $P_1 O_1 O_2 P_2$ 表示的面积。社会整体福利增加，消费者剩余也增加，难以判断生产者剩余的情况，但事实上，虽然政府直接向生产者发放补贴，但最终福利也会落到消费者头上，消费者获得了"满足"，成为企业的忠诚顾客，企业有利可图，此时企业仍然选择按照供给曲线 $S+G_2$ 进行生产和销售农产品，所以在这种情况下，生产者剩余相较于初始情况是有所增加的。

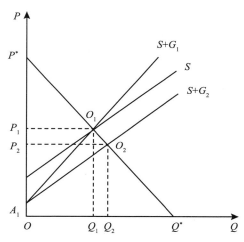

图 10－3　政府补贴充足前后的经济剩余变化

综上所述，政府的补贴额度和企业的减排责任感均会影响消费者和生产者的福利。政府将补贴给企业并不是直接给企业钱，而是要求其实现技术改造升级、实现碳减排，否则补贴起不到作用，只相当于帮消费者负担了转嫁的成本。企业拿到政府补贴后，有很强的不履行技术改造，不按约定减排的冲动。因此，如何发放补贴，补贴的后续监督和惩罚机制就显得相当重要。在这里，我们对政府补贴途径做出以下几点探讨：一是实施动态补贴标准。政府明确企业减排责任和目标，根据企业任务清单和减排成果，结合企业的研发成本提供补贴，避免企业将补贴挪作他用。二是给予可持续性补贴。分阶段而不是一次性拨付补贴资金，以此保证企业前期研究和发展（R&D）的资金投入，同时避免企业后期减排运营的困境。三是建立完善的监督。政府要细化对企业减排工作的监督管理，鼓励公众或者引入三方监管机构对其进行监管，确保企业减排行为的有效落实。四是优化奖惩机制。对减排业绩优秀的企业给予适当的物质奖励和加大对先进事迹的宣传力度；对于存在滥用补贴、效率低下、违规违纪等问题的企业，及时予以批评和惩戒。

10.1.2 征收碳税对清洁企业、传统碳企业的福利影响

一是假设现在市场上只有两个企业，一个企业利用清洁型技术生产低碳产品，另一个企业利用普通技术生产普通产品。低碳产品作为行业的创新产品，可替代程度小，与普通产品相比较，其需求弹性较小，表现为曲线斜率更陡峭的斜线，如图 10－4 所示，低碳产品需求曲线 D_L、普通产品需求曲线 D_R 与供给曲线相交于 O_1。在两种产品市场供给相同时，低碳产品供给所形成的消费者剩余（$\triangle P_L O_1 P_1$ 表示的面积）大于普通产品的消费者剩余（$\triangle P_R O_1 P_1$ 表示的面积）。而两个企业具有同样的生产者剩余（$\triangle P_1 O_1 A_1$ 表示的面积），因此，相较于普通企业，低碳企业产生的社会总福利具有明显优势。

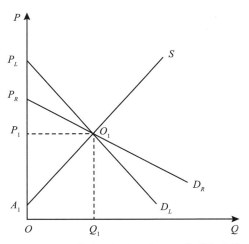

图 10－4　低碳产品与普通产品经济剩余比较

二是当政府征收碳税时，均会增加清洁型企业和普通企业的生产成本，但清洁型企业拥有低碳技术，其减排压力相较于普通企业小得多，因

此清洁型企业的产品在短时间内产品价格波动不大，甚至可能借助政府对于低碳农产品的推广与宣传，利用技术优势扩大供给。而普通型企业将减排成本转嫁到产品销售价格上，同时所提供的产品还没有政府的绿色认证背书，因此极大可能在需求上受挫。由于非市场因素的影响（绿色消费理念的宣传等），此时低碳产品更受消费者偏爱，尤其是对于价格敏感的消费者而言，会在普通非低碳农产品价格上涨时更倾向于价格差不多的低碳农产品。此时，低碳产品供给将增加，如图 10－5 所示，此时供给曲线 S_L 与低碳产品需求曲线相交于 O_2；普通产品供给下降，此时供给曲线 S_R 向上移动与普通产品需求曲线相交于 O_3。

如图 10－5 所示，政府征收碳税后低碳产品更受欢迎，整体福利由 $\triangle P_L O_1 A_2$ 表示的面积增加到现在的由 $\triangle P_L O_2 A_2$ 表示的面积，消费者剩余增加了 $P_1 O_1 O_2 P_2$ 的面积。普通产品供给下降，整理福利水平和消费者剩余均下降。在这种情况下，消费者不仅因为低价格偏向购买低碳产品，更重要的是"绿色环保"概念让低碳产品有了更多的忠实顾客，因此，在这种绝对优势中，低碳型的生产者剩余相较于征税前有所增加，而非低碳型的企业即便增加了生产者剩余，也无法在市场中获取更多的消费者忠诚，尤其是在消费者广泛接受了低碳绿色的理念之后。

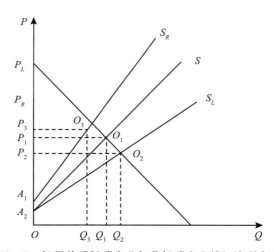

图 10－5　征税前后低碳企业与非低碳企业的经济剩余变化

10.1.3 碳税与碳补贴共同作用，使社会福利最大化

如上所述，无论是实施"惩罚"性质的碳税，还是给予"奖励"性质的补贴，最根本的目标都是减少碳排放，实现社会福利最大化。对于政府来说，税收收入一部分可以作为经济补贴用以鼓励碳减排工作做得好的企业，但同时，政府也需要花费时间与金钱治理那些高碳排放企业造成的碳污染，若税收收入不足以克服环境负外部性，那整个社会的生态环境会持续恶化，社会成员幸福感降低，社会福利水平很难提高。对于企业来说，过高的碳税使得企业减排压力过大，边际成本效益增加，单位农产品的价格提高，消费者福利减少。同样地，补贴力度太小不能够激励企业探索低碳技术减少排放，过多的补贴不仅会造成政府的财政负担，也可能会导致无良企业骗取财政补贴。总而言之，无论是采取单一的策略，还是多元化混合策略，都需要各个主体严格执行并认真落实，如果无法实现政策的执行到位，就无法有效推动绿色低碳发展、改善社会福利水平。彼时，任何激励或惩罚措施都将失灵。

10.2 绿色农业参与主体及其 行动影响因素研究

碳中和倒逼农业资源在各部门之间进行最优配置，以形成最优减排路径。农业生产具有周期长的特点，不确定性因素多，从生产投入到加工、流通，再到销售、消费，每个环节涉及的变量与参数众多，且关系复杂，难以精准计算并预测"最优碳减排水平"。从某种意义上来说，农业资源的配置和投入是由农业全产业链中相关主体决定的，因此，分析减排主体的相关行为和责任义务在寻求最优减排路径中显得极其重要。本章将绿色农业参与主体分为四类：农户、政府、农业企业以及第三方机构；同时，引入市场这个平台，将各减排参与主体连接起来，以探寻不同因素在碳中和为农业赋能框架下的起效路径。

10.2.1　农户

农业绿色发展的第一环节就是农业生产环节，化肥、农药、农膜、农机设备、劳动力等是现代农业生产过程中投入的基本要素，随着经济发展，农用物资的过量使用和畜禽养殖粪污的不当处理导致农业面源污染日渐严重（张建杰等，2020；赵会杰等，2021），与此同时，农业废弃物回收、减量化和资源化的不到位使农业生产面临较大的生态污染压力。农户是农业生产的直接实施主体，也是低碳技术的直接采纳者。尽管农户是小规模且分散的（不包括大规模农业合作社），但他们在农业生产经营过程中的存在是广泛的，农户对资源的投入直接关系到农业碳排放水平，其影响不容忽视。因此，促进农户思维意识向绿色低碳的思维转变，提高农户环境友好型生产的积极性是最终实现农业碳减排的关键因素之一。

通常来说，农户的生态转型行为、环境友好行为、绿色低碳行为等受个体因素的自发驱动和外部因素的推动。从农户个体因素来讲，农户的个人特征、家庭特征、意识观念特点等在农业绿色发展中扮演着重要角色。

学者们对于农户年龄对低碳行为的影响持两种观点：赵连杰等（2021）发现年龄越大的农户更倾向于低碳处理废旧农膜；杨玉苹等（2019）的研究结果表明年龄正向影响农业生态转型意愿，但对其农业生态转型行为不显著，表现出意愿与行为的不一致。而李洁等（2020）却认为农户年龄越大越不愿意进行低碳行为；朱海清等（2018）也发现年龄越大的农户越偏向于选择焚烧这种非环保的方式处理秸秆。这可能与农村劳动力流失有关，现代化进程的加快促使大量年轻劳动力涌入城镇，留下的老年人由于劳动能力有限，难以从事需要投入农机使用的或者大规模的生产活动，他们只是进行一些简单的劳作以自给自足，所以农业生产方式较为传统低碳。同时，由于年龄偏大，接受技术、信息的渠道和能力有限，生产方式粗犷，为图便利只是简单地加大化肥等投入以增加产量，对于农业污染也表现出"力不从心"的状态。此外，农户受教育水平越高、身体越健康，参加低碳生产的概率就越大（赵连杰等，2019；杨玉苹等，2019；李洁等，2020）；具有合作社成员（赵会杰等，2021）、村干部（李洁等，2020；朱清海等，2018）、中共党员身份（王洋等，2022）的农户在从事农业生产时，由于接触的信息比其他农户更广阔，能够及时深入地了解国家低碳政策方针，更容易接受低碳思想，从而进行低碳生产活动。

家庭成员的人数及构成对农业低碳行为也会产生重要影响。家庭特征在某种程度上决定了农户的生计方式。成员多的家庭，容易出现农户兼业的情况，通常，农户兼业带来的经济收入高于纯农业收益，通过外出务工和经商接触了多元化的知识技术和信息，各类资本的积累不仅转变了农户环境行为意识，也会促使农户调整农业生产结构、革新生产工具等，进而积极影响农户的低碳行为（王洋等，2022）；另外，对于兼业类家庭，家中有老人、小孩也会显著提高对传统能源（太阳能）的使用（王萍等，2021；张敬飒等，2016）。

在农户低碳行为的意识观念领域，学者进行了颇为丰富的研究，从意愿（或者意识、意向）到行为的落地，不同学者基于计划行为理论（TPB）、理性行为理论（TRA）等多种理论模型探讨农户个体心理特征。李傲群等（2019）利用二分类 Logistic 模型探究农户对农业废弃物循环利用的意愿与行为，结果表明：农户对废弃物循环利用的正确认识正向影响农户的意愿，而对循环利用技术的高度认可促使农户意愿和农户对农业废弃物循环利用行为产生一致性；同样，单玉红等（2020）也基于计划行为理论发现湖北省农户的低碳意愿正向影响低碳生产，但其转化率不足。事实上，农户的低碳意识或多或少会受到外界因素（利益追逐、价值感知、环境感知等）的影响，但抛开这些约束，农户是乐意去执行这些行为的，所以在本质上，是农户自身的意愿驱动着农户本身的低碳生产行为。

从外部的推动因素来看，农户与农户之间、农户与政府之间以及农户与自然环境之间存在相互制约、相互影响、相互促进等多种关系。

首先，农户是群体社会中的微观主体之一，会通过模仿、学习和观望以规避风险，选择对自己友好的决策和行为，使自身利益最大化，这与费孝通在《乡土中国》中提出的"差序格局"概念十分契合。刘勇等（2019）从"有限理性"的角度出发，深入探讨传统农户与新型农业经营主体之间的博弈行为，发现受成本收益的影响，新型农业经营主体在采用低碳农业技术时具有"先发优势"，提出"新型带动传统"以推动低碳农业的发展；受亲朋乡邻的影响，农户更愿意循环利用农业废弃物、在一定程度上从事低碳经营、提高农户采纳"稻虾供养技术"的效率（李傲群等，2019；单玉红等，2020；刘可等，2020）。由此可见，农户与农户之间存在的"乘数效应"对低碳生产方式具有积极的作用，但这种作用的效果及效率如何仍然需要进一步研究探索。

其次，政府会实施一系列政策措施，使其作用于农户，以达到传递绿色低碳理念、落实绿色低碳行为和促进绿色低碳发展的目的。学者将环境规制或者环境政策工具大致分为激励型、约束型和引导型三个维度，将其作为调节变量引入"感知（认知）—参与意愿"关系中，探究具体影响路径以及主体间动态博弈关系，以寻求政策从制定、介入到落地、评估再到反馈、修改的最有效循环机制（赵会杰等，2021；于婷等，2019；郭翔宇等，2022；张梅等，2022；许秀川等，2022）。总的来说，要改变长久以来形成的"上热下冷"的困境，复杂艰难且路漫漫。

最后，"子钓而不纲，弋不射宿"体现了先人取之有道、取之有度的思想（人民日报，2021），"生态文明建设""两山理论"等也表明现代人对"人与自然是生命共同体"的重要认识（赵连杰等，2019）。一方面，自然环境让农业从业者拥有了丰富多元的资本进行农业生产活动并从中获利；另一方面，环境污染、生态退化带来的负外部性问题和自然环境本身的特点也制约着农户的生产行为。自然环境是没有替代品的天然生产资料之一，农业生产经营主体必须要思考清楚"生产什么？""怎么生产？""生产多少？"的问题，对有限的资源进行合理配置，绿色低碳发展才可能成为现实。

10.2.2 政府

政府作为绿色低碳的主导者和"碳污染"的治理主体，高度重视农业绿色发展。从 1982 年开始，中共中央开始发布以"三农"为主题的"一号文件"。2022 年发布的《中共中央　国务院关于做好 2022 年全面推进乡村振兴重点工作的意见》中特别提到推进农业绿色发展、研发应用减碳增汇型农业技术。由此可见，随着时代的发展，农业的绿色低碳已经成为中央政府和各级政府的共识，生态保护成为关系党的使命和宗旨的重大政治问题，也是关系社会福祉的重要问题。

政府碳排放治理具有周期长、投入多、难度大、操作复杂的特点。其一，政府向市场企业提供资金、服务等，以刺激企业开发减排固碳技术（如稻田甲烷减排技术、农田氧化亚氮减排技术、农村沼气综合利用技术等）（科技导报，2021）。其二，地方政府根据中央政府减排固碳的总体要求，监督协调中端各经营主体的生产加工和循环利用行为，利用大数据实时监测整个市场的生产加工利用情况，分析供需数据，从而优化生产流水线，调整库存和生产速度以减少碳排放（戴小文等，2021）。对于那些不可避免的、难以循环利用的而最终流入产业链末端的污染，也需要政府对其进行无害化处理以克服环境污染。除此之外，各级地方政府还要花费大量的人力、物力、财力推广减排固碳技术，激励农户了解、学习新技术，促进农户接受并最终采纳新技术。但在实践过程中，常常会出现"粘蝇纸效应"[①] 和 "上热下冷"的困境。一方面，中央政府具有强烈的改善生态环境、固碳减排的意愿，因此，中央政府向地方政府投入大笔资金以增强其财政能力，借助地方政府的力量改善当地的生态环境，但"政绩化"心理会驱使地方政府将碳补偿转移支付用于"短而快"的表象治理，违背了中央政府固碳减排的初衷；另一方面，当地方政府严格执行治理时，市场上各经营主体的福利变化使其并不一定有较强的参与意愿。同时，农业生产者受各方面因素的制约，也会降低对新技术的接受度和采纳率。因此，农业固碳减排工作还需要中央政府和地方各级政府高度协调，共同而有力地推动。

10.2.3　农业企业

碳达峰、碳中和的国际承诺，使得企业的经济活动必须在"碳减排"的刚性约束下进行。农业企业既是碳减排主体，又是碳排放主体。

一是作为碳减排主体，农业企业行为受到碳税、碳交易、碳补贴等宏观政策的约束，不同宏观政策下企业的运行机制也不同。征收碳税是一种具有"惩罚"性质的事后行为，企业会迫于压力实施减排措施。对于企业

---

① "粘蝇纸效应"是一种对比转移支付拨款与减税二者对提供公共物品的不同效应理论。指中央政府拨付的钱会"粘"在它到达的地方部门，从而增加这个地方政府的支出，而增加的支出水平大于本地政府税收增加带来的地方政府公共支出水平。在农业固碳减排语境下指：地方政府将中央政府拨付用于发展农业固碳减排事业的钱投向公共部门，压低了农业固碳减排事业的投入，导致中央政府转移支付功能失效。

来说，依法缴纳碳税有利于企业树立正面的形象，但短时间内不利于企业快速发展，从而错过最佳发展机会。相较于碳税，碳汇市场交易以较为温和的市场机制实现了企业间"碳排放"互动行为，既可以在整体上减少温室气体排放，又能促使企业研究与开发低碳绿色技术，若无法统一协调碳汇资源，真正的碳减排也难以实现。与"碳税、碳交易"机制有所不同，碳补贴政策以"激励"的方式鼓励企业净化减排，减排越多获得的补贴越多，但如果不能掌握企业真实的碳汇量，就无法以合适的标准来确定补贴额度，减排增汇的效果也就难以显现。

企业无论是选择低碳技术积极减排以获得补贴奖励，还是选择宁可交罚金也不减排，抑或是其他行为，其本质都是充分考虑了"成本因素"和"收益因素"，使自己获得最大福利。只有将这些宏观政策转化为市场机制，具体化到各个企业的绿色低碳选择和行为层面，才能有效地促使企业减排治理（梁中等，2020）。对于企业而言，若各利益主体将高碳经营作为一致性的最优策略，那么这些企业的核心竞争力必然会在以绿色低碳为导向的市场中逐渐丧失（梁中等，2020）；当然，若这些高碳企业具有长远发展的目光，积极实施应对温室气体的碳战略，便能扩大在低碳市场的份额，成为市场上的佼佼者（邹颖等，2019）。而当低碳企业和普通企业展开市场竞争时，消费者低碳购买倾向、政府补贴有利于提高低碳企业和供应链整体效益，低碳企业依据政府的补贴额度不断调整自身的不公平厌恶系数，抑制普通企业的总体效益，有利于提高低碳企业的市场竞争力（范如国等，2017；夏西强等，2020）。此外，绿色信贷向低碳企业倾斜能够倒逼重污染企业提高自身可持续发展的能力，塑造良好的外部宏观环境，优化企业的内部管理环境，有利于提高低碳企业的融资效率，实现碳金融市场的长期发展（范德成等，2021；雷辉等，2020）。

二是作为碳排放主体，从农产品的生产、采购、运输、加工、保鲜仓储到市场销售等环节，农业企业的经济活动通常集中在降低成本以获取更多利润上，对于经济活动引致的环境污染问题缺乏考虑。因此，在考虑宏观政策、市场竞争等外部压力驱动企业进行低碳减排行为时，也要从企业本身及内部出发，探讨农业企业碳减排的阻碍因素，寻找合适路径倒逼农业企业进行碳减排。

从企业本身特征出发，企业的性质、规模、技术研发潜力、资金流、人力资源等都是影响企业是否减排以及减排多少的关键因素。从企业性质来看，国有企业与政府部门联系更紧密，技术研发资金、人才、信息数据等资源的获取更具有优势（王锋等，2022），在进行经济活动时需要积极响应政府的低碳号召（魏琦等，2022）、承担更多的减排责任（徐枫等，2022）。虽然国有企业有较强的低碳意识，但对低碳行为的建设不足（周志方等，2019），甚至会利用国有企业的身份来摆脱污染环境的处罚（李桂荣等，2019）。与国有企业相比，非国有企业为便于日后向政府寻求资源，会积极履行环境责任（李桂荣等，2019），但是非国有企业在低碳减排过程中可能会面临较大的成本压力（王爱国等，2019），阻碍碳减排步伐。从企业规模和成立时间来看，企业规模越大、成立时间越久，越关注市场的绿色需求（李练军等，2019），面对环境管理时，由于其拥有成熟的管理模式和丰富的经验，相较于小规模、处于起步初期的企业，碳减排成本更低，更愿意进行绿色技术创新实现碳减排（徐佳等，2020）。因此，各农业企业要提高低碳意识，切实落实低碳行为，提高企业环境绩效。同时，政府应采取专项资金、税收优惠等措施，刺激非国有企业、小规模企业、转型初期企业的低碳技术研发与应用，打破减排阻碍。

从企业内部来讲，企业软环境（如管理者的低碳认识与减排意愿、员工的低碳环保价值观等）的提升能促使企业内涵式减排。低碳文化是一个企业构建低碳竞争力的基石，渗透于企业的整个经济活动中（独娟，2012），具有低碳文化的企业不仅会时刻做到最大限度减少碳排放，还会引导消费者低碳绿色消费，将低碳管理始终贯彻到企业的发展规划中（杨冉冉等，2015）。企业管理者只有对环境规制、环境问题有足够认识，才能积极推动企业环境技术创新的积极性，企业才会投入更多的资源促进产品的环保程度（谢雄标等，2019）。同时，企业员工绿色价值观对企业环境战略实施也有重要影响（李练军等，2019）。因此，塑造企业的低碳文化、全面提升管理者的低碳认识、加强员工对企业低碳文化的认同感，可以倒逼企业开展绿色低碳的经济活动。

10.2.4 第三方机构

基于信息不对称原理，政府和市场在固碳减排的过程中存在"委托—

代理"关系，政府属于信息劣势的委托方，市场属于信息优势的代理方，但市场生产经营者众多，政府监督管理缺乏全面性和专业性，因此，引入第三方机构，如环境非政府组织（NGO）等，可以助力政府推动绿色低碳事业发展。第三方机构监督企业碳排放生产行为、核查碳配额和碳排放强度为政府政策制定、市场监管提供重要参考。第三方机构的行为选择关系到企业是否减排、政府是否复查、市场主体是否合谋等问题。规范第三方机构的工作行为，一是要增强第三方机构的社会责任感，提高履责效率（吕靖烨等，2019）；二是要对其进行资助或补贴以降低监督核查成本，促进核查质量，尽可能避免主观造假。除了外部约束外，完善碳市场法律法规体系和制度顶层设计，严格把控核查机构及其人员资质，促进第三方机构的能力建设（谢雄标等，2019），也是实现行业有序发展的关键步骤。第三方机构可以通过优质的原始数据记录和台账管理工作，为生态环境部门制定减排决策提供可靠的证据，使生态环境部门在实际减排工作中更加得心应手。

10.2.5　市　场

传统农业的有限市场实现了低水平的碳平衡，工业文明推动了化学农业的发展，追逐利益最大化和市场扩张引发了农业碳失衡问题，全球变暖和生态污染所带来的威胁日益严峻，改善生态环境，扭转自然环境颓势，建设生态文明，实现社会高质量发展已经成为全人类的共识，而促进农业发展绿色低碳转型是实现基础产业碳平衡，保证社会高质量发展与生态文明建设的主要基础。

农业绿色低碳转型面临着如何提高碳市场有效性的困境。首先，与欧盟国家相比较，国内碳市场规模较小，区域间市场规模参差不齐。有学者根据交易量测算，认为中国碳排放权交易市场交易换手率在3%左右，与欧盟碳市场的417%相比相差甚远；2021年，国内七个试点地区的总交易量相差最大达到2 635.52亿吨、总交易额相差最大达到101 164.13万元（徐枫等，2011）。其次，交易主体类型和交易产品多元化欠缺。我国当前碳市场交易的主体集中在电力行业，建材、有色、化工、交通运输等行业碳市场交易参与度低；其他潜在的市场交易形式（如有机农业品牌交易、碳标签农产品交易、绿色低碳农产品交易、碳文化融合交易等）还有待挖掘（何可等，2022）。再次，我国碳市场活跃度、成熟度有待提升。随着试点碳市场的推进，我国碳交易总量不断上升、碳交易日成交价格基本保持平稳，但与发达国家的碳市场相比仍表现出流动性不足的问题。最后，我国碳市场波动性大。具体表现为：在开市初期碳交易量较小，临近履约期市场活跃度较高，市场波动性大意味着我国碳市场对抗风险的能力弱。2021 年 7 月建立全国碳排放权交易市场体系后，中国碳市场快速发展，成为全球最大的碳排放交易市场（高红贵等，2022），但保持碳市场的良好发展仍然是一项复杂的工程。提高和持续保持碳市场有效性必须从多方入手：研究发现，命令控制型环境规制促使碳价上升，能够提高碳市场活跃度（高红贵等，2022），因此，通过完善碳交易政策可以倒逼能源结构低碳转型（柳亚琴等，2022）；加速扩容不仅可以减小经济损失、增加居民福祉，还可以降低纳入部门的减排成本，从而有效提高市场活跃度，加速实现减排目标（唐葆君等，2022）；此外，充分利用国际国内资源，推进全球范围内的绿色金融投资，也是实现国内"双碳"目标的重要手段（王遥等，2022）。

10.3　农业减碳与绿色发展的三种现实实践途径

如前文所述，农业作为能为其他产业提供碳排放容量的产业，除了传统的林业、种植业、土壤固碳等形式外，还可以开发其他形式直接或间接地形成对其他产业碳排放的消纳。在农村地区大力推广沼气利用、布局光伏产业等都将是减少碳排放，提供碳汇空间的有效途径。本节将对光伏农业、农村沼气利用和智慧农业这三种已经在我国开始实施的农业绿色发展路径进行分析，以期从中找到未来能够为全面碳减排提供消纳空间的有益途径。

10.3.1　光伏农业

有关低碳绿色发展的实践，在"建设生态文明"提出之后，迅速地在全国范围内展开。作为碳减排领域的重点，电力行业的低碳改革成为"双碳"目标下的首要关注领域。由于我国目前火电二氧化碳排放量大（减排潜力可达 18.7 亿吨二氧化碳，相当于现有年排放量的 40%~45%）（胡文森等，2022），因此，电力减碳"性价比"相对较高，减排成本相对较低，但由于长期形成的能源结构难以在短时间内得到实质性改变，同时，由于高人口基数基础上的用电需求和产业发展耗能的现实需要，电力改革需要"开源节流"。清洁能源的开发与利用，成为当前及未来我国能源行业改革的重要内容，而清洁能源中，太阳能是目前全球被寄予厚望的一种能源形式，我国太阳能资源丰富，截至 2021 年 12 月底，太阳能发电装机容量约 3.1 亿千瓦，同比增长 20.9%。[①] 而支撑太阳能产业背后的光伏产业发展正是能源改革中的"开源"之路。

光伏农业是将太阳能发电设施广泛应用到现代农业种植业、畜牧养殖业、病虫害防治、水利/灌溉以及农业机械动力提供等领域的一种环保型农业（彭梅牙，2012；简火仔，2012）。中国光伏产业经过了 20 余年的发展，经历了从起步到成熟、再到成效显现、最后到规范发展的一系列过程，目前，光伏产业已经大规模应用于农业领域。光伏产业和农业的结合始于 1975 年的首台光伏水泵（陈健等，2022），2011~2019 年，我国光伏农业模式逐渐丰富，项目数量由 2 个发展到了 278 个，渗透到农林牧渔各领域。光伏农业打破了传统农业的"瓶颈"，在打赢脱贫攻坚战中发挥了举足轻重的作用。新时代光伏农业被赋予了更伟大的使命：一是中国一直都是人口大国，必须要在耕地面积减少的情况下产出更多的粮食，利用光伏农业实现资源节约利用和优化配置，稳抓粮食安全；二是发展光伏农业对于持续巩固脱贫攻坚与乡村振兴有效衔接具有重大意义；三是为实现碳达峰碳中和目标，需要在农业领域引入清洁能源，实现农民绿色生活、农业低碳转型、农村生态发展。面对新的历史责任与使命，如何促使光伏农业持续、稳定、健康发展成为重要的议题。

本节运用 SWOT 分析方法对光伏农业发展的优势（strengths）、劣势（weaknesses）、机遇（opportunities）和挑战（threats）进行分析，有助于全面、系统、深入研究光伏农业的内外部环境，有利于为光伏农业的长远

① 资料来源：国家能源局。

发展制定可行性战略目标和具体措施。

10.3.1.1 光伏农业发展的优势分析

一是中国光热资源丰富，光伏发电更节能。我国地域辽阔，太阳能资源丰富，全国各地太阳能年辐射总量为 3 340～8 400MJ/m²，十分适合发展光伏农业。光伏发电碳排放量仅是燃煤发电的 5% 左右，其系统全寿命周期内能量回报超过其能源消耗的 15 倍。所以，光伏与农业结合能实现资源利用"1+1＞2"的效果。

二是中国光伏产业发展有序。"十三五"期间光伏产业规模快速扩大，生产设备不断优化；现阶段我国光伏产业技术先进，具有劳动成本优势（邹森，2021）。光伏组件产量连续 15 年、多晶硅产量连续 11 年、光伏新增装机量连续 9 年、光伏累计装机量连续 7 年位居全球首位。有序发展的光伏产业为我国发展光伏农业提供了强有力的支撑。

三是光伏农业运作模式丰富。"光伏+农业"已经成为低碳绿色农业的代名词，延伸出诸多模式："农光互补"光伏发电站、"农光牧光一体化"扶贫电站、"渔光一体"特色示范园区等，概括为光伏种植、光伏养殖、光伏水利、光伏村舍四大模式。丰富的光伏产业运作模式，为今后农业绿色发展提供了多维方式。

10.3.1.2 光伏农业发展的劣势分析

一是光伏与农业结合有限。不同种类植物在生长过程中对光照有不同需求，光伏板只能透过一部分红光，不能透过蓝光，会导致植物的光合作用受阻。此外，光伏板会在一定程度上阻碍温室光线，在设施农业中的布局会增加冬季增温成本，所以目前光伏大棚作物种植受限于菌类作物的种植。

二是电站建设难度大、维修成本高。光伏电站建设用地需求量大，由于绝不能触碰国家 18 亿亩基本农田的"高压线"，因此光伏电站一般选址在荒山、荒丘等未利用的土地，这些区域地形复杂、地质条件较差，增加了电站建设和后期维护的难度。

三是光伏农业发展可能导致环境破坏。光伏运行过程中产生的光污染、噪声污染、电磁干扰会影响自然环境中野生动物的生活，甚至导致有害生物入侵（高荣喜，2022）。未被收集、回收的装置循环水、清洁洗涤水如果管护不当进入土壤和水域，就可能污染土壤和水体，进而对人的身体也造成危害（石杰等，2022）。

10.3.1.3 光伏农业发展的机遇分析

一是政策利好、财政环境改善。进入"十四五"时期以来，"碳达峰""碳中和"这两个关键词频繁出现在中央和地方各级政府的报告中，2021 年以来中共中央、国务院等密集出台了关于光伏农业的有关政策文件（见表 10-1）。绿色基金、绿色贷款等金融工具和多元化的融资手段逐渐规范；政策利好和财政改善共同推动农村光伏发电，促进农业领域固碳减排，助力美丽乡村建设。

表 10-1 　　　　　　　　2021 年以来光伏农业相关政策文件

时间	文件名称	出台部门	相关内容
2021 年	《国务院关于加快建立健全绿色低碳循环发展经济体系的指导意见》	国务院	大力推动光伏发电发展，以节能环保、清洁生产、清洁能源等为重点率先突破，做好与农业的融合发展，全面带动一、二、三产业和基础设施绿色升级
2021 年	《国务院关于印发 2030 年前碳达峰行动方案的通知》	国务院	推进农业农村减排固碳，大力发展绿色低碳循环农业，推进农光互补、"光伏+设施农业"
2022 年	《国务院关于印发"十四五"推进农业农村现代化规划的通知》	国务院	加强乡村清洁能源建设，提高电能在农村能源消费中的比重，因地制宜推动农村地区光伏
2022 年	《中共中央　国务院关于做好 2022 年全面推进乡村振兴重点工作的意见》	中共中央、国务院	巩固光伏扶贫工程成效，在有条件的脱贫地区发展光伏产业，推进农村光伏、生物质能等清洁能源建设
2022 年	《关于促进新时代新能源高质量发展的实施方案》	国家发展改革委、国家能源局	鼓励地方政府加大力度支持农民利用自有建筑屋顶建户用光伏，积极推进乡村分散式风电开发；鼓励"风光渔"融合发展，切实提高风电、光伏发电项目海域资源利用效率
2022 年	《关于推进以县城为重要载体的城镇化建设的意见》	中共中央办公厅、国务院办公厅	推动能源清洁低碳安全高效利用，引导非化石能源消费和分布式能源发展，在有条件的地区推进屋顶分布式光伏发电

资料来源：作者根据相关新闻报道整理。

二是"双碳"背景下需求空间大。据中国光伏行业协会统计，2021年，我国光伏发电新增装机 54.88 吉瓦（GW）①，市场应用持续扩大（丁怡婷，2022）。据中国光伏行业协会预测，2025 年中国光伏发电装机容量将达到 270～330GW，中国光伏产业需求量将快速增加（王青等，2022）。在此背景下，光伏农业也将迎来空前的发展机遇，应在当下考虑基本农田和生态红线问题的基础上，积极促进光伏农业有效发展。

三是光伏农业符合农业减排固碳要求。加强乡村清洁能源建设、推进农业农村减排固碳是"三农"工作的重中之重，光伏项目被写入"十四五"期间的农村发展规划中。发展光伏农业不仅可以实现资源的优化配置，还有利于保护环境，促进农业低碳转型。因此，光伏农业将是今后建设美丽乡村重点发展的产业形式之一。

10.3.1.4 光伏农业发展的挑战——限制条件分析

一是开发潜力受限于基本农田。光伏发电并网规模在"双碳"目标的刺激下不断突破新高，光伏农业的推进坚决不能占用基本农田，要解决"光伏发电"和"农业用地"之间的矛盾，就要对单位面积光伏发电效率提出更高的要求。

二是废旧光伏组件迎来回收高峰期。据预测，2030 年中国将回收 150 万吨报废组件，2050 年这一数值将达到 2 000 万吨（吴跃，2022）。相较于传统的固体废弃物，光伏废弃物回收的全民意识还不足，相关的回收技术与装备仍处于实验室或中试研究阶段（张建文等，2022）；回收利用的标准体系、政策体系、财政支持体系等方面亟待制定、完善、系统与执行。如果光伏废弃设施处理不当，将造成大量的污染。

三是面临结构性过剩的问题。虽然光伏产业未来发展势头很好，但市场短时间内的大量需求，导致产能弹性较弱的硅料环节在短期内跟不上行业发展的步伐，"双碳"背景下光伏产业需求量大可能会加剧产能过剩的问题。

为实现光伏农业可持续发展，必须要抓住机遇，把劣势转化为优势，并利用优势将自身劣势变为机遇。从长远来看，实现光伏产业健康发展必

---

① 吉瓦是功率单位，符号为 GW。1 吉瓦 =10 亿瓦 =1 000 兆瓦 =1 百万千瓦。

须要做好提前布局、淘汰落后产能和技术、有计划生产等方面的工作，解决光伏农业用地的矛盾，加快回收技术和装备的研究和应用。

10.3.1.5 案例介绍

"鸡鸣三省，菇香九州"，河北省平泉市作为华北地区最大的食用菌生产基地，素有"中国食用菌之乡"的称号，培育了包括黑木耳、香菇、双孢菇、平菇等 30 多个品种在内的食用菌。平泉市食用菌发展 40 余年，已经成为促进地方经济增长、农民收入增加的特色主导产业。

平泉市积极探索光伏农业模式，根据光伏发电需要太阳能资源、食用菌喜阴的原理，将食用菌种植大棚和光伏发电站组合起来，在不破坏、不改变土壤质量和用途的前提下，实现"一地两用"，提高了土地利用率，也实现了产菇、发电双重效益。2015 年，平泉市梁后村组建食用菌专业合作社，同时建立起 30 兆瓦的设施农业光伏发电项目，该项目占地 1 236 亩，一期已建设发菌棚 40 个、生产棚 140 个，生产香菇 150 万袋。经过当地党员干部牵头，带动了 70 户贫困户入驻，实现 200 余人就业；2017 年又吸纳 87 户贫困户入驻园区，并吸引周边 700 余人到园区就业。该项目通过产业大户带动、分散经营、贫困户入股、自主管理、统一技术销售的扶贫园区模式，实现了农业精准扶贫与光伏清洁能源的完美结合。如今，平泉食用菌产业已经吸纳了 10 余万人就业，年创外汇近 1 000 万美元。平泉在产业链上不断转型升级，朝着种植规模化、生产标准化、销售市场化方向发展，走出了一条生态与经济双赢的可持续发展之路。

10.3.2 农村沼气利用

沼气、沼液、沼渣三沼利用，是一项可以降低产品成本、改善环境效益、提高产品质量的综合利用技术。中国很早就发现并利用沼气，但应用和推广的时间较晚，从初期发展阶段到现在的快速发展阶段，中国沼气行业在技术研发、产业融合、管理建设等方面都取得了巨大的进步。如今，国家持续向沼气等清洁能源产业投入资金，以支持行业创新发展、推动生态循环农业发展，在实现"双碳"目标的进程中，中国农村沼气行业发展将大有可为。

10.3.2.1 农村沼气工程建设的重要性

一是有利于保障我国气体能源。甲烷的温室气体效应可达二氧化碳的21%，畜禽排泄、反刍产生的二氧化碳、甲烷处理不当不仅会污染农村生活生态环境，同时也会加重温室气体减排的工作量。中国沼气学会预测，2030年和2060年可获得沼气生产潜力分别为1 690亿立方米和3 710亿立方米，可实现温室气体减排量分别为3.0亿吨和6.6亿吨二氧化碳当量。

二是有利于提高农村资源利用率，降低农村生活成本。在我国传统农村中，厨房和厕所用电并没有完全覆盖（赵正文，2021），将人畜粪污、秸秆资源、废弃果蔬等广泛应用到沼气工程中，不仅实现了资源的有效利用，减少农药和化肥的使用率，还能减少煤、石油、天然气等能源的消耗，降低农户的用电成本。

三是保护农村生态环境，助力"双碳"目标实现。新农村建设沼气工程，关系到农业农村可持续发展、乡村振兴战略等问题。加快农村沼气工程建设，有助于构建农村清洁能源利用体系、推进农村生态环境建设、加快形成绿色低碳的生活方式。同时，也可以保护农村森林资源，促进森林碳汇，为缓解气候变化贡献一份力量（甘福丁等，2021）。

10.3.2.2 农村沼气发展存在的问题

一是配套支持体系不健全，难以形成规模化生产。沼气产业具备技术和建设环节的初步条件，但仍然存在原料含水量高、产气受限，原料分散广、收储运挑战大，产品销售难度大，还田利用成本高、还田标准不统一等问题，使产业规模化进程受阻。

二是后期管理服务不到位，影响农户应用积极性。沼气工程建设后，由于缺乏应用技术培训、后期维修服务不到位、建设调研不及时，用户技术需求、建设需求、安全得不到及时保障，极大地阻碍了户用沼气产业的发展。

三是支持政策欠缺，政策协调难度大。国家鼓励在农村发展清洁能源，但具体的支持政策还不够完善，项目现金流差、补贴不足等现象时有发生。此外，沼气产业链长，涉及多个部门，管理归口过细，导致牵头部门不明确，具体措施落地执行受阻，各部门难以形成合力推进产业发展。

10.3.2.3 "双碳"背景下农村沼气发展的对策建议

农村沼气产业能够有效解决农村面源污染问题,增加清洁能源供应,推动农业可持续发展,促进美丽乡村建设,是减缓温室气体排放目标的主力军。党和国家高度重视沼气产业转型、升级与应用,"双碳"目标下,迫切需要找寻农村沼气发展的路径。

一是因地制宜发展配套产业。借鉴先进国家或地区成熟的技术和商业模式,筛选出适合中国本土原料特点的发酵技术;建立专业性的收储运人才队伍,规范收储运标准;制定后补助政策规范产品市场,降低还田成本,形成具有中国特色的产业体系。

二是做好后期管理服务工作。面向农户开展技术示范活动,规范农户技术应用行为,保障能源体系的安全性;建立售后维修服务、问题反馈体系,及时了解农户需求和发现现实问题,解决农户困境和完善产业体系,促进沼气产业高质量发展。

三是出台产业政策,规范沼气工作领导小组。制定沼气补贴政策,刺激和吸引社会投资,提高农户应用积极性,推动产业健康运行与发展。明确牵头部门,将具体工作细化到各部门并进行有效衔接,共同执行任务、共同承担责任,统一思想,形成合力落实沼气建设、推广、应用等工作。

10.3.2.4 案例介绍

作为全国生猪调出大县,四川省乐山市井研县有生猪规模养殖场近200个;同时井研县也是著名的柑橘之乡,种植面积达到30余万亩。如何实现粪污资源化利用?如何将"种养"结合?井研县政府探索出了一项"变废为宝"的规模化大型沼气工程项目。

井研县大型沼气工程是2018年国家畜禽粪污资源化利用整县推进项目的子项目之一,于2020年9月底正式全面投入运行。通过采取全封闭的吸粪车运输,把收集到的粪污(以规模化生猪鲜粪为主要原料,以鸡、牛、羊粪和秸秆为辅料)置于一定的条件下(温度、湿度、空气、酸碱度等),采取厌氧发酵工艺,形成发酵产品(以甲烷和二氧化碳为主的沼气);再通过净化,直接发电上网或者用作燃气等,沼渣制配高品质的有机肥,沼液用管道输送就近还林、还田。该项目自投入运行以来,年收集处理畜禽粪污 27.4 万吨、秸秆 0.36 万吨，通过 4 个巨型发酵罐、两台沼气发电机组，每年发电超过 1 000 万度。据了解，井研县大型沼气工程预计年产沼气 576 万立方米，发电 1 152 万度，按照一户一年用电 1 000 度计算，可供 1 万户家庭使用；年产固态有机肥 2.5 万吨、沼液肥 24.5 万吨；沼液集中陈化腐熟后，通过园区内的 300 公里管网，运输到产业环线 30 余个分散储存点，供种植业主免费施用。据测算，每年可降低化肥使用量 4 000 吨，很大程度降低了农业面源污染。井研县大型沼气工程不仅实现了生态效益，社会效益也明显增加，是一项可持续的良性循环项目。

10.3.3　智慧农业

智慧农业是以数据、智能装备、系统为要素，以先进技术为基础，在生产要素上与传统农业深度融合，实现生产过程的智能化、精准化和系统化，提高资源利用率，促进劳动生产率的一种农业新业态。近年来，数字经济发展迅速，中共中央、国务院在建设数字中国、实施乡村振兴战略等重大战略部署中，把发展智慧农业作为重要内容，智慧农业已然成为中国农业现代化的重要方向。

10.3.3.1　中国发展智慧农业的契机

一是国家领导人高度重视。智慧农业已经成为中国"三农"工作的重点。2015 年 3 月 5 日，时任总理李克强在政府工作报告中提及，智慧农业是"互联网 + 农业"的重要抓手，"互联网 +"必将推动智慧农业快速发展。"十四五"规划、2022 年《中共中央　国务院关于做好 2022 年全面推进乡村振兴重点工作的意见》和农业农村部印发的《"十四五"全国农业农村信息化发展规划》均明确提出要发展智慧农业。

二是我国智慧农业科技不断取得突破。近年来，我国实施了一批智慧农业重大应用示范工程，农业专家系统、北斗导航系统、农业智能装备、人工智能等智慧农业技术取得了突破，越来越多的科学技术被应用到农业生产经营管理环节中。

三是智慧农业基础设施逐渐改善。据工业和信息化部数据，截至 2021 年 11 月底，我国 5G 基站超过 139.6 万个，4G 基站超过 586 万个；农村互联网普及率达59.2%；光纤宽带用户已经超过5亿户（占全部宽带用户的94%）。基础条件逐渐转好，为农村数字化、农业智慧化发展提供了坚实的网络支撑。

四是人才队伍不断扩大。近年来，众多院校新增"智慧农业"相关专业，旨在培养更多有知识、懂应用的"新农人"。同时，越来越多的人才选择返乡发展，农民的科学素养逐渐得到提高，强化了农业数字化、智能化、规模化发展的人才保障。

10.3.3.2 中国智慧农业发展存在的问题

一是现有的政策支持不完善。虽然国家在大力支持智慧农业的发展，然而我国还未建立起可持续的智慧农业运行机制，导致技术研发推广与应用不成体系，各环节之间缺乏联通；很多地方农业部门创新积极性不高，部门内部分工不明确，管理决策还不够有效。

二是关键技术和装备受限。虽然当前我国农业科技不断在突破，但一些关键核心技术（如农业传感器、人工智能芯片等）与发达国家相差较大，一些核心产品必须依靠进口。同时，物联网在终端的信息处理和智能控制应用环节较少，尚未形成农业物联网"感知——传输——处理——控制"的应用"闭环"。

三是信息化系统不健全，现代化实施设备缺乏。中国信息化建设地区差距、城乡差距较大，部分地区还不具备建立相关部门承接信息化建设的能力；大部分地区缺少现代化农机设备，不利于农业信息化建设；此外，中国还未建立起系统的农业数据库、农业资源共享平台。

四是高素质人才队伍建设仍有很大的提升空间。短时间内，院校培养的智慧农业专业人才还未毕业，供给不足的问题仍然存在。当前的农业生产队伍仍然由年龄偏高、文化水平较低的农民组成，队伍的年轻化、知识化趋势发展缓慢，智慧农业的发展受到阻碍。

10.3.3.3 "双碳"背景下中国智慧农业发展的对策建议

智慧农业可以实现与"三生"（生产、生活、生态）融合、产城一体、乡村振兴、双循环的完美结合。目前的绿色低碳农业已不是简单的废物循环利用，也不是单一的农业产业，而是不同科学技术、不同产业的完美融合。智慧农业这一农业业态的出现，为低碳绿色农业助力"双碳"目标的实现提供了不竭的动力。

一是政府指引，不断优化政策体系。中央政府应加快完善智慧农业运行机制，规范智慧农业科研体系；各地方政府要坚决落实政策方针、合理分工协作，探索智慧农业与现代化科技融合路径，形成"智慧农业+"多维度业态，同时制定差异化方案鼓励当地农户学习智慧农业知识。

二是完善智慧农业科研体系，提高科研成果应用率。在科技创新方面，紧跟世界科研发展趋势，依托重大产业项目攻克技术难题；明确科研机构的责任，鼓励科研人员敢于挑战领域内最前沿问题，突出独创性。在科研成果应用方面，应以农户需求为导向，因地制宜研发推广科研技术，不断促进科研成果的应用成熟度。

三是完善农村信息化基础设施设备。各地方政府要深入了解地方信息化发展面临的问题和实际需求，尽快推进地方信息化基础设施设备体系建设，为智慧农业的普及创造硬件条件。此外，建立农业大数据库，深化农业数据资源在农业实践中的使用，实现农业服务数据化、智能化和精准化。

四是培育高素质人才队伍。加强农户与智慧农业的有效衔接，依托现有的智慧农业技术，开展智慧农业应用培训，增强农户的农业知识，提高农户生产经营管理能力。鼓励青少年人才涉足农业领域，并为其提供完善的就业、资金、咨询等服务。重视中小学智慧农业教育，加强理论与实践的相互联系，为智慧农业发展培养出一批专业化、年轻化的人才。

10.3.3.4 案例介绍——都市里的"空中菜地"与"地下鱼池"

在 2021 年成都全球创新创业交易会"双千""双百"发布会上，四川科道农业有限责任公司的"智慧碳中和生态价值系统项目"引起了与会嘉宾的强烈关注。该项目历时二十余年，耗资逾亿元，是"城市与农业"相结合的创新体，不仅实现了城镇居民的"田园梦"，还走出了一条助力"双碳"目标实现的新路径。目前，该项目已经在成都双流区展开了全面试点，改变了当地居民生活方式，为其他地区发展低碳农业提供了实践样本。

智慧碳中和生态价值系统一共有四个子系统：生态建筑子系统、有机农业子系统、环境治理子系统和绿化产业化子系统。科道农业专门研发了厚度仅有 4~7cm 的薄型生态墙板，不仅可以提高建筑使用面积，其隔音、隔热功能也不会受损。在这个生态建筑体系中，有一个 6 层的样板楼，样板楼的阳台外侧种植土培果蔬，内侧种植水培果蔬，而水培箱的水来自负一楼的 9 个高 1.5 米的养鱼池。这样一个鱼菜共生系统让鱼类养殖—果蔬种植之间形成一种密不可分、相互促进与效益叠加的效果。科道农业利用智慧循环农业技术，把黑水、粉碎后的餐厨垃圾及小区内的残枝树叶等可降解的有机垃圾全部放入由化粪池改建的沼气池，产生的沼气作为能源供部分住户选择使用，沼渣和沼液经工业化处理后制成生物有机肥，用于果蔬的生产。通过处理所有有机废弃物，实现对外零排放零污染，理论上全国每年至少可以减少和吸收 36.22 亿吨二氧化碳。该系统充分发挥农作物的光合作用，吸收和储存生态系统中的碳，减少居民外出购物次数，消除碳足迹，这种绿色种养循环技术，能切实"减排增汇"，助力"双碳"目标。

不难发现，在以低碳绿色农业助力"双碳"目标实现的道路上，仅仅依靠农业本身是完全不切实际的，各部门要坚决落实政策方针、相互分工协作、多技术并行、多功能互补，一二三产业融合，形成"农业+"多维度业态，才能实现社会效益、生态效益、经济效益的综合追求。

10.4 研究小结

本章分析了碳税、碳补贴视角下的消费者剩余和生产者剩余，试图寻找使社会福利最大化的政策方针。结果表明：无论是否将农业本身具有的碳汇考虑在内，征收碳税这一行为都会使生产者剩余和消费者剩余减少。当政府实施补贴政策时，补贴不足同样会减少生产者剩余和消费者剩余，社会福利得不到改善；只有当补贴额度大于企业的减排成本时，生产者的减排压力变小，消费者福利感增强，社会整体福利上升。与清洁型企业相比较，征收碳税会抑制普通企业的生产行为，从长远来看，低碳产品的市场份额将会逐渐扩大。

基于福利视角，本章探究了不同路径、不同情境下生产者和消费者的福利变化，但也存在一定的缺点。第一，政府作为环境行为的微观主体之一，具有弱经济人的特点，环境负外部性会给政府带来财政压力，使政府的利益受到损害，若社会福利水平只考虑生产者剩余和消费者剩余，是不全面的；第二，因科学技术的发展，农业就业岗位的减少会在一定程度上减少农业就业者的"经济福利"和"心理福利"，而这一点我们在本章并没有作出讨论；第三，尽管我们在书中讨论了"农业征税考虑碳汇量"和"不考虑碳汇量"两种情景下的福利变化，但没有对梯度补贴和梯度征税原则作进一步描述，即实行浮动碳价，把碳汇量（碳排放量）分为几个梯度，在基础碳价上，给予不同比例的上下浮动，对不同梯度范围内碳汇（碳源）企业进行奖励（惩罚）。

本章还分析了不同因素在碳中和为农业赋能框架下的起效路径。碳中和倒逼农业资源进行最优配置，各减排主体的相关行为直接影响"最优碳减排水平"。农户的绿色低碳行为受个人特征、家庭特征、意识观念特点等个体因素的自发驱动和邻里、政府、环境等外部因素的推动。中央政府和地方各级政府在农业全产业链中发挥着重要作用，从前端到中端再到末端，政府自始至终都在不断地为碳减排事业做出努力。在碳减排刚性约束下，企业的经济活动受到宏观政策影响，同行竞争也会驱使企业必须按照适应社会的机制来运行。市场作为一个连接各个主体的重要平台，扩大市场规模、提高市场活跃度、实现多元化交易、降低市场风险是保证市场有效性的基础。除此之外，政府还可以根据市场情况和其各行为主体表现，考虑是否引入第三方机构。本章选取了三个较为典型的农业绿色发展模式进行简要分析，通过挖掘农业领域优秀的固碳减排经验，为研究提供一个可供参考的样本。通过对成功模式的剖析，提炼可供吸收和应用的经验，结合地方实际，有助于实现区域农业绿色低碳发展，助力中国实现"双碳"目标。

第 11 章　信息技术推进农业低碳发展路径探究

　　要实现农业的低碳发展，现代化的信息技术手段将是一个重要的突破口。研究显示，绿色低碳技术的进步是推动农业碳减排的重要驱动因素（李成龙等，2020）。

　　中国"双碳"目标自 2020 年提出之后，碳中和问题迅速成为研究的热点话题，但研究的重点主要集中在能源消费结构调整和减排技术创新两大方面：一是关于国家整体的能源结构变革探索（陈胜等，2021；王永中，2021）和煤炭行业的路径探究（谢和平，2021；陈浮等，2021；邹绍辉等，2021）；二是进一步研究固碳增汇技术或储能减排技术。除去研究生态固碳增汇（ECSI）（吴世蓉，2022；薛蓓蓓，2021；中科院，2021）、碳捕获、利用和存储技术（CCUS）（Esquivel – Pation et al.，2021；Kang，2021；陈海生等，2021；潘晓滨，2021）、直接空气碳捕集（DAC）（Esquivel – Pation et al.，2021）和碳循环利用（CR）（Esquivel – Pation et al.，2021）等传统的减排技术，近年来有学者开始探究信息数字技术对碳减排的影响作用。学者们认为利用数字技术（大数据、人工智能、云计算、区块链等）可以协助能源行业达到碳中和目标，利用信息技术调整能源供需从而减少碳足迹（陈晓红等，2021），利用区块链技术促进碳交易效率（严振亚等，2020；许钊等，2021），甚至信息技术与金融系统的结合可以降低环境污染水平（许钊等，2021）。数字技术与碳减排议题融合研究逐渐丰富。

　　在农业碳中和这一细分研究领域，研究成果相对较少。有学者曾对澳大利亚农业实现碳中和的经济成本（Kingwell，2021）和中国碳中性排放的农业项目节能减排体系进行研究（Tao，2021），但是总体而言，目前的农业碳排放相关研究依旧主要围绕农业碳排放效率（Song et al.，2021；田云等，2020；田成诗等，2021）及其空间分布特征（Cui et al.，2021；何艳秋等，2021；吴昊玥等，2021）等领域展开，或探索产业经济发展与农业碳排放之间的关系（Peng et al.，2021；田云等，2021；陈柔等，2020），或研究技术进步对农业碳排放的作用机理（张颂心等，2021；雷振丹等，2020；张永强等，2019）。在技术进步对农业碳减排的作用机理研究中，现有研究大多探究农用机械进步（张永强等，2019）、种植技术（李明亮，2018；吴伟伟，2019）等实际技术的作用，少有研究新兴信息技术在其中的作用和起效路径。

通过文献梳理，本书发现学界目前尚未出现将数字信息技术与农业碳减排进行交叉研究的成果，仍旧止步于数字信息技术与宏观层面的碳排放关联研究，也未能深化到农业碳减排领域。数字技术在促进农业低碳转型、构建"碳中和"乡村中具有重要作用（陆岷峰等，2021），但数字信息技术对农业碳减排及其绿色发展的作用机理还未有研究深入涉及，因此，本章将从梳理总结农业低碳减排的信息化可能性出发，阐明代表性数字信息技术如何实现农业碳减排，并采用经验分析与逻辑演绎的方法提出数字信息技术助力农业实现碳减排过程中可能出现的压力、风险及其可能的解决之道，为相关研究深入数字信息技术助力碳减排或乡村绿色发展提供一定参考。

11.1　低碳绿色农业发展困境

农业低碳绿色发展指农业布局、农业资源利用、农业生产手段、农业产业链、农产品供给、农产品消费的绿色化发展（尹昌斌等，2021）。农业的低碳绿色发展一方面要求切实控制农业生产经营主体的生产过程碳排放，另一方面需要广泛地利用现代化监测技术，建立准确及时的数据链以提供碳减排行动的依据，进而形成一个完整的碳排放治理闭环。中国作为碳排放大国，农业碳排放也处于较高水平。尽管多年来我们已经意识到需要用现代化的技术手段来遏制碳排放的升高，但由于技术本身的特性和一些管理因素，使得信息技术在农业领域减排应用比较缓慢，效果并不理想。

11.1.1 基础信息技术应用程度低

中国是传统的农业大国，但距离现代化农业强国还有一定差距，特别是在信息化水平上。据《2021 全国县域农业农村信息化发展水平评价报告》显示，2020 年中国的农业生产信息化水平仅为 22.5%，农产品质量安全追溯信息化水平为 22.1%（见表 11－1 和表 11－2），发展现状和速度与农业现代化需求严重不匹配。有研究显示，将数字技术应用于耕、种、管、收主要环节的新型农业经营主体占比不到农业经营主体总数的 1/3（李瑾，2020）。而同一时期的美国农业信息化建设程度与城镇信息化程度基本处于同等水平，澳大利亚的农机具自动化水平已达到 80% 以上（刘建波，2018）。以地理信息系统（geographical information system，GIS）、全球定位系统（global positioning system，GPS）、遥感技术（remote sensing，RS）[①] 为代表的基础信息技术应用率不高。受到地理条件限制，3S 技术的使用仅在少数地理条件较好的地区较为常见，而在以山地、丘陵为主的地区，3S 技术仍多用于农业科学研究，应用于实际生产的比例并不高。

表 11－1　　　　　2018～2020 年农业生产信息化水平　　　　单位：%

年份	畜牧养殖	设施生产	大田种植	水产养殖	农业生产信息化水平
2018	19.3	27.2	16.2	15.3	18.6
2019	32.8	41.0	17.4	16.4	23.8
2020	30.2	23.5	18.5	15.7	22.5

表 11－2　　　　2019～2020 年农产品质量安全追溯信息化水平　　　　单位：%

年份	畜牧养殖	设施生产	大田种植	水产养殖	农产品质量安全追溯信息化水平
2019	21.7	27.8	13.1	18.5	17.2
2020	28.3	29.7	16.6	24.5	22.1

---

① 地理信息系统（GIS）、全球定位系统（GPS）、遥感技术（RS）通常并称为 3S 技术。

11.1.2 农业监测系统精确度不高

农业碳排放和碳汇生产的较精确监测与计算是一切碳排放统计和碳汇交易工作的基础和起点，但我国一直还没有建立起完善的农业碳监测体系。主要原因在于：第一，农业生产不集中、难监测，除我国东北、新疆、中东部平原地区有集中连片的规模化农业生产条件外，受制于地形地貌和我国的土地制度，大多数农业生产活动发生在以家庭为单位的小农户层面，监测尺度难以精确到户。第二，暂时没有系统的官方核算体系。中国碳排放量测算采用的计算方法、产品分类和能源排放系数等还没有确定标准（崔琦，2016），也就导致碳排放核算体系（包含农业碳排放）无法统一。第三，监测技术本身还存在技术"瓶颈"，目前的监测分辨率比较低。目前碳监测所应用的定量遥感技术还存在分辨率低的问题，难以准确监测非二氧化碳温室气体，因此，无法通过监测自动获得准确的碳排放数据（蔡兆男，2021）。

11.1.3 各类农业数据存在隔阂，不利于新技术的应用

大数据、云计算、区块链技术都需要大量的数据作为基础原料才能发挥作用。但目前基础农业数据采集渠道分散，采集内容、格式与精度标准都有所不同。农业数据的采集基本是基于科研目的或短期项目的需要，因此数据在丰度和密度上都存在缺陷。另外，基于研究项目和短期项目所收集的农业数据难以统一格式打通平台隔阂，实现数据联结与共享，因此对于新的数字技术发挥作用造成一定的限制。

综上所述，我国目前农业信息化程度还不高，相较世界农业发达国家还有一定差距，需要对数字信息技术做进一步的发掘、应用和推广。已有的数字信息技术在农业碳减排与绿色发展中还没有完全匹配并发挥作用，在"双碳"目标之下，各行各业减碳任务紧迫，如何运用好现有的数字信息技术重塑农业系统是成功实现农业现代化和绿色低碳发展的关键任务。

11.2 数字技术赋能农业低碳绿色发展路径探索

数字信息技术应用于农业，促进其碳减排和绿色发展的实质是通过先进的技术手段提升农业生产效率，通过节约能源、减少资源的消耗达到碳减排的效果。而通过数字信息技术提升农业生产效率、节约资源利用是通过农业大数据收集和处理，精准利用处理过的数据进行农业绿色生产决策。相较而言，以较为传统的 3S 技术为代表的信息技术可应用于农作物监测、农田勘测、精准农业设施管护等实际农业生产，而以大数据、区块链等为代表的互联网新兴数字信息技术运用将在未来碳排放核算、碳汇交易、碳足迹监测、碳排放热点预测和低碳生产规划等方面大展拳脚。利用数字信息技术实现农业相关数据的全面自动采集和加工，对农业碳排放趋势进行高信度预测将全面助力"双碳"目标的实现。数字技术赋能农业绿色发展的传导路径如图 11 – 1 所示。

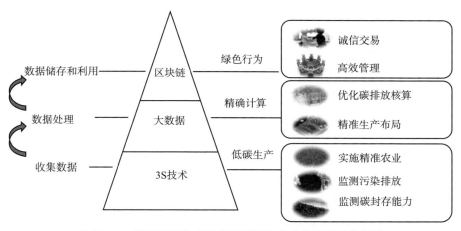

图 11 – 1 数字信息技术赋能低碳绿色农业转型的总体思路

11.2.1 3S 技术助力农业减碳固碳

3S 技术是指地理信息系统（GIS）、全球定位系统（GPS）和遥感技术（RS）。它们可用于监测土地变化、作物生长、农田环境、生物量，其至作物或动物的温室气体排放。此外，这些技术可以通过其定位和导航功能进行最优路径规划和自动驾驶，进而通过节省燃料减少温室气体排放。因此，3S 技术可以看作是数字化背景下现代农业发展和减少碳排放的关键工具。3S 是农业信息技术领域成熟、具有代表性的技术，是最早应用于农业的信息技术，使生产过程更加高效（刘海启，2019），如图 11-2 所示。

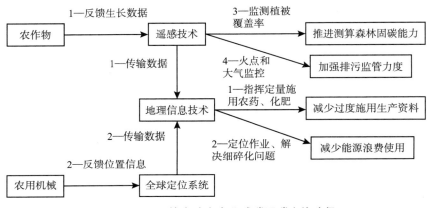

图 11-2 3S 技术助力农业减碳固碳实施路径

11.2.1.1 实现精准农业，减少低效碳排放

3S 技术有助于实现农业生产资料的精准定量使用，避免低效消费产生的碳排放。3S 技术结合良好的农业基础设施，可以实现生产投入的自动精准调控，避免农药、化肥过量使用和水分流失，将种植者的"经验"施肥灌溉转化为"科学"的实施方案。农业生产中的农机碳排放不容小觑（金书秦等，2021）。GPS 用于确保农业机械的精准定位并减少能源消耗。澳大利亚的机械化精密作业可以节省 10% ~ 40% 的生产成本和 20% 以上的因机械运动无效而导致的能源消耗（郭永田，2016）。3S 技术还可以帮助解决土地碎片化问题，这些问题也会导致碳排放。3S 技术为高标准农田建设提供基础数据依据，高标准的农田可以节省因不同农田所有者频繁轮换土地和发动机频繁启停而带来的农业机械额外能耗。整地后田间运输每年可节约柴油 21 吨以上，年减排碳近 13 吨；规模化经营方式可比单户个体户减少高达 86.7% 的碳排放（姚念深等，2017）。

11.2.1.2　规模使用遥感技术，实时监测排污与碳储量

RS 技术是生态环境部门的有力工具。RS 技术最早应用在 1988 年的欧盟国家共同农业政策中，用于测量土地面积和预测粮食产量（刘海启等，2018）。生态环境部门采用卫星遥感、无人机遥感、地面遥感相结合的方式对农业生产中的大气污染、水污染、土壤污染等进行监测。环境监管部门可以根据温室气体光波特性，通过图像确定农田的位置和温室气体排放量。结合气溶胶理论和反演算法，RS 可以推演大气污染数据（陈博明，2020），实时监测畜牧生产排放。此外，森林生物量测量是准确获取碳汇库的先决条件，RS 技术的出现使得生物量测量变得快速且经济。结合遥感影像图和气象数据、数学模型和植物碳密度数据（任玺锦等，2021）获得准确的森林碳储量估算，将有利于碳汇贸易，最终有助于农业碳减排。

11.2.2　大数据助力农业碳排放核算

农业碳排放的核算涉及数据收集、多系统的数据查询、整合与计算，精准核算的工作量巨大且复杂。大数据技术的应用可以减少核算的人工参与，避免人工错误（human error），同时通过大数据技术的介入，可以有效降低核算的人力成本和时间成本，提高核算精度和效率，如图 11－3 所示。另外，基于大数据技术的预测功能和其对农产品历史消费数据的把握，可以有效规划绿色生产布局，以最少的碳排放进行最有效的农业生产。

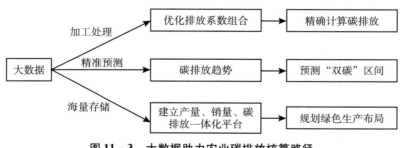

图 11－3　大数据助力农业碳排放核算路径

11.2.2.1 优化碳排放计算方法，预测碳达峰与碳中和

借助大数据技术的运行方式可以实现碳排放较为精准的实时演算，合理预测碳达峰与碳中和的时间表。受到时间跨度、技术变革、经济变化等不确定因素的影响，我们很难依靠传统的统计学方法精确地预测碳达峰和碳中和的时间，因此也很难有把握提出正确的实践路线。因此，去除扰动因素、采用碳排放系数最优组合在碳排放核算过程中显得尤为重要。利用大数据、人工智能技术对海量数据的强大收集与分析能力，减少人为干预，及时分析区域监测二氧化碳浓度的变化趋势，将传统的定期回溯性计算变成实时演算；结合农用生产资料施用情况和能源消耗情况等，基于不同的产品分类、不同的能源分类系数对二氧化碳排放总量进行较为精准的计算。在此基础上构建模拟系统，利用计算机的强大算力对未来农业经济特定发展目标下的能源、农用生产资料等进行预测，预测二氧化碳排放趋势，合理判断实现碳达峰和碳中和的合理区间。

11.2.2.2 依据排放和收益数据，精准化制定绿色生产布局

大数据技术和平台为高效能、低排放的农业生产模式提供了思路。一方面，利用大数据技术记录和处理农产品生产与流转过程中的所有数据，可以动态反映各个时点农产品生产、销售和盈利等情况，大量数据的积累逐渐形成内容丰富的数据库，随着数据库中数据的不断更新和丰富，能够用于预测的素材也更加丰富，预测精准度也将变得更加准确；另一方面，大数据技术还可以对各个时点上不同农产品的单位碳排放，成本、效益等数据进行匹配，通过对这些关键农业指标的及时记录、匹配计算和展示，为决策者（政府组织、农业生产组织、小农户等）调整生产策略，实现利润最大化和温室气体排放最小化提供帮助。大数据技术能够帮助农业生产尽最大可能实现减碳降排与经济效益的平衡。

11.2.3 区块链技术助力农业碳减排

区块链技术是继大数据、云计算和人工智能之后另一项广泛关注的互联网信息交互技术。区块链本身所具有的分布式记账、加密机制和共识机

制等功能特性，能够提供极高的数据可靠性，为交易活动提供极大的安全性。利用区块链的技术特性可以构建高信度数据平台，增加信息透明程度，记录碳足迹，促进农业生产与贸易活动公开透明和智能化，形成倒逼机制促进低碳绿色行为和提高管理效率。区块链技术助力农业减排路径如图 11-4 所示。

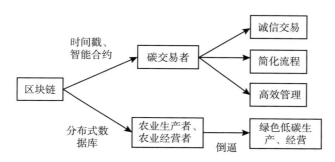

图 11-4 区块链技术助力农业碳减排路径

11.2.3.1 打通平台隔阂，形成透明诚信交易

区块链具有去中心化、开放透明、时间戳服务、信任共识以及智能合约等技术特征，能够有效保障数据安全、降低交易成本和风险、提升交易效率。首先，利用区块链技术可以极大地弥补现阶段各类农业信息系统、碳汇市场交易系统、金融系统之间的割裂。其次，增加信息可信度，降低信息不对称给决策者带来的决策成本，减少因为信息不对称造成的交易风险和效率损失。发现碳汇市场的真实需求与供给进而发现碳汇资产的真实市场价格。最后，运用智能合约，简化交易流程。区块链技术通过将交易双方的交易数量和价格信息形成数据层，设计好共识层，触发智能合约完成交易（陈晓红等，2021）。

11.2.3.2 形成倒逼机制，促进低碳绿色行为

消费者通过利用区块链去中心化和安全性特征，实现农产品信息保真及追溯功能，进而做出理性的购买选择可以倒逼生产者绿色生产。由于区块链上信息记录节点的去中心化分布，原始信息被恶意修改几乎不可能，

因此能够保证原始数据的真实性和可追溯性。为了提高农产品的交易效率，增加农民收入，近年来线上交易已经变得频繁。据统计，2020年我国农村的网络销售额为1.79万亿元，农村电商市场规模为31 533亿元（商务部，2021）。凭借农村电商的兴起，可利用区块链技术防数据篡改特性和追溯功能，反映农业生产每个环节最真实的情况，从而为终端消费者作出消费决策提供可信参考，进而通过消费者的选择行为倒逼生产端采取更多的低碳生产行为。第一，区块链技术将生产所耗用的生产资料信息记录在册，比如农药、化肥、抗生素的使用情况，这为农产品安全情况监督和溯源提供了绝佳的技术手段（孙传恒等，2021），为消费者提供了可靠的购买决策依据。通过消费者的购买行为督促生产者注重产品生产的碳排放，从而关注绿色生产。第二，实时监测生产者碳足迹，提高系统的管理效率。区块链的追溯作用可以对高耗能、高排放的农业生产者碳足迹进行监测，从而让管理者分辨碳排放大户和高耗能生产者，明确高碳生产行为主体和系统碳汇流向，为管理者对高耗能、高排放的生产进行惩罚和管制提供了线索和依据。管理者按照一定的标准对于不同排放量级的主体进行分类管理，有利于提高系统的管理效率。

11.3　数字信息技术赋能农业低碳发展的风险与解决办法

数字信息技术目前已经在农业低碳发展领域有所应用，在未来，随着各种数字技术的应用形式变得更加便利，其应用于农业低碳发展的场景将更加丰富。但任何技术都是一把"双刃剑"，如果技术被滥用或者利用不当，则将造成不可挽回的损失和重大的不良影响。而任何新技术从出现到成熟、再到大量运用于实践都将遭遇一些不可预知的压力与风险。

11.3.1　潜在的压力与风险

11.3.1.1　信息化设备成本高，所需前期资金投入较大

农业碳减排相关数据的采集过程需要如温度和湿度传感器、气体传感

器等大量的信息采集设备，这些基础设备的布局、铺设、安装等都需要大量的资金投入；基础设备布置完成后，后续的数据采集时间久、范围广，采集成本也是一笔较大的支出；在对收集到的数据进行处理的过程中，数据清洗、加工、存储、安全防护等都将使费用不断增加。因此，将数字信息技术应用于农业领域有一定的资金和基础设施门槛。

11.3.1.2 农村区域差异较大，可能形成严重的"马太效应"

农村地区基础条件的差异会影响到对于信息技术的采纳和使用，进一步影响到各个地区之间农业现代化程度和农业低碳发展的速度和程度，造成农村内部发展的不平衡，基础条件越好的农村地区越具备信息技术优势，会吸引更多的资金、项目和先进技术，即技术"马太效应"①。首先，发达农村地区地势更为平坦，土地规模化程度更高，交通也更便利，为信息化农业的发展提供了良好的前提和基础条件；其次，发达农村地区的经济条件普遍优于落后农村地区，政府单位和农户个人更有能力承担采用信息技术的高昂成本，能够为信息技术的应用提供资金保障；最后，发达农村地区的农户受教育程度普遍高于落后地区，较为开阔的眼界使其更愿意接受新鲜事物，因此，这些发达农村地区对信息技术的采纳率普遍较高（熊鹰等，2020）。

11.3.1.3 容易引发投机行为，碳汇沦为资本逐利工具

碳汇交易是少有的利用市场机制调节碳排放权，促进企业减排的有效手段，但碳汇市场的金融属性使其容易被恶意利用，成为热钱的目标市场。由于国际地缘政治动荡、新冠病毒感染疫情使国际主要金融市场疲软，国际游资伺机而动，而在国内属于新生事物的碳汇市场容易成为资本的逐利场，从而失去其原本助力企业碳减排的本意。碳汇交易市场的投机行为即通过各种手段，影响碳汇交易价格和交易量，掩盖真实的市场供需，实现套利目的。如果碳汇市场管理机制存在漏洞，随着碳交易的不断发展，参与市场活动的企业和单位增加，投机行为将变得难以控制，碳汇

---

① 马太效应：一种强者愈强、弱者愈弱的现象。在经济学中反映为富的更富、穷的更穷，是一种两极分化的社会现象。

交易最终将成为一种纯粹的金融工具，最终失去其助力农业碳减排的功能，并形成新的市场风险。

11.3.2　可能的解决之道

11.3.2.1　数字信息技术弥补区域差距，加强新式农民培育

针对可能出现的技术"马太效应"，我们必须承认，中国幅员辽阔，区域差异客观存在。由于历史原因，后发地区很难追赶发达地区的水平，发达地区和后发地区之间的差距将在一定时期内存在。因此，对相对落后地区基础设施建设的投资仍将是一个重要的、需要持续的内容。后发地区可以利用国家整体战略布局中的政策支持，开发具有比较优势的本地资源，并通过新技术来避免技术"马太效应"，即更加积极地利用高速互联网、云计算和其他高端新技术来填补发展中地区和发达地区的技术差距。

2021年启动的"东数西算"工程尝试通过建立一个集数据中心、云计算、大数据于一体的新型算力网络体系，利用西部地区相对廉价的电力优势来消化东部地区的算力需求。这样的做法不仅可以消化中国西部地区大量的风能、太阳能、水能等电力，带动当地经济发展，还能以较低的经济成本实现计算能力的提升，间接促进新数字技术在各个领域的应用。西部后发地区由于拥有丰富的水能、风能和太阳能资源，一方面，可以以较低的成本获得清洁能源，这本身就有助于能源行业减少温室气体排放；另一方面，相对便宜的电力和能源价格可以降低数字技术应用的成本，而这样的布局最终会在农业减排方面显示出其优势。

新技术的运用离不开人，即使是在第三方农业服务越来越发达的今天，具备高素质的农民仍然是新的数字信息技术得以推广和运用的基础。为了更好地利用信息技术服务农业生产，培养新式农业从业人员势在必行。提高现有农业从业人员的数字信息技术水平，是应对技术"马太效应"的另一重要途径。政府部门可以通过各种激励措施鼓励年轻农民学习新的数字技术，同时，鼓励更多受过教育但尚未涉足农业的年轻人进入农业领域。这种双管齐下的做法将最大限度地发挥数字信息技术新前沿对农业经营的影响。此外，在农村劳动力老龄化趋势不断加重的情况下，大力

发展第三方农业服务机构势在必行。由专业农技人员组成的第三方农业服务机构可以提供从播种到收获各个环节的现代化服务，年事已高的农民只需要少量的投入就可以换来更高的生产效率和产品收益。目前，第三方农业服务组织正在中国蓬勃发展。据统计，中国有超过 90 万个第三方农业服务组织（郁静娴，2021）。众多农业社会化服务组织的出现将大大促进数字技术在现代农业中的应用。

11.3.2.2 多方保障数字农业资金投入，完善基础设施建设

目前，美国已经投入大量资金建立了 PEST BANK 数据库、AGRICO-LA 数据库等农业数据库，并且每年都需要花费 10 亿美元左右进行维护。澳大利亚花费 360 亿澳元建设网络基础设施，实现全国通光纤网络，为其实现总体农业现代化打下了坚实基础（刘建波等，2018）。由于数字信息技术的设备原始投资昂贵，社会投资意愿不强，同时，技术运行的硬件能耗巨大，而且可能存在技术垄断，本书认为可以从以下几个方面进行应对：

第一，温室气体减排和农业绿色发展已经上升到国家战略层面，通过数字信息技术推动这一进程，不应主要依靠商业企业进行基础设施投资。政府应承担信息化基础设施建设的主导性财政投入，并牢牢掌握对硬件设施的控制权。

第二，由于技术可能被垄断，高科技信息技术的研发应以政府主导和投资为主，以市场开发为辅。核心技术应该掌握在政府或国有企业手中，国家以合理的费用向技术需求者提供这些具有公益性质的高端技术，使技术的开发和使用进入良性循环。

第三，应该拓宽融资渠道，推行更多的优惠政策和扶持政策，吸引更多商业企业和民间资本进入技术市场，优化农业碳减排数字信息技术开发的机制体系。运用好税收、补贴等政策工具，实现更多优秀信息技术的市场转化，吸引更多技术主体参与到研发中，繁荣技术市场。

11.3.2.3 继续完善碳汇交易制度体系，突出市场减排功能

碳汇市场被世界公认为是目前应对全球气候变化问题的有效市场工具。碳汇市场应通过良好的机制设计和适当的政府干预来平衡温室气体排

放和其金融功能，以应对可能的资本侵蚀风险。

凯恩斯主义经济学认为，自由市场有市场失灵的现象。在市场失灵的情况下，政府应该积极干预市场，使其回到正确的轨道上来。正如前文所言，碳汇（碳排放权）是触不可及的无形资产，可以作为一种有价值的商品进行交易。这种人为定义的有价值的资产在资本的注视下变得岌岌可危，成为资本围猎的潜在目标。碳汇市场的最初目的——促进温室气体减排将变得模糊不清，甚至被完全异化。这种市场意图的变化也是一种市场失灵，因此政府必须主动干预碳汇市场。

实质上，碳汇市场的金融功能之一是让那些有意愿减少温室气体排放但没有足够经济实力的企业，能够有资金改造现有技术，扩大绿色生产，最终达到绿色发展的目的。但是，一旦资本的逐利性放大了碳市场的金融功能，就会导致整个碳汇市场的失效，温室气体减排也将最终失败。因此，有必要对碳汇市场的金融活动进行严格监管。自由放任的市场行为会暴露出资本的逐利性，规范市场的行为有赖于政府相关部门的适当干预，具体包括经济、法律、行政等干预手段。此外，行业共识和自律也是规范市场交易的重要途径。通过科学合理的市场机制设计，市场参与者的共识和对市场规则的遵守，可以有效避免碳汇市场的过度金融化，保障碳汇市场的温室气体减排功能。

中国从 2011 年开始在 7 个城市试点碳汇市场交易，2021 年建立了全国统一的市场，碳汇市场交易仍处于发展阶段。在国内市场发展并与国际碳汇市场接轨的过程中，仍不可避免地存在一些问题。对于那些不可避免的新问题，市场组织者和市场参与者需要共同面对，探讨解决方案。

11.4　研究小结

通过对数字技术如何解决绿色农业困境、助力农业减碳工作和促进农业绿色发展进行分析，本章认为，数字信息技术作为一种新型技术，将会在未来的农业低碳绿色转型进程中发挥出不可取代的作用。3S 技术主攻农业生产减碳和农业监测，大数据和区块链技术解决农业核算难题和农业碳汇交易问题。各技术独自承担相应责任，同时又共同协作解决核心问题。此外，本章还提出了信息技术赋能农业过程中可能给农业、农村、农民、碳汇交易市场、政府主体带来的风险和压力，希望其可以为实际决策者和实施者带来综合性的参考。

综上所述，我们看到了数字信息技术在实现农业低碳绿色转型进程中的极大可能性，但是囿于地区经济发展水平、人们思想意识等方面的差异，广大农村地区的生产与生活要实现全面的信息化仍然任重而道远。而最大限度地将信息技术应用于农业碳减排和农业绿色发展之中，发挥出其最大的作用则需要更多人参与到研究与实践之中。有效且智慧地使用信息技术，将会使农业系统更高速运转，也会使农业环境更加美好。

第 12 章　四川省农业绿色发展的机制、路径与保障措施

12.1　四川省农业绿色发展的保障机制

12.1.1　城镇污染转移防控机制

《中国环境发展报告（2016－2017）》指出，当前环境问题的一个新特点是污染由城市向农村转移。城乡污染转移主要是指城市产生的生活垃圾、工业垃圾等固体废弃物不断被转移到城市周边农村，或城市里的污染企业搬迁至农村，从而加剧农村污染的情况。当城镇无力在生产生活系统内解决自身的环境问题时，便会到城市系统外部的农村寻求解决之道（靳乐山，1997）。大量的城市生活垃圾在城市之外的农村地区填埋，工业"三废"严重污染城市郊区和农村的空气、土壤、地表水和地下水系统，农村地区不断消纳城镇发展"非期望产出"，为城镇化发展提供了低成本甚至免费的环境空间，城市却无需承担或仅承担部分环保职责。这种以牺牲农村环境来净化城市空间的方式已经成为制约农村经济发展的主要"瓶颈"之一（李雪娇等，2016），加剧了城乡发展失衡，为有效避免公地悲剧发生，亟须采取措施阻止城镇污染向农村转移。

建立城镇污染转移防控机制，能有效促使城市污染防控工作与农村污染防控工作有机结合。一方面，转移防控机制有利于从根源上减少污染排放。通过加强规划环评，明确区域功能定位，避免城镇生产企业在生态保

护区、饮水保护区等环境脆弱区选址建厂，引导其向工业区集中，可以提高城镇企业环境治理的集聚效应。同时，应把住生产责任较大企业的污染排放关，提高城镇企业业主污染防治自主意识，通过政策优惠和资金激励支持企业加强农业科技创新，提高低碳绿色工艺水平和污染处理能力，从生产源头减少污染排放。另一方面，转移防控机制能从输入端倒逼城镇进行污染治理。受经济利益驱使，政企合谋不作为行为导致污染转移事件频发，因此，通过提高监管力度，对地方政府的不作为予以严惩，打消政府企业合谋的意图，将会有效减少地区污染转移量。同时，应通过增强全民环保意识，提升输出端和输入端公众对环境污染问题的关注度，倒逼城镇企业和地方政府规范自身行为，有效减少污染排放。污染转移输入端政府必须立足本地区长远发展，全民行动打好污染防治攻坚战，实现乡村绿色发展。

有效控制城镇污染向农村地区转移需要城镇和农村两端发力，以优化布局、提高清洁低碳水平从源头减少污染，以外部鞭策、监督助推企业绿色转型升级，阻断城镇污染向乡村转移，为农业绿色发展提高良好的生产环境。

12.1.2 绿色农业标准化机制

解决农业标准化问题是实现绿色农业的重要途径和战略选择（张琳琳等，2011）。绿色农业标准化体系是指在农业生产的全过程中，遵循科学、环保、安全、可持续的原则，建立完善的标准化管理体系，使其符合低碳经济发展的要求，其主要目的是保障农产品的质量和安全，同时减少对环境和自然资源的破坏。绿色农业标准化的本质是一种发展理念，是习近平总书记"绿水青山就是金山银山"科学论断在农业发展中的具体体现，强调农业经济、社会发展与生态环境的协调发展。

绿色农业标准化是生产绿色食品的基础，生产安全、无污染的健康绿色食品，需要建立一整套绿色农业标准体系，确保生产、加工、销售整个链条低污染或零污染。为实现绿色农业的标准化，必须在生产全过程中进行严格控制和管理，以对保障食品安全产生直接效果。在农业生产前端，绿色农业标准化可以规范农业生产者的行为以对生产管理手段进行优化，采用化肥减量、节能耕作等更环保、更生态友好的农业生产方式推动生产要素提质增效,降低传统生产方式对环境的负外部性,也能够在一定程度上提高农业生产的经济、社会以及生态效益,而优质的产地环境又提升了粮食产品质量,更符合消费者的需求,农业生产者既能获得较高产量又能达到节约资源、保护环境的目的。在农产品加工中端,绿色标准化要求农业企业以更环保、高效和低碳的原则进行生产加工,在保质保量的前提下,尽量降低对环境的污染程度,使产品规格和质量符合"绿色"标准,尽量降低对环境的污染程度,实现低碳产业运行和经济循环发展,守住绿色农产品的最后一道关。在市场消费后端,绿色标准化体系为市场采购主体提供参考,规模化、商业化的绿色农产品有利于引导经销商和消费者选择无污染、无公害、营养高的农产品,促进绿色消费市场的形成,倒逼农业绿色转型。

总的来说,绿色农业标准化是一个循环经济系统,可以有效地约束和引导各行为主体,从生产端到加工端再到消费端都要坚持绿色标准化,有效减少生产、加工和消费的环境成本,减轻农业对生态环境的影响以实现农业可持续发展,最终形成一个标准化的绿色循环体系,在一定程度上提高资源的有效利用率,从而促进资源节约型社会的建立。

12.1.3　绿色农业生态补偿机制

绿色农业的生态补偿机制是将生态补偿用于绿色农业建设中,其主要是对农业资源过度开发、对农业生态环境保护的赔偿,采用经济手段来降低农业生态系统的负荷。因此,绿色农业的生态补偿机制既是外部性的正向激励,也是内部性的负向惩罚,可以缓解人类活动与生态环境承载力的矛盾。作为一种保护生态资源和环境的经济手段,绿色农业生态补偿机制有利于促进农业可持续发展,使得农业经济发展和绿色、低碳之间达到平衡状态。绿色农业生态补偿机制具备自然生态补偿属性和社会补偿属性的特点。具体而言,补偿不仅是对农业生态系统进行补偿,即补偿、恢复、综合治理被人类破坏的生态系统、自然资源;还要对因环境保护而丧失发展机会的农民进行补偿,即给予其一定的资金、技术、实物补偿和政策上的优惠。前者强调实现生态环境、资源的良性循环,因地制宜对生态环境加大补贴力度促进绿色农业的高质量发展，如农村环境综合整治、化肥农药控量等；后者主要体现为政府部门通过经济补偿手段，以"激励"的方式引导农民保护农业生态环境和鼓励企业净化减排，在农业绿色转型实践中，补偿手段以经济补偿为主，包括直接支付补偿金、进行转移支付、减免指定项目税款等形式（张红宾，2019）。

农业生产经营者的环境不友好行为会直接影响农业生态环境，导致区域生态安全和经济发展失调。为助区域碳达峰、碳中和目标一臂之力，农业必须走低碳绿色之路。农业生态补偿机制为农业绿色发展提供了强有力的支撑。在实际生产经营活动中，农业企业和农户为获取更多利润和收益，会选择低成本、粗犷型的路径进行农业经济活动，进而导致污染加剧。在绿色农业生态补偿机制作用下，受偿方（主要是农民）对农业生态环境的保护做出了贡献，可以获得生态补偿金增加收入，抹平其较高的生产成本和环境治理成本投入；补偿方受到生态补偿金和补贴等宏观政策的制约，会采取绿色低碳措施进行生产以减少污染，如此将有利于农业绿色发展。绿色农业的生态补偿机制给予清洁环保型农业企业相应的补贴，能有效地平衡企业利益和生态环境效益之间的冲突，有益于激励企业绿色转型，从而降低生产污染。另外，农民因经济补偿带来的效益而选择主动参与绿色农业生产，保护农业资源以及维护农业生态系统，可以促进绿色农业的可持续发展。在生态补偿机制下走绿色低碳发展道路，提高了农民进行农业低碳减排的意愿，自觉将绿色发展的理念应用到农业生产实践中，确保了当地农业生态环境的可持续发展。

12.1.4 农业投入品减量使用制度

农业投入品减量是指在政府部门制定和实施适宜的制度的前提下，把握农业投入品使用的"量"，减少化肥、农药、农膜等生产资料的使用，避免因过量投入造成绿色农业发展的负外部性，其带来的环境效益将成为农业绿色发展的持续动力。碳达峰、碳中和目标要求农业以绿色发展为导向，绿色农业碳减排的实现离不开农业投入品减量使用。2015 年以来农业农村部组织推进化肥农药使用量零增长行动，各地积极探索农业绿色生产模式，加快推广科学施肥用药技术，我国农业投入品结构持续优化。同时开展有机肥替代化肥行动，推进以高效低风险农药替代化学农药。经科学测算，2020 年我国水稻、小麦、玉米三大粮食作物化肥利用率、农药利用率均在 40% 以上。2022 年，农业农村部启动新一轮方案，提出进一步减少化肥、化学农药施用总量（国家发展和改革委员会，2022）。四川省积极响应号召，提出"健全化肥、农（兽）药等农业投入品减量使用制度"（四川省人民政府，2023）。

"双碳"目标下农业绿色发展的推进过程中强调减少环境污染和资源消耗，意味着农业生产要实施农业投入品减量使用制度。在农业生产环节做"减法"，合理配置农业投入品，控制化肥、农药、农膜等投入量，进而减少农业生产过程中的温室气体排放，促进农业绿色转型升级。第一，化肥减量使用。通过测土配方施肥技术，制订科学合理的配方营养方案，将有机肥料作为主要肥料，化肥作为辅助肥料，控制化肥投入量及各种肥料的比例，有效提高化肥利用率（郭永生，2019）。保证农作物高肥效、高产量，又有效减少碳使用量，农业面源污染减少，对走绿色可持续发展道路有积极的影响。第二，农药减量使用。农药投入品减量化，在保证农民生产不受损的前提下，以绿色生产方式替代化学投入品，不断减少农药施用，以确保安全与品质（赵秋倩，2021）。农药减量使用主要聚焦于研发新型农药、运用绿色防控技术，引导农户规范农药施用行为，既保证农药的有效使用，又做到进一步保护和改善土壤环境，降低生产环节的农业碳排放总量，为推进农业低碳转型、提升绿色竞争力提供重要依据。第三，农膜减量使用。降低农膜施用强度，逐渐减少覆膜面积，合理安排农作物轮种，提高农膜的使用效率；通过使用可降解塑料作为地膜材料，保障农膜回收处理的高效性。在保证良好的生态环境的前提下实现农作物生产绿色增产增效，实现农业可持续发展。

12.1.5 农业碳减排市场机制

"碳排放权交易"这一概念最早出现于 1997 年签订的《京都议定书》中，《京都议定书》提出二氧化碳的排放权可以像普通商品一样交易，后被泛化为各类温室气体排放权的交易，由于二氧化碳占据了温室气体的绝对主导地位，因此温室气体排放权的交易被简称为"碳交易"，而从事这种排放权交易的市场被称为"碳排放交易市场"。与政府命令型环境规制不同，碳市场机制的核心是将碳排放权商品化，以碳价反映碳排放的外部成本（翁智雄等，2021），利用价格机制引导不同主体进行碳交易。作为实现"双碳"目标的核心政策工具之一，碳市场通过市场化机制约束和减少碳排放、促进低碳技术的研发和应用、提高资源配置率，进而推动绿色低碳发展。

在农业系统中，森林生态系统综合价值数值较大，林业碳汇常被作为碳交易的主要标的物，成为撬动绿色转型发展的重要支点。不容忽视的是，耕地、草原等也是农业系统中重要的碳吸收源，秸秆还田、粪肥还田等措施可以吸收温室气体，有效增加碳汇值，农业生产经营者通过碳汇市场交易可以获得碳收益（杨长进，2020）。但目前，种植业、畜牧业等农业部门的碳交易体系尚不健全，农业生产经营者缺少将碳吸收量/碳排放量进行交易的市场机制体制（李晓燕等，2012）。农业碳源和碳汇属性同碳交易市场对接，将有利于实现农业可持续发展，因此，有必要通过市场机制实现农业碳减排，保障农业绿色发展。

在市场化机制体制下，碳市场通过管控和分配配额总量对生产经营者的碳排放行为产生约束作用（王为东，2020）。对于减排成本低的农业企业而言，市场机制能够驱使其提升低碳和清洁技术能力，将碳配额出售获取额外收益，再把这些资金进一步投入技术创新；而减排成本高的农业企业则可以通过碳市场购买碳排放权，履行其碳减排义务。此外，碳市场机制也会间接刺激农户采取化肥减量、污染减源、增加土壤碳汇能力等措施，提高农业碳吸收量的综合价值，以此获取碳收益。由此可见，碳市场具有巨大减排潜力，市场机制能有效促进农业低碳转型。未来要建立起完善的农业碳交易市场系统，让更多主体参与到碳交易市场中；完善农业碳交易测评体系和碳交易权价格机制，为推进碳交易构建基础；健全碳交易主体激励保障制度，提高参与主体积极性；同时，协同政府统筹和三方机构监督，共同助力农业低碳发展。

12.1.6 参与主体利益联结机制

利益联结机制是各参与主体之间在利益方面相互联系、相互作用的制约关系及其调节功能（陈慈等，2021）。市场经济下，各参与主体往往有着不一样的利益诉求，为共享利益，各参与主体相互协作，形成利益共同体，并通过制度激励和约束利益相关主体的行为选择，形成稳定紧密的利益联结机制。在传统农业向现代化农业转型的过程中，涉及中央和地方各级政府、企业、科研院所、高等院校、农业合作社、农户、消费者等众多直接或间接参与主体，而各主体利益诉求不同，构成了农业绿色转型的压力。若能将主体间的矛盾冲突协调至各方互利共赢的平衡状态，就能将转型压力转化为助推农业绿色发展的内在动力，在满足整体利益最大化的同时，实现各参与主体利益的最大化。

从生产前端到市场消费端，我国农业转型存在诸多短板，包括生产效率低下、市场运营能力有限、农业发展红利无法完全共享等，各参与主体间的博弈关系也变得更加复杂，因此需要通过构建利益连接机制实现各方互利共赢。围绕利益联结机制促进农业绿色发展这一问题，本书认为，第一，利益联结机制有利于拓展科技创新模式。在农业技术创新方面，构建"政府＋企业＋科研院所"的科学技术创新联盟，有利于打通农业技术成果转化的"最后一公里"，提高农业生产规模性、效率性和科学性。第二，利益联结机制能有效降低生产成本，提升农业现代化水平。利用市场化方式，采取实施"统购、统种、统收、统防、统治"的农业社会化服务模式，让专业的市场主体统筹服务农业生产，可以有效降低农业生产成本、提高生产效率，促进农业现代化发展。第三，利益联结机制有利于促进集体经济增长，确保参与农户享受发展福利。根据区域资源特色，探索、构建和实施"村集体经济组织＋农业企业＋农户"的利益联结模式，由企业或社会组织全程提供技术、管理、销售方面的服务，鼓励农户利用绿色技术从事特色种植或养殖生产活动，形成符合乡村特点的新产业、新业态，让农户轻松获利的同时，也能稳步提升集体资产。

总而言之，在农业绿色发展过程中，政府、企业、社会服务组织、农户、消费者等主体都发挥着不可替代的作用，推进农业绿色生产进程，不仅要以各参与主体培育为重点，还要完善参与主体的利益联结机制，把主体间的矛盾冲突协调到各方互利共赢状态，才能共同推进农业绿色发展。

12.2 四川省农业绿色发展的实现路径

12.2.1 构建科学合理的政策体系

多元化、混合政策有利于低碳发展。为控制整体碳排放，碳汇市场交易应运而生，在"看得见的手"与"看不见的手"的共同作用下，碳汇市场为发达国家和发展中国家之间、普通企业和低碳企业之间进行"碳活动"提供了交易平台，若碳资源无法在主体间流通和配置，那么，"碳汇资源垄断""市场有效性不高"等问题就会显现，因此，有效的配置工具和手段是解决这些问题的重要前提。作为一种政策类减排工具，碳税是一把"双刃剑"，当企业减排成本较低时，征收碳税有利于企业减少碳排放量并激励企业开发减排技术。而对于碳排放基数较高的传统行业的企业而言，过低的碳税所增加的成本并不会对企业的利益造成太大影响，通过进一步扩大规模和转移成本就能抵销碳税增加的成本，这样并不能达到实际的减排目的，更无法刺激企业创新低碳技术；碳税过高又会抑制企业经济发展，不利于企业开发技术进行低碳转型。对于想转型的普通企业（污染企业）和转型初期的企业而言，政府补贴政策能帮助企业克服一定的外部性。

具体而言，企业作为低碳技术的创新主体之一，在研制、开发过程中存在的高风险需要企业分摊一定的成本，企业自身利益的减少会阻碍企业低碳转型意愿，因此，当政府承担起在低碳技术创新中应承担的责任，实施补贴政策以分担企业风险将会促进企业低碳转型。由此可见，仅依靠单一的碳税政策或者补贴政策，难以保证生产者顺利向绿色低碳转型，建立科学化政策体系显得尤为迫切。具体做法可以概括为：对高碳转型企业，既要实施碳税，控制其碳排放数量，又要给予低碳技术创新补贴，为自身经济行为的运作和低碳转型的过渡提供保障；对于转型初期的企业来讲，政府碳补贴政策能帮助企业度过转型初期资金困难问题；同时，碳税和碳补贴双重政策能够加速提高低碳企业的市场占有率，抑制普通企业（污染企业）的市场竞争力，促进整个市场向低碳化发展。总之，综合利用好各项行政的、经济的政策措施，才是有效促进农业领域碳减排的出路。

12.2.2 普遍提高生产者低碳意识

意识决定行为，当农业生产者具备低碳和绿色生产意识时，才有可能最终采取低碳绿色的生产行为。董梅等（2018）对陕西省农村家庭能源消费结构进行研究时发现，低碳意识的增强可以促进农户选择和使用清洁能源；提高农户的绿色认知，可以消除社会规范对农户的锁定效应，从而刺激农户产生绿色生产行为（李昊等，2022）。提高低碳技术的采纳率，必须要从内、从外刺激农户的低碳意识。

一方面，关注农户自身和所处家庭的整体特征，从农户本身和家庭内部视角出发，将行为意识转化为具体的低碳行为，毕竟农户由于自身生计资本的差异性，也会产生不同的技术偏好（郭立彭等，2022）。户主年龄、健康状况、是否为村干部，家庭人口数量、家庭总收入等因素，都会或多或少对农户的低碳行为产生影响（王萍等，2022）。因此，提升农户的人力资本、丰富社会资本、助力农户累计金融资本、拓宽农户获取其他生计资本的渠道，有利于农业低碳技术的推广与应用。另一方面，要形成从外到内的拉力。石志恒等（2022）发现，信息获取的渠道越广，农户更偏向于采纳绿色防控技术，高质量社会化服务能促进农户实施减量化行为；不同农户之间的沟通交流、新型农业经营主体的经验和资源分享，有利于农户生态耕种行为的发生（张玉琴等，2021）。此外，政府相关部门要做好低碳行为的宣传工作，不断加强环境规制对农户行为的约束（张红丽等，2021），促进农户环境友好行为，从而提高农户的低碳技术采纳率。总之，刺激农户学习社会群体的行为，促使农户将政策约束带来的压力内化为低碳行为意愿，引导农户关注破坏自然环境导致的威胁性后果，将成为实现生产经营行为低碳化的重要途径之一。

12.2.3 构建政府间协同行动机制

政府的行动密切影响其他农业绿色发展参与主体的行为。政府的间接扶持（如环保宣传）和直接扶持（如技术创新激励）以及政府监督，能明显影响企业的绿色创新行为（刘海英等，2021；徐乐等，2022）。对于政府而言，补贴消费者执行成本较低，补贴企业对产业的升级转型具有一定意义，但两种补贴方式下的社会福利和产品市场份额一样（杨晓辉等，2022）。由于中国式分权的特点，中央政府和地方政府在治理环境的过程中，治理路径、治理效果会呈现不一样的特征。中央政府会考虑自身长远的发展而选择合适的督查力度，并且认为加大惩罚力度会促使地方政府加大对低碳行为的督查力度；同样地，地方政府也会根据自身的追求而拨付给企业不同比例的专项资金，同级地方政府间竞争所产生的正、负外部性会影响政府的监管力度（许文博等，2021）。中央政府和地方政府在一定程度上都是理性经济人，监管成本、治理成本、参与成本、生态收益、经济收益、补偿力度、惩罚程度等因素，都会影响中央和地方两级政府低碳行为的演化稳定策略（马军等，2019；潘鹤思等，2019）。因此，中央政府和各级地方政府必须要实现有效衔接，消除信息不对称，减少上下级博弈，对外形成合力，共同促进低碳工作的有效实施。

一方面，中央政府应将环境考核纳入地方政府的绩效考核中，根据各地情况合理分配技术、人才等资源，建立合适的生态补偿机制；各级地方政府因地制宜，将这些资源进行再分配，认真落实中央政府对整个减排过程制定的政策措施，实现资源有效配置。另一方面，地方政府作为减排主体的直接接触者，要发挥监督者的作用，以生态效益为己任，严格管控各主体碳排放行为，并及时向中央反馈实践过程中存在的问题，以调整现有政策方针的不足，形成合力，协同推进农业领域的减碳增汇。

12.2.4 积极促进企业的绿色转型

研究发现，企业利润和产品市场占有率会根据消费者环保意识的增加而增加（杨晓辉等，2022）；消费者低碳偏好的增加也会降低供应链企业的成本分摊比例（张路等，2022）。相较于非试点城市的企业，推行低碳城市试点政策能显著提高企业层面的就业水平（王锋等，2022）；同时，低碳城市试点政策可以通过"创新效应"促进企业高质量、可持续发展（王贞洁等，2022）。在消费者绿色偏好和低碳鼓励政策的推动下，生产企业更倾向于走低碳绿色道路，也更容易实现可持续发展。因此，在消费者低碳消费趋势逐渐明显和环境规制政策（如碳税、碳交易等）不断严格的大背景下，各类企业必须审时度势，考虑企业的长远发展，进行低碳转型。在"双碳"目标下，企业绿色低碳转型能够提高企业的盈利能力（徐枫等，2022）；在垄断市场中，企业使用低碳技术运营生产更有利可图（郭强等，2018）。一些高碳企业正是认识到了这一点，所以早早就向低碳方向转型，以期实现可持续发展；同时，相对而言已经达到低碳企业标准的企业也需要在激烈的竞争中不断优化内部结构、改进技术与装备，以此来扩大市场份额，抢占未来发展先机；那些迟迟不愿转型的污染企业必定会被淘汰在产业低碳转型升级的浪潮中。企业发展要走低碳转型的可持续发展道路，必须认识到碳风险意识与企业的创新和碳绩效息息相关，消除转型的观望态度（周志方等，2019），冲破技术、人才、资金等因素的制约，为企业低碳转型准备充足动力。

12.2.5 发挥碳汇市场调节作用

碳汇市场作为各行为主体进行"碳活动"的重要场地，其有效性对于绿色发展事业具有重大意义。对于碳市场中的控排企业和投资者而言，市场的流动性在很大程度上决定了碳资产预期收益（邓茂芝等，2019）；增强碳汇市场的流动性可以促进企业的技术进步，进而推动低碳转型发展（张修凡，2021）。目前，我国碳汇市场面临着扩大交易规模、加强监管体系建设、完善配套金融工具、形成市场价格信号等诸多挑战（吴学福，2022）；加之在碳汇市场建立初始阶段，具备低碳意识和低碳行为的消费者较少，市场主体实现低碳运营的成本相对较高，政府、企业以及消费者之间存在信息不对称的情况较明显，导致消费者购买低碳产品意愿较低，企业无法获得适合的低碳溢价收益（刘雯雯等，2022），市场流动性低下的问题突出，因此，调动碳汇市场有效性需要各方主体共同推进。

一方面，碳汇市场直接通过碳汇交易，使有碳汇需求额度的企业通过市场这种较为高效的途径获得碳汇额度用于抵消自身的碳排放。碳汇需求企业作为碳交易的主体，不仅会主动参与到碳交易市场中，使碳汇交易行为实质性发生，也会在政策和经济的双重刺激下，主动提高企业本身的技术研发能力和应用能力。各企业间积极主动进行碳交易互动，获取和学习其他先进企业的外溢技术并内化为自身技术优势，提高市场活跃度。另一方面，碳汇市场间接地让企业、投资者看到碳汇资产所具备的金融属性，刺激这一部分参与主体有意识地节约减排指标和生产更多碳汇，由此间接地调节生产者行为，为企业实现绿色低碳发展提供动力。市场中的投资者、消费者等各类非实质性减排主体，也会在遵守市场秩序规定的情况下，合理安排投资金投资，共同促进市场有效性与繁荣，最终达成减排的目的。

此外，政府作为碳市场交易的组织者，一方面，应适当地介入市场，解决市场失灵问题，扶持初期阶段的市场顺利进入良性运行状态；另一方面，应动态监管平台成员的行为，以形成良好的交易的氛围。同时，政府也应通过指导和服务，通过市场自身发展吸引更多的减排主体参与，创新更多交易产品活跃市场，增加市场交易主体和交易产品的多元化，扩大市场丰度，提高市场稳定性。

12.2.6 产业间与区域间的互相带动

农业绿色发展的实现可以通过不同产业的融合与集聚发展得以实现。农业产业融合通过诸多效应不断影响农业的方方面面，是农业绿色发展的重要动力。产业融合有助于增加农民收入（曹菲等，2021）、缓解其脆弱性贫困（李晓龙等，2019）、提高农业韧性（郝爱民等，2022），从而刺激农户参与绿色农业的积极性，保障农业健康发展。农业产业内部融合、三产融合形成的"林下经济""循环经济""光伏＋农业"等模式，应用于生产将有助于提高资源利用效率，进而推动农业绿色发展的质量。然而，产业集聚对于农业绿色发展而言可能呈现出正向影响（杨丽等，2005）、负向影响（银西阳等，2022）或者"U"型特征（徐彬等，2022），因此，只有做好产业合理集聚，发挥集聚优势，才能促进农业绿色发展。

农业绿色发展的实现还可以通过不同区域间互相带动来实现。某个区域的行为会直接影响邻近区域的决策和行为。通常来说，当某一区域碳排放效果显著时，周边区域便会紧张起来，向"优等生"看齐（何艳秋等，2021），学习该区域的减排技术和知识，形成区域间良性竞争。同样，空间溢出效应也会引起区域间绿色发展的间接互动。对于发展水平较高的地区，其丰富优质的资源、技术、知识等将会向周边地区扩散，辐射带动邻近地区的发展（何艳秋等，2022）。区域间互动交流产生的技术溢出、知识溢出、产业溢出，能够通过示范、模仿促进周边地区农业绿色产业、技术和知识的水平，提高农业绿色发展质量。

12.3　四川省农业绿色发展的保障措施

12.3.1　确立明确的农业绿色发展目标

"十四五"时期是农业实现碳达峰的关键期，必须确立明确的目标倒逼农业绿色发展。一是确立"提供高质量农产品"的目标。新时代人民群众物质生活得到极大满足，开始追求更加优质、绿色、安全的食品，对产品质量的关注与日俱增。因此，农业绿色发展必须注重高质量供给，以满足人民日益增长的美好需求。二是确立"高效利用资源"的目标。人多地少和资源稀缺是我国农业面临的现实问题，必须要加强资源的合理配置和利用，制定科学的资源利用方略以提高农业全要素生产率，实现农业向低投入、低能耗、低排放、高产出的模式转型。三是确立"美丽中国建设"的目标。美丽中国建设离不开乡村良好的生态环境，而美丽乡村建设的重点工作就是推进农业绿色发展。绿色农业这一环保工程优化了农村的人居环境和生态环境，其价值直接体现为还绿水青山于美丽乡村、美丽中国（付伟等，2022）。农业发展要以上述三个具体目标为导向，加快形成农业新格局，从而倒逼农业绿色发展。

12.3.2　保障农业绿色发展参与者利益

农业绿色发展涉及众多参与者的相关利益，探明并保障各参与者的利益是农业绿色发展的关键。对于农业企业和农户来说，从传统农业生产经营方式转向绿色低碳模式的成本较大，短时间内不能获利，出于利益的考量，大部分参与者转型意愿较低；对于地方政府而言，如果地方政府没有很强的环保意识和绿色大局观，不能将区域经济利益放在首位，忽视生态利益，那么地方政府便有很大概率会与当地农业企业合谋，不按照规范低碳方式生产，以牺牲环境资源换取地方经济利益最大化。从长远来看，参与者对自身利益最大化的追求阻碍了农业绿色发展的步伐，这对农户本身、农业企业、地方发展甚至全国发展都是不利的。为了加快农业绿色发展速度，必须要寻找各参与者间的均衡点，切实保障参与者的绿色利益。政府可通过引导企业和农户改变生产观念，提高绿色生产意愿，采取补贴、税收返还等措施帮助其降低前期转型成本；通过改善绿色生产条件、传授参与者生产技术等途径来提高绿色技术应用率，实现农业产出效益最大化，从而保障参与者收益最大化。

12.3.3 借助市场力推动农业绿色发展

农业绿色发展，离不开市场在资源配置过程中发挥的作用。市场不仅能实现资源的优化配置，还能达到控制温室气体排放的目的。但目前，在全国碳排放交易市场中进行碳汇交易活动的主体绝大多数来自电力行业，仅涉及个别与农业有关的碳汇交易（2022 年 5 月，厦门产权交易中心设立了全国首个农业碳汇交易平台，形成农业碳汇登记、交易、融资等一站式服务，三个月时间成功完成 6.6 万吨农业碳汇交易①）。作为三次产业中唯一能够吸收温室气体的产业部门，迅速扩大农业碳排放交易市场具有必要性。应循序渐进将森林碳汇、湿地碳汇、农田碳汇交易等纳入碳排放交易市场，提高农业碳交易产品形式丰富度；将不同主体纳入交易市场，增加交易主体之间"碳行为"的互动频率，提高市场活跃度。以此形成交易主体和交易产品的多元化，提高交易市场有效性，增强市场应对风险的能力。此外，管理者要规范农业碳交易市场的原则和制度，约束交易主体行为，创造良好的市场交易氛围，借助市场的作用驱动农业绿色发展。

12.3.4 推出农业绿色发展的法律制度

农业绿色发展是中国未来长远发展的趋势，必须构建完善的法律体系，

---

① 全国首个农业碳汇交易平台在厦门落地［EB/OL］（2022.05.06）（2024.05.25）. http://www.fujian.gov.cn/xwdt/fjyw/202205/t20220506_5903853.htm.

以此保障农业绿色发展的持续进行。中国签署了《巴黎协定》《京都协议书》等国际条约，这些国际法律条文深刻影响着国内的相关法律体系（梁平等，2022）。国内关于低碳减排的法律条文并不少，在农业领域，涉及了森林碳汇、草原保护、土地管理、海洋环境保护等多方面的法律制度，然而这些法律制度主要是倡导性条款，在推动农业绿色发展进程中缺少实践力度，并且一些法律条款在"碳减排""温室气体"等相关内容上处于缺位状态。农业碳减排是实现农业绿色发展的重要组成部分，但是我国目前却没有出台专门关于农业碳中和的法律法规（刘明明等，2021）。因此，我们必须努力完善农业领域绿色减排相关的配套法律体系，特别是增加农业减排相关的法律法规。通过明晰各地方、各部门权责利，形成合力以保障农业绿色发展。

12.3.5　完善科学技术转化与推广体系

低碳技术的缺乏将难以保障农业绿色发展的顺利实现。目前中国农业绿色发展的相关技术正日益变得丰富，但仍然存在产业和区域分布不均衡的状态，据统计，这些技术有超过80%的成果集中在种植业，而养殖业领域的技术成果占比较小；从总量上看，成果数量从东部、中部到西部依次减少（王欣等，2022）。造成这一结果的原因可能是各地区的生产资源不同，科研团队、研发资金和力量存在差异。与此同时，与农业绿色技术配套的其他技术（如清洁煤技术、光伏技术、碳捕集封存与利用技术等）面临建设运营成本高、资金缺口大、核心技术靠进口、难以复制推广等问题（李万超等，2022）。在碳中和愿景下，必须优化农业科学技术的布局，推动成果创新和人才培育，注重向农业绿色发展领域投入更多的必要资源。针对不同地区的不同农业发展资源禀赋，提出适应性更高的农业绿色发展解决方案。在大力投入研发的同时，注重技术转化与推广，形成可复制的技术模式，落地实践和扩大使用范围。建立先进的技术研发、转化、推广与应用体系，实现农业内涵式发展，保障农业绿色发展政策的转化。

12.3.6　构建高效部门协作与社会化互动机制

农业绿色发展政策落地转化离不开相关部门及其人员的共同推进。各部门间加强协同，围绕"双碳"主题形成合力，防止各自为政阻碍农业绿色发展事业。政府、企业和个体的减碳行动应各有侧重，通过一定的联系形成良好的社会互动。政府通过制定"双碳"政策方针、行业标准、支持研发、引导低碳舆论等，向企业传递信息；企业响应政府号召，进行技术升级和结构转型，为实现碳中和做前期准备，并向市场和消费者提供多元化产品选项；公众的低碳偏好将促进企业碳减排行为，如此便形成社会的良性互动。从中央政府到地方政府、到各生产企业、再到生产经营主体，都需要跟上农业绿色低碳发展的步伐，理解绿色、低碳理念的内涵和外延，向先行地区学习绿色低碳技术和管理经验，增强各主体生态环保意识，转变高排放的生产经营方式。部门关联协作与社会化良性互动将极大地保障农业绿色发展的顺利开展。

12.4　研　究　小　结

本章分别从六个方面对四川省农业绿色发展的保障机制、实现路径和保障措施进行了讨论。在保障机制方面，构建了城镇污染转移防控机制、绿色农业标准化机制、绿色农业生态补偿机制、农业投入品减量使用制度、农业碳减排市场机制和参与主体利益联结机制。在实现路径方面，从构建科学合理的政策体系、普遍提高生产者低碳意识、构建政府间协同行动机制、积极促进企业的绿色转型、发挥碳汇市场调节作用和产业间与区域间的互相带动六个方面进行陈述。在保障措施方面，一是要确立明确的农业绿色发展目标；二是要保障农业绿色发展参与者利益；三是要借助市场力推动农业绿色发展；四是要推出农业绿色发展的法律制度；五是要完善科学技术转化与推广体系；六是要构建高效部门协作与社会化互动机制。

第13章 主要结论与研究展望

13.1 主要研究结论

通过对我国和四川省农业绿色发展的参与主体、实现机制与路径、保障措施等一系列内容的研究，可以得出以下主要结论：

第一，我国所提出的农业碳中和、农业绿色发展以及生态文明建设，都有着清晰的目标、确切的依据以及完全的可能性，三者之间存在内涵统一性，有着密不可分的联系，是相互促进的关系。农业碳减排、碳中和与农业绿色发展之间存在对立统一的辩证关系，碳中和从生态补偿以及全球碳减排博弈角度为农业绿色发展赋能，具体路径有政策制度与法律法规、资金以及发展农业碳交易市场等。

第二，目前四川省的农业绿色水平低于全国水平，在农业绿色水平综合得分中，各指标占比顺序依次是绿色生产、生产效率和生态环境。驱动四川省农业绿色水平在观察期间正向变动的因素主要有城镇化水平和土地资源禀赋，而驱动四川省农业绿色水平负向变动的则主要是机械化水平。在农业碳中和目标的约束下，除了从制度设计层面考虑碳汇交易、征收碳税等途径外，还需要考虑提高城镇化水平和做好土地资源规划、协调好农业生产机械化、规模化与农业减碳，以此来积极应对农业绿色发展要求以及助力农业碳减排的区域（省域）间协作。

第三，全国的农业碳排放量目前正处于下降阶段，农业碳排放中占比最大的是畜牧养殖，比率常年在50%左右；其次是农地利用；最后是水稻种植。而农业碳汇资源总体呈现上升趋势，水稻、小麦、玉米是最主要的碳汇来源，并且在研究期间，农业碳汇资源多于测算的碳排放量。四川省与全国具有相似的趋势，全国和四川省的农业碳环境都处在相对健康的状态。2021～2030 年碳排放潜力较大，以模拟情景作为参考，全国到 2030 年最多可以减少 4 128.67 万吨碳排放，四川省则可以减少 331.40 万吨碳排放。

第四，中国是全球生态文明建设的"引领者"与"推动者"。"碳中和"对世界各国而言都是一条全新的发展道路，并没有成功经验可以借鉴，中国必须自主探索相关路径，率先进入绿色发展国家的行列。在四川省农业绿色发展动力方面，政策导向动力为直接动力，提质增效动力为间接动力，国际市场的需求为重要动力，环境效益是持续动力。四川省应当挖掘内生动力，从而促进四川省农业碳排放效率的提高，推动农业绿色发展转型，走出一条符合新发展阶段特征的农业高效、高质、低耗的绿色可持续发展道路，为全国的农业绿色发展发挥模范带头作用。

第五，农业绿色发展可以利用循证实践框架进行分析，参与农业绿色发展的各个主体要运用科学的管理方式将客观证据应用到实际的农业绿色发展过程中。从动力角度看，保障国家粮食安全、推进乡村振兴和提高农业核心竞争力是管理者推进农业绿色发展的主导动力；政策制度的偏向和实践者内部之间的竞争是推进农业绿色发展的主要动力；经济、心理上的满足是实践对象推进农业绿色发展的内生动力；自我价值、社会价值的实现是研究者促进农业绿色发展研究的外生动力。

第六，无论是否将农业本身具有的碳汇考虑在内，征收碳税这一行为都会使生产者剩余和消费者剩余减少。当政府实施补贴政策时，补贴不足同样会减少生产者剩余和消费者剩余，只有当补贴额度大于企业的减排成本时，生产者的减排压力变小，消费者福利感增强，社会整体福利才会上升。碳中和倒逼农业资源进行最优配置，农户的绿色低碳行为受个人特征、家庭特征、意识观念特点等个体因素的自发驱动和邻里、政府、环境等外部因素的推动。中央政府和地方各级政府在农业全产业链中发挥着重要作用，从前端到中端再到末端，政府自始至终都在不断为碳减排事业作出努力。在碳减排刚性约束下，企业的经济活动受到宏观政策影响，同行竞争也会驱使企业按照适应社会的机制来运行。市场作为一个连接各个主体的重要平台，扩大市场规模、提高市场活跃度、实现多元化交易、降低市场风险是保证市场有效性的基础。

13.2 研究展望

　　自第二次世界大战结束以来，国际形势风云变幻，全球化浪潮不可阻挡，人类在这一过程中经济和技术得到极大发展，人类文明在全世界各国的共同努力下得以延续和昌盛。当世界人口越来越多，且越来越频繁地面临各种极端自然环境问题的时候，世界各国必须通过协商与共治的方式来解决全人类共同面临的环境恶化问题。尽管这样的努力还未在所有主权国家之间达成一致，但是基本达成了"人类活动造成的温室气体排放对我们生活的世界造成了深刻且不好的严重影响，人类有义务行动起来消除这些不利影响，使人类文明得以延续"的共识。可持续发展理论的提出是对这个共识最好的注解，也成为指导当今世界向前发展的一个基本理念。

　　在过去的四十多年中（1979年至今），中国经济在可持续发展理念的指导下，质和量都有非常不俗的表现，在全球化浪潮中，中国逐渐融入世界、影响世界、引领世界。一方面，对外做出承诺将中国的温室气体排放水平在2020年末降低到2005年的40%～50%，更是提出"2030年前实现碳达峰、2060年前实现碳中和"的"双碳"目标。另一方面，在国内通过技术升级、体制创新等手段切实促进国内各产业、各行业实际减排。不论对内对外，中国都为全球温室气体减排做出了重要贡献。

　　中国作为世界上人口总数排名第二且资源分布极度不平衡的发展中国家，经济发展在当下以及未来很长一段时期内都将是社会发展的中心和重心。而作为国民经济的基础性产业以及生态文明建设的重要领域，农业的绿色发展是当前在经济发展与环境保护问题上所采取的必要手段，政策制定与减排实践都需要在一个更高的层次上进行思考并做出决断。解决经济发展与温室气体减排限制之间的矛盾需要有大局观，需要通过优秀的平衡机制与有效的减排机制来实现，这有赖于完备的顶层设计和各地各类参与主体的积极响应与配合。

　　自1992年中国签署《联合国气候变化框架公约》以来，中国社会表现出的对于温室气体减排和应对全球气候变暖问题的热情与实际工作成效使我们有理由相信，在未来，中国将拿出更科学、更有效的措施来应对温室气体减排这一世界性难题，同时中国农业也将有条不紊地持续绿色发展。

附录1　四川省农业机械碳排放
预测分析[*]

农业机械节能减排，一方面有赖于对现有适宜发展机械化地区土地的整治规划以提升机械化水平（姚念深等，2016；刘琼等，2020）；另一方面有赖于对老旧高耗能农业机械设备进行更新换代（李成龙等，2020；徐峰等，2018）。另外，在此基础上，还可以借助技术创新（徐清华等，2022）以及种植结构"趋粮化"效应（Dumortier et al.，2021；Himics et al.，2018）等途径降低农机单位碳排放强度。通过三管齐下的农机绿色节能行动努力实现到2030年农业机械碳排放达到峰值。值得注意的是，在努力实现碳达峰的过程中，由于农业机械在可预见的未来仍然将以化石能源为主要动力源，因此，设法提高农业机械燃油效率，即通过技术手段提升能源使用效率是农业机械减排的一条重要途径。在减少化石燃料使用的基础上，积极设法降低农业机械碳排放强度，提升单位碳排放的农业（种植业）产值，也将是农业机械绿色节能的一个内容。多管齐下科学规划四川省农业机械化发展，努力到2060年与农业其他减排板块内容一同实现碳中和。

农业机械化是农业现代化的显著标志之一，是提高农业劳动生产率最重要的手段。农业机械化为农业生产带来便利，结合其他农业科学技术能大幅提升农产品产量与质量，在粮食安全红线约束与农业现代化发展背景下具有重要意义。

狭义的农业机械化主要指农业机械在种植业耕、种、收环节的使用，而广义的农业机械化则包括农业灌溉、牲畜保暖、自动投喂、农产品粗加

---

* 附录1为2022年四川省农业农村厅《四川省农业碳减排碳达峰实施方案》编制研究阶段有关农业机械碳排放部分的研究内容。

工与精加工等环节所使用的机械设备。农业机械设备主要使用柴油等化石燃料以及由化石燃料转化而来的电力作为动力源。随着农业机械化水平的不断提高，在技术进步水平有限的情况下，机械化作业产生的以二氧化碳为代表的温室气体排放（以下简称"碳排放"）也将持续增加。目前中央层面的农业部门还没有统一具体的碳达峰、碳中和时间表，但地方农业部门已经开始行动，正积极研究与制定农业绿色发展和农业碳达峰与碳中和绿色发展行动计划。随着越来越多的耗能设备投入到种植业耕、种、收以外的环节，农业机械设备板块的节能减排工作亦不容忽视。

一、中国农业机械化现状

一是农业机械化程度逐年提高，能源排放成为第一排放源（金书秦等，2021）。近年来，全国农业机械化水平一直处于逐年上升的趋势。截至2020年，全国农业机械总动力为10.56亿千瓦，主要农作物耕种收综合机械化率已达到71.25%，小麦耕种收综合机械化率稳定在95%以上；水稻、玉米耕种收综合机械化率分别超过了85%、90%。全国使用的农业机械包括农田动力机械、农产品加工机械、农业排灌机械、畜牧机械等很多种类，其中农田动力机械所消耗的柴油资源最大，2019年全国农业机械消耗的柴油量就已经超过1 475万吨，由此产生的农业机械能源排放超过化肥成为第一大排放源。

二是农业机械服务机构不断增加，农业机械产业得到快速发展（Yi et al.，2019）。近年来，我国农业机械大户、农业机械合作社等新型农机服务组织不断发展壮大，农机服务领域不断拓宽，农业机械服务产业化进程加快，农业机械销售、作业、维修三大市场蓬勃发展。截至2020年，全国农业机械服务组织超过19万个；农业机械户接近4 000万个，共有约4 800万人，农业机械作业服务专业户达到420万个；全国农机维修厂及维修点有15.55万个，农业机械维修人员约90万人。由此产生的农业服务收入也屡创新高，2020年已经超过4 780亿元。

三是农业机械使用以小型机械为主，能源消耗和污染严重（方师乐等，2019）。我国农业机械化以小型机械为主，这会造成机器耕种一样面积的土地所消耗的资源更高，环境污染更严重。截至2020年，小型拖拉机达到 1 780 万台，数量接近于大型拖拉机的 4 倍。我国农业机械化中对于机械柴油机的使用占多数，这样会使耗油量大大增加，并且我国的土地没有得到高度的规模化利用，机械化农业生产并没有大规模地进行，大部分都是小型或单一的集约化生产，在机械化农业生产中场地的不断更换，会造成农业机械化生产中机械使用率低，浪费时间、财力、物力，同时对资源的消耗极大。

四是资金投入不足以及专业人才缺乏，导致农业机械减排技术落后（方师乐等，2019）。农业机械设备的研究、开发、使用离不开专业的技术人员，必须有足够的资金支持来引进关键技术和人才。但由于对前期工作的不重视，各方工作不到位，导致大部分农机燃油效率低，受制于技术"瓶颈"，至今无法有效实现节能减排。而农业机械技术进步有其自身规律，有赖于资金投入、专业技术人员投入、基础物理与基础化学领域的突破，是一个漫长的过程，农业机械节能减排技术发展无法一蹴而就，农业机械化生产也注定会在相当长的时期内维持较高的碳排放水平。

二、农业机械节能减排的问题

一是农业机械排放量估算缺少统一标准。对于机械化程度的衡量标准存在进化空间，目前的机械化程度主要衡量种植业主要作物在耕种收环节所投入的机械生产比例，而全国情况与其他地区相比又有所差异。此外，全国机械化的衡量并未将农产品加工环节的机械使用纳入核算范围，因此农业机械碳排放的计算存在漏算的情况。从碳排放估算角度来看，农业机械因燃油消耗所产生的碳排放能够较为准确地估算，但是因消耗电力而产生的碳排放则很难准确估计。随着农业现代化加工产业的不断进步，农产品加工机械耗能成为农业机械耗能的大户，而电力是农产品加工行业最重要的能源。农业机械绿色节能发展，对于因电力消耗所产生的间接碳排放应有所核算，但目前的农业机械碳排放核算并未将农产品加工，尤其是精加工环节所涉及的农业机械纳入核算范围，且无核算标准。

二是农村耕地细碎化，抑制农业机械使用。农村耕地细碎化问题，一直是现代农业发展的难题（陈银娥等，2018）。耕作地块细碎，不利于农业机械化应用。以耕地细碎化为基础的农业生产，耕作效率低下。由于耕作地块细碎，机械在不同地块间转移困难，抑制了农业生产对先进机械的采用，因此就出现了农业生产规模和机械化的现实矛盾。耕作地块细碎，不利于土地规模经营，同时会降低农业生产效率。地块过于分散，连片地太少，使得农户仍然沿用传统的耕作方法，并没有从土地规模经营中得到实惠。很多农户不愿意承包土地的原因就是地块细碎，农业投入成本较高。

三是农业机械结构调整步伐慢，能源浪费严重。我国的农业机械结构以小型产品、中低端产品居多，大型、高效、环保节能产品不足，绝大部分能源消耗以及污染物排放都是由这些中低端产品造成的。即使是大型农业机械产品，在使用过程中如果不能进行合理的动力匹配和机组配置，往往也会出现"大马拉小车"的现象，导致能源消耗增加和浪费。加之农业机械修理技术的制约，很多故障不能彻底排除，也会造成能源消耗增加，机器使用寿命下降。农民为了减少生产成本，存在使用已报废的农业机械的情况，而报废农业机械的使用对环境造成的污染更大。同时，农业机械化发展中还存在结构性矛盾，农机总量增长较快，但增量农机仍然是技术水平较低的产品，虽然近年来农业产业结构调整力度加大，农业机械已开始在一些特色产业中进行应用，但应用的步伐仍较慢。新技术、新机具发展缓慢，满足不了当代农业生产的需要。

四是农业机械管理呈现地区性差异，内容和程序有待规范。在国家政策的扶持下，农业机械化水平提升很快，但管理水平并没有跟上步伐。同时在人均耕地面积有限的背景下，大型联合作业机械的使用受到一定限制；而小型作业机械由于其带来的收益有限，导致能耗较高。这就导致农业机械的管理体系呈现地区性差异（徐红红等，2016），部分地区完全没有机械管理的意识，农业机械无人管理。而农业机械的管理不规范具体表现在农机管理机构的不完善。机构人员设置、功能设置、组织设置不够完善和明确，导致许多农业机械管理机构不具备应有的功能，不能发挥应有的作用。农业机械服务人员的工作能力有待提高。农业机械的应用主要是在农村，但是高素质、高能力的人才一般不愿意去农村工作，这使得农业机构工作人员的工作素质偏低，系统的工作效率不高；农业机械管理没有完善的政策保障。虽然国家近几年加大了农业机械补贴，但是各地方政府对于农业机械技术引进、应用、推广等仍没有引起高度的重视。

三、农机碳排放测算

(一) 测算依据

此次农业机械节能减排板块中有关农业机械碳排放总量的核算依据是《IPCC 2006 年国家温室气体清单指南 2019 年修订版》第四卷中的"农业、林业和其他土地利用"章节中的关键数据和指标。不考虑作为二次能源的电力消耗。

各种燃料的二氧化碳排放因子如表附 1 – 1 所示。

表附 1 – 1 二氧化碳排放当量系数 单位：kg – CO₂e/kg

能源种类	柴油	汽油
排放系数	3.0959	2.9251

四川省宜机耕地土地面积如表附 1 – 2 所示。

表附 1 – 2 四川省宜机耕地土地面积情况

坡度	0° ~ 6°	6° ~ 15°	15° ~ 25°
面积（万亩）	1669	4528	2132

理论上，当三类坡度地区的机械化率均达到 100% 时为农机碳排放理论最大值，即碳排放峰值。达到该理论峰值后可能会在较长时期内保持这一峰值水平。由于农业机械技术或更广义的技术进步、种植业比例发生变化等因素，都可能使农业机械碳排放呈现下降趋势。

(二) 农机碳排放核算与评价方法

1. 核算方法

$$CO_{2M} = \sum_{i=1}^{n} E_i \times \delta_i \qquad (附 1 – 1)$$

农业机械碳排放核算根据公式（附 1 – 1）计算，其中，CO_{2M} 表示农业机械使用造成的碳排放，E 表示消耗的能源数量，δ 表示能源碳排放系数，i 表示能源种类。根据公式和相关数据我们可以计算得到 2009 ~ 2019 年农业机械碳排放值如表附 1 - 3 所示，2020 ~ 2030 年农业机械碳排放值如表附 1 - 4 所示。

表附 1 - 3　　　　　**2009 ~ 2019 年农业机械碳排放相关数据**

年份	平均农业机械机械化率*（%）	农业机械碳排放（吨）	农业机械碳排放强度**（亿元/吨）
2009	17.56	390.73	4.65
2010	31.24	406.70	5.06
2011	35.84	394.61	6.22
2012	40.96	410.76	6.73
2013	44.93	423.45	6.82
2014	47.57	432.83	7.09
2015	53.00	428.05	7.75
2016	54.89	425.11	8.71
2017	57.00	428.76	9.34
2018	59.00	435.75	9.53
2019	61.00	442.85	9.92

注：* 平均农业机械机械化率为四川省境内宜机耕地面积上，农业种植业（水稻、油菜、马铃薯、小麦四类主要作物）耕种收机械化作业的平均农机总动力。

** 农业机械碳排放强度由单位碳排放所能创造的农业（种植业）产值表示。

表附 1 - 4　　　　　**2020 ~ 2030 年农业机械碳排放相关数据预测**

年份	平均农业机械总动力（%）	农业机械碳排放（吨）	农业机械碳排放强度*（亿元/吨）
2020	63.00	447.03	10.02
2021	65.00	454.59	10.12
2022	66.50	462.40	10.23
2023	68.00	470.48	10.33
2024	69.00	478.82	10.43
2025	70.00	487.46	10.53
2026	71.00	496.82	10.64

年份	平均农业机械总动力 （％）	农业机械碳排放 （吨）	农业机械碳排放强度 * （亿元/吨）
2027	72.00	506.52	10.75
2028	73.00	516.58	10.85
2029	74.00	527.03	10.96
2030	75.00	537.86	11.07

注：* 在计算 2020～2030 年农业机械碳排放强度时使用的农业种植业 GDP 数据根据 1980～2019 年四川省农业（种植业）增长趋势，按照保守 5% 的增长速度测算。

根据 2019 年全国农业机械工业工作会议上发布的数据，我国农业机械作业水平持续快速提高，综合机械化率为 69%，机耕率、机播率、机收率分别为 84%、56% 和 61%。小麦、水稻、玉米三大粮食作物分别为 95%、81%、88%，而目前主流农业发达国家综合农业机械化率普遍在 90% 以上，考虑到四川省地形地貌因素，以及农业现代化发展要求，研究认为四川省主要作物综合机械化率在 80% 左右为极限水平。

2. 评价方法

设定估计式如式（附 1-2）表示：

$$Y = \alpha_0 + \alpha_1 X_1 + \alpha_2 X_2 + \varepsilon \qquad (附 1-2)$$

选择农业机械碳排放量（Y）、农业机械化率（X_1）、农机技术进步（X_2）、农业经济结构（X_3）进行回归分析以观察这些变量之间的关系。如式（附 1-2）所示，X_1 是农业机械化水平，在可预见的未来，农业机械耗能仍将以柴油、汽油等化石燃料为主，基于以上考虑，农业机械化水平越高，相应的农机碳排放水平也会越高；X_2 是用单位碳排放所创造的农业 GDP 量化的农业机械技术进步指标；从理论上来说，种植业面积变化也会引起农机碳排放变化，但考虑到种植业面积，尤其是宜机耕地土地面积变化有限，在过去的几十年中，种植业占比从 20 世纪 80 年代的 70% 以上逐渐下降到 2019 年的 55% 左右，种植业在近 30 年的时间里都在 50% 左右的水平上波动，因此在关系模拟时将该指标排除出主要因素，归入"白噪音"。α_0 为常数项，ε 为其他影响因素。

（三）排放量测算与发展预测

按照每年实际消耗能源数量计算农机碳排放。

在不考虑其他因素的情况下，随着农业机械化程度的提高，单位宜机耕土地面积上农业机械耗能必然随之增加，尤其是在技术进步缓慢或者不变的情况下。通过分析发现农业机械碳排放与农业平均机械化水平之间存在如下关系式：

$$Y = 15.74 + 2.96X_1 \qquad （附1-3）$$

式（附1-3）表明当平均机械化水平变动 1 个百分点，农业碳排放将随之向同方向变动 2.96 个百分点，存在倍化效应。将技术进步因素考虑进农业机械化过程，可得如下关系式：

$$Y = 371.29 + 1.52X_1 - 2.79X_2 \qquad （附1-4）$$

式（附1-4）表明，当引入农业机械技术进步因素时，农业技术每变动 1 个百分点，农机碳排放将向反方向变动 2.79 个百分点，说明农业机械技术进步将有利于减少农业机械碳减排，同时通过农业平均机械化水平的系数可知，由于引入了技术进步因素，其对农业机械碳排放影响力有所减弱，当其变动 1 个百分点时，农业机械碳排放仅向同方向变动 1.52 个百分点。

由式（附1-4）可知，农业机械碳排放由农业机械化水平与农业机械技术进步两个要素决定。由于技术进步存在明显的边际效益递减趋势，在已经具备较高技术进步水平的情况下，设定 2020～2030 年技术进步指标按照每年 1% 水平正向变化。农业机械化水平按照 2010 年达到总农业机械化率 75% 的目标倒算 2020～2029 年之间各年对应的农业机械化水平。可以得到表附1-5，根据表附1-5 数据绘制图附1-1。

表附1-5 　　　　2020～2030 年农机机械化碳排放相关数据

年份	农业机械碳排放量 （吨）	农业机械技术进步 （亿元/吨）	综合农业机械化水平 （%）
2020	439.08	10.02	63.00
2021	441.84	10.12	65.00
2022	443.84	10.23	66.50

续表

年份	农业机械碳排放量 （吨）	农业机械技术进步 （亿元/吨）	综合农业机械化水平 （%）
2023	445.84	10.33	68.00
2024	447.07	10.43	69.00
2025	448.30	10.53	70.00
2026	449.52	10.64	71.00
2027	450.75	10.75	72.00
2028	451.97	10.85	73.00
2029	453.18	10.96	74.00
2030	454.40	11.07	75.00

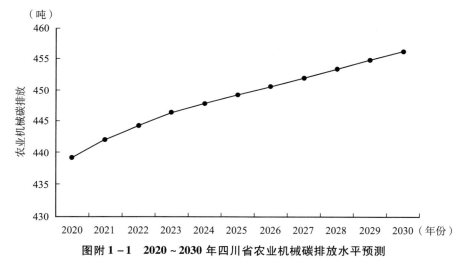

图附 1-1　2020~2030 年四川省农业机械碳排放水平预测

注：为使图中曲线清楚展示，图中坐标轴纵轴起点选择非 0 为起点，图附 1-2 同。

　　从图附 1-1 中无法观测到明显的农业机械碳排放拐点。若将时间跨度延长到 2060 年考察，在仅考虑农业机械技术进步与农业机械化水平的情况下，农业机械技术进步依然按照每年 1% 的增长水平增长，机械化水平在 2030 年后按照每年 1% 的水平增长，则不同机械化目标值对应不同的碳达峰时间如表附 1-6 和图附 1-2 所示。

表附 1 – 6   不同目标机械化水平对应农机碳排放达峰时间预测

目标最高机械化水平（%）	对应碳达峰时间
75	2030 年左右
80	2037 年左右
85	2043 年左右
90	2049 年左右
95	2055 年左右
100	2059 年左右

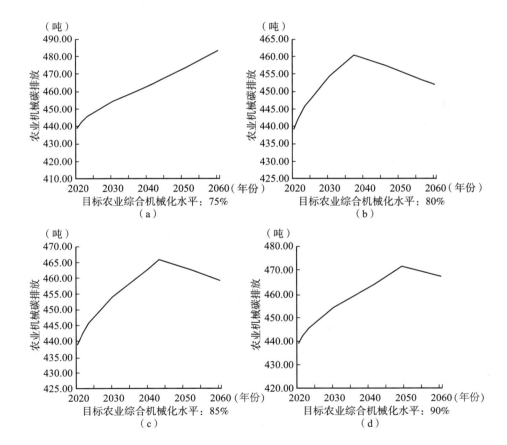

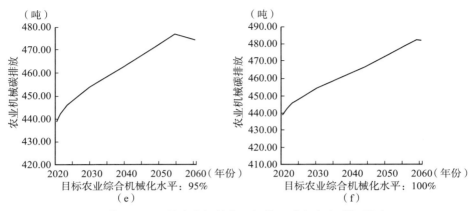

图附 1 - 2　不同农业机械化目标值下对应达峰时间预测

　　实际上，按照四川省的地形地貌，在农业生产区要实现较高的机械化水平有相当大的难度。由于四川省包含平原、丘陵、山地、高原等不同的地形地貌，因此，预估全域的真实农业机械化水平将有一个不超过80%的极限水平。因此，表附1-6中超过80%的目标最高机械化水平仅为理论值。

　　由以上分析可知，在仅考虑农业机械化水平和农业机械技术进步两个要素影响下的农业机械碳排放达峰将在较大程度上取决于农业机械化水平。当农业机械技术进步在较短时间内无法出现跳跃式发展，农业机械技术尤其是节能增效技术以一个较低水平增长的情况下，农业机械碳排放主要取决于农业机械化水平，农业机械碳排放峰值取决于农业机械化目标峰值。

　　为实现农业机械碳排放达峰，一方面，可以考虑设置适合四川省情的农业机械化目标值并尽早实现这一目标值；另一方面，可以考虑加大对先进低碳农业机械设备研发的投入，提升农业机械发动机燃油效率，尽早淘汰高耗能机械设备等。

四、农业机械节能减排的建议

　　第一，明确衡量标准，准确估计农业机械碳排放水平。在考虑数据可得性和核算便利性的前提下，尽可能准确地估计全国的农业机械化水平与农业机械碳排放水平，细化统计指标与统计内容，尽量做到不遗漏重要的农业机械碳排放来源，为科学制定农业机械绿色节能减排对策提供便利。

第二，鼓励土地规模化经营，加强土地集约化生产。国家鼓励土地规模化经营，实行有序流转，提高规模化和集约化水平。土地的规模化经营可以使用大型高效农机具进行作业，从而提高工作效率，降低单位面积耕地的能源消耗和污染物排放。同时，探索土地制度改革，使土地实现规模化、集约化利用，更大范围和更深程度地使用农业机械化生产，节约农业机械移动时间，减少细碎化服务的能源消耗。

第三，增加高效节能机械使用，促进农业机械结构调整。国家政策支持发展大型、高效、环保、节能型农业机械产品，限制中低端产品生产能力的重复投资和建设，降低低端农业机械产品购置补贴比例，甚至取消补贴。支持生产企业进行技术改造和产业升级，提升产品质量和水平。加快淘汰技术落后、状态不佳、油耗量大、作业质量不佳的农业机械。优化农业机械结构调整，促进实现不同功能农业机械的协调发展。

第四，用好农业机械补贴政策工具，促进绿色环保农业机械推广。改革购机补贴程序和方式，对于先进的绿色节能农业机械应减少补贴办理环节、增加补贴力度，因地制宜，分区分类补贴。对农业机械化发展程度低、潜力大的地区给予适当倾斜，加强市场调查，随时监控、适时调整补贴的对象和力度等。更新《补贴农机具管理暂行办法》，加入节能减排的内容，提高农民购买与使用节能环保新型农业机械的积极性。

第五，提升管理人员素质，进一步规范农业机械服务。各地要加强绿色节能农业机械管理人员培训，强化理论基础、专业技术训练，增强意识，进一步提升管理人员的综合素质。加快制定绿色节能农业机械标准和农机管理政策条例，确保管理人员有章可循、有据可依。要严格规范地开展管理工作，坚决杜绝简化工作程序、减少鉴定内容、以偏概全和弄虚作假等现象，确保农业机械管理的高水平和高效率。

附录 2 四川省农业机械绿色节能
减排困境及对策建议[*]

  农业机械化是农业现代化的显著标志之一，是提高农业劳动生产率最重要的手段，与其他农业科学技术结合能大幅提升农产品产量与质量，在粮食安全红线约束与农业现代化发展背景下具有重要意义。近年来，四川省农业机械化水平一直处于逐年上升的趋势，截至 2020 年，四川省的农业机械总动力已经达到 4 754 万千瓦，主要农作物耕种收综合机械化率已达到 63%。四川省使用的农业机械包括农田动力机械、农产品加工机械、农业排灌机械、畜牧机械等很多种类，其中农田动力机械所消耗的柴油资源最大，2020 年四川省农业机械消耗的柴油量已经超过 125 万吨。随着农业机械化水平的不断提高，在技术进步水平有限的情况下，机械化作业产生的以二氧化碳为代表的温室气体排放（以下简称"碳排放"）也将持续增加。目前中央层面的农业部门还未制定统一、具体的碳达峰、碳中和时间表，但地方农业部门已经开始行动，正积极研究与制定农业绿色发展和农业碳达峰与碳中和绿色发展行动计划，农业机械设备板块的节能减排工作亦不容忽视。

一、四川省农业机械绿色节能减排困境

  第一，农业机械化程度引致的碳排放家底不清。对于机械化程度的衡量标准存在优化空间。目前的机械化程度主要衡量标准是种植业的主要作

  * 附录 2 系阶段性研究成果汇总而成的政策建议稿，该稿件于 2022 年 10 月受到时任四川省政协副主席曲木史哈同志肯定性批示。

物耕、种、收环节所投入的机械生产比例，而四川省的情况①和全国及其他地区相比又有所差异。此外，四川省农业机械化的衡量标准并未将农产品加工环节的机械使用纳入核算范围，因此农业机械碳排放的计算存在漏算的情况。从碳排放估算角度来看，农业机械因燃油消耗所产生的碳排放能够较为准确地估算，但因消耗电力而产生的碳排放则很难准确估计，尤其是在农产品机械化分拣、烘干、包装等加工环节。随着农业现代化加工产业的不断进步，农产品加工机械耗能成为农业机械耗能的大户，而电力是农产品加工行业最重要的能源。农业机械绿色节能发展，对于因电力消耗所产生的间接碳排放应有所核算，目前的农业机械碳排放核算并未将农产品加工，尤其是精加工环节所涉及的农业机械耗能纳入核算范围，且无核算标准。

第二，农村耕地细碎化、农业机械小型化明显，土地规模化程度低导致能耗增加。农村耕地细碎化问题一直是现代农业发展的难题，四川省78%的耕地分布在丘陵山区，地块小、不规则，耕作地块细碎导致农业机械的使用也趋向于小型化，整个生产过程中，农业机械需要不停转移地块进行作业，导致农业机械资源的利用率降低，燃油无效消耗，也抑制了农业生产对先进机械的采用，因此出现了农业生产规模和机械化的现实矛盾。此外，耕作地块细碎，不利于土地规模经营，农业生产效率低，农药、化肥、农膜利用效率不高，间接使碳排放增加。

第三，农业机械老化严重，老旧机型存量大、增量仍有市场，更新换代乏力。农民为了减少生产成本，使用已报废的农业机械，而报废农业机械的使用对环境造成的污染更大。生态环境部发布的《非道路移动机械污染防治技术政策》要求 2020 年以压燃式发动机（如柴油机）为动力的非道路移动机械需要达到"国四"的标准、以小型点燃式发动机为动力的非道路移动机械达到国家三阶段排放控制水平，但实际上这一要求并未得到实现。为避免新政实施后的大量滞销，农业机械企业存在低价清库存的行为。同时，农业机械化发展中还存在结构性矛盾，农业机械总量增长较快，但增量农业机械仍然是技术水平较低的产品，虽然近年来农业产业结

---

① 四川省农业机械化水平主要反映水稻、小麦、油菜、土豆等四种主要作物的耕、种、收环节的机械化程度。

构调整力度加大，农业机械已开始在一些特色产业中应用，但应用的步伐仍然较慢。新技术、新机具发展缓慢，满足不了当代农业生产的需要。

第四，农业机械补贴范围扩大促成排放增加。农业机械补贴范围持续扩大，四川省目前在2018～2020年农业机械购置补贴机具种类范围中增加有机废弃物好氧发酵翻堆机、畜禽粪便发酵处理机、有机肥加工设备、有机废弃物干式厌氧发酵装置等4个畜禽粪污资源化利用机具品目，增加了耗能机械品类。地方政府在对新型农机扩大补贴范围的同时，停止老旧机械工作和对不合标农业机械停止销售的工作则有所滞后。

第五，农业机械鉴定不规范，鉴定内容和程序有待进一步规范。农业机械鉴定能力认定不规范，原始鉴定记录不管不善，前后两次能力认定的有效期不连续，存在超能力认定范围鉴定的现象；推广鉴定规章制度有待完善，未完善相应的能力认定办法等，部分地区农业机械推广鉴定受理的条件不明确，农业机械鉴定监督检查工作均未形成制度化，农业机械生产方存在寻租空间；农业机械鉴定业务细节有待规范，鉴定报告格式内容不规范、有缺失，一些实际无法达到绿色节能要求的农业机械被纳入补贴和推广范围。

二、对策建议

第一，明确衡量标准，准确估计农业机械碳排放水平。在考虑数据可得性和核算便利性的前提下，尽可能准确地考虑四川省的农业机械化水平与农业机械碳排放水平，细化统计指标与统计内容，尽量做到不遗漏重要的农业机械碳排放来源，为科学制定农业机械绿色节能减排对策提供便利。

第二，发挥农民合作组织作用，加强土地集约化生产。土地细碎化是农业机械化的重要阻碍之一，一是要积极利用现有的农民合作组织体系，对土地进行统一使用与管理，实现规模化生产；二是探索土地制度改革，使土地实现规模化、集约化利用，更大范围和更深程度地使用农业机械化生产，节约农机移动时间，减少细碎化服务的能源消耗，提升农药、化肥、农膜等必要农用物资的利用效率，有效减少隐含碳排放。

第三，进一步淘汰老旧机械，提高新型机械使用。一是加快淘汰技术落后、状态不佳、油耗量大、作业质量不佳的农业机械；二是落实燃油机新国标的推广与普及，农机管理部门积极开展农业机械宣传培训；三是结合国家农业机械购置补贴政策，大力提升先进农业机械的使用比例，促进动力机械与配套机械的合理化购置，实现不同功能农业机械的协调发展。

第四，用好农业机械补贴政策工具，促进绿色环保农业机械推广。一是改革购机补贴程序、方式，对于先进的绿色节能农机，应减少补贴办理环节、增加补贴力度；二是因地制宜，分区分类补贴，对于农业机械化发展程度低、潜力大的地区给予适当倾斜；三是加强市场调查，随时监控，适时调整补贴的对象和力度等；四是更新《补贴农机具管理暂行办法》，加入节能减排的内容，提高农民购买与使用节能环保新型农业机械的积极性。

第五，提升业务素质，规范农机鉴定业务。一是各地要加强绿色节能农业机械鉴定人员培训，强化理论基础、专业技术训练，增强依法鉴定意识，进一步提升鉴定人员的综合素质；二是加快绿色节能农机标准、农业机械试验鉴定大纲的制定修订工作，确保鉴定人员有章可循、有据可依；三是要严格规范地开展鉴定业务工作，坚决杜绝简化工作程序、减少鉴定内容、以偏概全和弄虚作假等现象，确保农业机械鉴定科学、公正、公平。

主要参考文献

[1] 包国宪，刘强强. 中国国家治理中的循证逻辑：理论框架与研究议程 [J]. 南京社会科学，2021 (1)：75-83.

[2] 蔡岸冬，张文菊，杨品品，等. 基于 Meta-Analysis 研究施肥对中国农田土壤有机碳及其组分的影响 [J]. 中国农业科学，2015，48 (15)：2995-3004.

[3] 蔡兆男，成里京，李婷婷，等. 碳中和目标下的若干地球系统科学和技术问题分析 [J]. 中国科学院院刊，2021，36 (5)：602-613.

[4] 曹菲，聂颖. 产业融合、农业产业结构升级与农民收入增长：基于海南省县域面板数据的经验分析 [J]. 农业经济问题，2021 (8)：28-41.

[5] 曹秀芹，张楠，吕小凡. 基于能值分析的农村污水处理工艺可持续性评价 [J]. 环境工程学报，2015，9 (11)：5447-5454.

[6] 曹院平. 基于生态足迹模型的广西农业可持续发展评价 [J]. 中国农业资源与区划，2020，41 (5)：35-42.

[7] 陈博明. 遥感技术在生态环境监测及执法中的应用进展 [J]. 矿冶工程，2020，40 (4)：165-168.

[8] 陈彩霞，黄光庆，叶玉瑶，等. 珠江三角洲基塘系统演化及生态修复策略：以佛山4村为例 [J]. 资源科学，2021，43 (2)：328-340.

[9] 陈慈，龚晶，周中仁. 农村产业融合中利益联结机制的差别化构建研究 [J]. 农业经济，2021 (3)：87-89.

[10] 陈芳芳. 推进农业绿色发展新路径探索 [J]. 农业经济，2022 (5)：17-19.

[11] 陈浮，于昊辰，卞正富，等. 碳中和愿景下煤炭行业发展的危机与应对 [J]. 煤炭学报，2021，46 (6)：1808-1820.

［12］陈海生，刘畅，徐玉杰，等．储能在碳达峰碳中和目标下的战略地位和作用［J］．储能科学与技术，2021，10（5）：1477－1485.

［13］陈浩涛，秦迎春，黄睿，等．基于旧桑基鱼塘改造测控系统［J］．电子世界，2022（2）：184－185，187.

［14］陈红敏．包含工业生产过程碳排放的产业部门隐含碳研究［J］．中国人口·资源与环境，2009，19（3）：25－30.

［15］陈晖，温婧，庞军，等．基于31省MRIO模型的中国省际碳转移及碳公平研究［J］．中国环境科学，2020，40（12）：5540－5550.

［16］陈健，王玲俊．我国光伏农业的发展阶段与地域分布［J］．安徽农业科学，2022，50（8）：246－249.

［17］陈柔，何艳秋，朱思宇，等．我国农业碳排放双重性及其与经济发展的协调性研究［J］．软科学，2020，34（1）：132－138.

［18］陈胜，卫志农，顾伟，等．碳中和目标下的能源系统转型与变革：多能流协同技术［J］．电力自动化设备，2021，41（9）：3－12.

［19］陈诗一．能源消耗、二氧化碳排放与中国工业的可持续发展［J］．经济研究，2009，44（4）：41－55.

［20］陈锡康，等．2021年中国经济增长速度的预测分析与政策建议［J］．中国科学院刊，2021，1：31－44.

［21］陈曦，周鹏．中国国际贸易碳排放水平实证研究［J］．中国经贸导刊（中），2020（5）：106－111.

［22］陈晓红，胡东滨，曹文治，等．数字技术助推我国能源行业碳中和目标实现的路径探析［J］．中国科学院院刊，2021，36（9）：1019－1029.

［23］陈银娥，陈薇．农业机械化、产业升级与农业碳排放关系研究：基于动态面板数据模型的经验分析［J］．农业技术经济，2018（5）：122－133.

［24］陈志恒，刘欣博．中国参与低碳经济全球博弈的战略选择［J］．社会科学战线，2019（8）：243－247.

［25］程琨，潘根兴．农业与碳中和［J］．科学，2021，73（6）：8－12＋4.

［26］褚力其，姜志德，任天驰．中国农业碳排放经验分解与峰值预

测：基于动态政策情景视角 [J]. 中国农业大学学报，2020，25（10）：187－201.

[27] 丛建辉，朱婧，陈楠，等. 中国城市能源消费碳排放核算方法比较及案例分析：基于"排放因子"与"活动水平数据"选取的视角 [J]. 城市问题，2014（3）：5－11.

[28] 崔琦，杨军，董琬璐. 中国碳排放量估计结果及差异影响因素分析 [J]. 中国人口·资源与环境，2016，26（2）：35－41.

[29] 戴小文，等. 中国农业碳减排路径研究 [M]. 北京：社会科学文献出版社，2021：129.

[30] 戴小文，何思妤，蓝红星. 循证实践框架下乡村治理实践者的职责定位、实践过程与循证困境 [J]. 四川师范大学学报（社会科学版），2022，49（3）：88－95.

[31] 戴小文，曾维忠，庄天慧. 循证实践框架下的精准扶贫：一种方法论的探讨 [J]. 农村经济，2017（1）：17－23.

[32] 邓茂芝，任心原，高淮，等. 中国试点碳排放权交易市场流动性研究 [J]. 华东经济管理，2019，33（9）：54－60.

[33] 邓敏杰，张一春，范文翔. 美国循证教育的发展脉络、应用与主要经验 [J]. 比较教育研究，2019，41（4）：91－97.

[34] 邓旭，吕晓冯. 群英聚天津共谋"双碳"新发展：第七届中国再生资源回收产业大会圆满收官 [J]. 资源再生，2021，（6）：66－70.

[35] 丁彩霞. 理论·实践·政策：我国农村实现"双碳"目标的三维视角 [J]. 广西社会科学，2022（4）：1－7.

[36] 丁怡婷. 我国光伏产品出口去年同比增43.9% [N]. 人民日报，2022－02－24（2）.

[37] 董红敏，李玉娥，陶秀萍，等. 中国农业源温室气体排放与减排技术对策 [J]. 农业工程学报，2008（10）：269－273.

[38] 董梅，徐璋勇. 农村家庭能源消费结构及影响因素分析：以陕西省1303户农村家庭调查为例 [J]. 农林经济管理学报，2018，17（1）：45－53.

[39] 独娟. 论企业低碳竞争力的形成要素及构建路径 [J]. 求索，2012（5）：193－194，257.

［40］杜受祜．探寻应对气候变化和反贫困共赢的力作：《森林碳汇扶贫：理论、实证与政策》书评［J］．农业经济问题，2020（6）：143. DOI：10. 13246/j. cnki. iae. 2020. 06. 013.

［41］杜泽，张晓杰．循证治理视域下突发公共卫生事件的网络舆情治理研究［J］．情报理论与实践，2020，43（5）：17－23.

［42］樊景春，耿男，拜争刚，等．环境证据协作网及环境治理系统评价指南简介［J］．医学新知，2020，30（4）：279－284.

［43］范德成，张修凡．绿色金融改革创新对低碳企业可持续发展能力的影响研究［J］．科学管理研究，2021，39（3）：85－90.

［44］范如国，沈文英．公平偏好下低碳供应链企业博弈及其仿真研究［J］．中国地质大学学报（社会科学版），2017，17（5）：18－31.

［45］方师乐，黄祖辉．新中国成立70年来我国农业机械化的阶段性演变与发展趋势［J］．农业经济问题，2019（10）：36－49.

［46］方世南．社会主义生态文明是对马克思主义文明系统理论的丰富和发展［J］．马克思主义研究，2008（4）：17－22.

［47］方熹，汤书波．马克思生态思想的伦理精义及现代价值［J］．伦理学研究，2018（6）：28－33.

［48］付伟，罗明灿，陈建成．农业绿色发展演变过程及目标实现路径研究［J］．生态经济，2021，37（7）：97－103.

［49］甘福丁，唐健，王会利，等．"碳中和"目标下农村沼气工程发展机遇与对策［J］．现代农业科技，2021（17）：157－160.

［50］高红贵，许莹莹，朱于珂．命令控制型环境规制对碳市场价格的影响：来自中央环保督察的准自然实验［J］．中国地质大学学报（社会科学版），2022，22（3）：54－66.

［51］高健，葛子豪．江苏省农业绿色发展水平区域差异及趋势分析［J］．中国农业资源与区划，2020，41（12）：14－22.

［52］高鸣，魏佳朔．后小康时代保障粮食安全的形势任务、战略选择及2035年远景谋划［J］．南京农业大学学报（社会科学版），2021，21（3）：30－44.

［53］高鸣，张哲晰．碳达峰、碳中和目标下我国农业绿色发展的定位和政策建议［J］．华中农业大学学报（社会科学版），2022（1）：24－31.

[54] 高荣喜. 风电、光伏工程对林业有害生物防控的影响 [J]. 山西林业, 2022 (S1): 52 – 53.

[55] 耿涌, 董会娟, 郜凤明, 等. 应对气候变化的碳足迹研究综述 [J]. 中国人口·资源与环境, 2010, 20 (10): 6 – 12.

[56] 龚贤, 罗仁杰. 精准扶贫视角下西部地区农业绿色发展能力评价 [J]. 生态经济, 2018, 34 (8): 128 – 132.

[57] 郭海红, 李树超. 环境规制、空间效应与农业绿色发展 [J]. 研究与发展管理, 2022, 34 (2): 54 – 67.

[58] 郭军华, 孙林洋, 张诚, 等. 碳税政策下考虑消费者低碳偏好的供应链定价与协调 [J]. 系统工程, 2020, 38 (6): 61 – 69.

[59] 郭军华, 张篁, 李帮义. 供应链视角下考虑社会总福利的政府最优碳税 [J]. 物流科技, 2019, 42 (8): 139 – 144.

[60] 郭立彭, 贺梅英, 陈诗雅. 农户生计资本对不同偏好技术采纳行为的影响: 基于可持续生计框架的分析 [J]. 中国农业资源与区划, 2022, 43 (2): 197 – 205.

[61] 郭强, 廖花, 李增禄, 等. 消费者社会责任对企业低碳策略选择的影响 [J]. 工业工程与管理, 2018, 23 (2): 144 – 151.

[62] 郭婷, 王奕淇, 李国平. 基于能值生态足迹的国家重点生态功能区补偿标准研究 [J]. 生态经济, 2021, 37 (7): 154 – 160.

[63] 郭伟和, 徐明心, 陈涛. 社会工作实践模式: 从 "证据为本" 到反思性对话实践: 基于 "青红社工" 案例的行动研究 [J]. 思想战线, 2012, 38 (3): 34 – 39.

[64] 郭翔宇, 刘二阳, 王淇韬. 东北黑土区农户保护性耕作技术采用行为研究: 基于政府规制的调节效应分析 [J/OL]. 中国农业资源与区划, 2022, 43 (11): 1 – 9.

[65] 郭艳荣, 张俊伟, 李莉萍. 四川省农业资源可持续利用评价研究 [J]. 中国农业资源与区划, 2018, 39 (3): 166 – 171.

[66] 郭永生. 关于小麦农业投入品 "减量增效" 的思考 [J]. 河南农业, 2019, (16): 62 – 63.

[67] 郭永田. 充分利用信息技术推动现代农业发展: 澳大利亚农业信息化及其对我国的启示 [J]. 华中农业大学学报 (社会科学版), 2016

（2）：1 - 8.

［68］国家发展和改革委员会．农业农村部启动实施新一轮化肥农药减量化行动方案［EB/OL］．（2022 - 12 - 27）（2023 - 05 - 15）. https：//www. ndrc. gov. cn/fggz/jjmy/zyspqk/202212/t20221227_1344041. html.

［69］国务院．"十四五"规划和2035远景目标的发展环境、指导方针和主要目标［EB/OL］．新华网．（2021 - 03 - 05）（2022 - 08 - 15）. http：//www. gov. cn/xinwen/2021 - 03/05/content_5590610. htm.

［70］韩冬，钟钰．俄乌冲突对全球粮食市场的影响及中国粮食安全保障的政策响应［J］．俄罗斯研究，2022（3）：55 - 80.

［71］韩岳峰，张龙．中国农业碳排放变化因素分解研究：基于能源消耗与贸易角度的LMDI分解法［J］．当代经济研究，2013（4）：47 - 52.

［72］郝爱民，谭家银．农村产业融合赋能农业韧性的机理及效应测度［J/OL］．农业技术经济，2023（7）：88 - 107.

［73］郝千婷，黄明祥，包刚．碳排放核算方法概述与比较研究［J］．中国环境管理，2011（4）：51 - 55.

［74］何可，宋洪远．资源环境约束下的中国粮食安全：内涵、挑战与政策取向［J］．南京农业大学学报（社会科学版），2021，21（3）：45 - 57.

［75］何可，汪昊，张俊飚．"双碳"目标下的农业转型路径：从市场中来到"市场"中去［J］．华中农业大学学报（社会科学版），2022（1）：1 - 9.

［76］何晓瑶．基于生态承载力的河套地区农业生态环境可持续发展评价［J］．中国农业资源与区划，2020，41（6）：130 - 137.

［77］何艳秋，陈柔，吴昊玥，等．中国农业碳排放空间格局及影响因素动态研究［J］．中国生态农业学报，2018，26（9）：1269 - 1282.

［78］何艳秋，陈柔，朱思宇，等．策略互动和技术溢出视角下的农业碳减排区域关联［J］．中国人口·资源与环境，2021，31（6）：102 - 112.

［79］何艳秋，成雪莹，王芳．技术扩散视角下农业碳排放区域溢出效应研究［J］．农业技术经济，2022（4）：132 - 144.

［80］胡鞍钢，周绍杰．绿色发展：功能界定、机制分析与发展战略

[J]. 中国人口·资源与环境, 2014, 24 (1): 14 - 20.

[81] 胡剑波, 任香, 高鹏. 中国省际贸易、国际贸易与低碳贸易竞争力的测度研究 [J]. 数量经济技术经济研究, 2019, 36 (9): 42 - 60.

[82] 胡文森, 李永杰. "双碳" 目标下火电行业风险分析及防控策略 [J]. 企业管理, 2022 (6): 120 - 123.

[83] 黄和平, 王智鹏. 江西省农用地生态效率时空差异及影响因素分析: 基于面源污染、碳排放双重视角 [J]. 长江流域资源与环境, 2020, 29 (2): 412 - 423.

[84] 黄克亮, 罗丽云. 以生态文明理念推进美丽乡村建设 [J]. 探求, 2013 (3): 5 - 12.

[85] 黄茂兴, 叶琪. 马克思主义绿色发展观与当代中国的绿色发展: 兼评环境与发展不相容论 [J]. 经济研究, 2017, 52 (6): 17 - 30.

[86] 黄巧云, 田雪. 生态文明建设背景下的农村环境问题及对策 [J]. 华中农业大学学报 (社会科学版), 2014 (2): 10 - 15.

[87] 黄润秋. 深入贯彻落实党的十九届五中全会精神 协同推进生态环境高水平保护和经济高质量发展 [J]. 环境保护, 2021, 49 (Z1): 13 - 21.

[88] 黄少坚, 冯世艳. 农业绿色发展指标设计及水平测度 [J]. 生态经济, 2021, 37 (5): 125 - 131.

[89] 黄炎忠, 罗小锋, 李兆亮. 我国农业绿色生产水平的时空差异及影响因素 [J]. 中国农业大学学报, 2017, 22 (9): 183 - 190.

[90] 贾陈忠, 乔扬源, 关格格, 等. 山西省水资源生态足迹时空变化特征及驱动因素 [J]. 水土保持研究, 2019, 26 (2): 370 - 376.

[91] 贾鹏, 屠焰, 李发弟, 等. 反刍动物甲烷排放量测定方法的研究进展 [J]. 动物营养学报, 2020, 32 (6): 2483 - 2490.

[92] 简火仔. 光伏农业带来光明未来 [J]. 江西农业, 2013 (5): 18.

[93] 姜涛, 刘瑞, 边卫军. "十四五" 时期中国农业碳排放调控的运作困境与战略突围 [J]. 宁夏社会科学, 2021 (5): 66 - 73.

[94] 蒋博雅. 论碳排放权的法律属性 [J]. 辽宁公安司法管理干部学院学报, 2019 (1): 95 - 100.

［95］金赛美.中国省际农业绿色发展水平及区域差异评价［J］.求索，2019（2）：89-95.

［96］金书秦，林煜，栾健.农业绿色发展有规可循:《"十四五"全国农业绿色发展规划》解读［J］.中国发展观察，2021（21）：47-49.

［97］金书秦，林煜，牛坤玉.以低碳带动农业绿色转型:中国农业碳排放特征及其减排路径［J］.改革，2021（5）：29-37.

［98］金书秦，牛坤玉，韩冬梅.农业绿色发展路径及其"十四五"取向［J］.改革，2020（2）：30-39.

［99］靳乐山.环境污染的国际转移与城乡转移［J］.中国环境科学，1997（4）：48-52.

［100］雷辉，刘俏云.基于四阶段DEA模型的绿色低碳企业融资效率研究［J］.财经理论与实践，2020，41（3）：72-78.

［101］雷振丹，陈子真，李万明.农业技术进步对农业碳排放效率的非线性实证［J］.统计与决策，2020，36（5）：67-71.

［102］李傲群，李学婷.基于计划行为理论的农户农业废弃物循环利用意愿与行为研究:以农作物秸秆循环利用为例［J］.干旱区资源与环境，2019，33（12）：33-40.

［103］李炳意，师学义.基于生态足迹的资源型城市可持续发展能力分析:以山西省晋城市为例［J］.水土保持研究，2016，23（2）：255-261.

［104］李波，张俊飚，李海鹏.中国农业碳排放时空特征及影响因素分解［J］.中国人口·资源与环境，2011，21（8）：80-86.

［105］李成龙，周宏.农业技术进步与碳排放强度关系:不同影响路径下的实证分析［J］.中国农业大学学报，2020，25（11）：162-171.

［106］李崇富.马克思主义生态观及其现实意义［J］.湖南社会科学，2011（1）：15-21.

［107］李东松，李京文.马克思生态思想基本特征及其指导意义［J］.北京工业大学学报（社会科学版），2010，10（3）：35-41.

［108］李芬妮，张俊飚，何可.非正式制度、环境规制对农户绿色生产行为的影响:基于湖北1105份农户调查数据［J］.资源科学，2019，41（7）：1227-1239.

[109] 李桂荣，温绍涵，王乐娜. 不同产权性质的企业履行环境责任对企业价值的影响研究：来自重污染行业上市公司的经验数据 [J]. 河北经贸大学学报，2019，40（5）：92 - 100.

[110] 李海涛，Mark Brown. 基于能值的环境核算：蒙古可持续发展分析（英文）[J]. Journal of Geographical Sciences，2017，27（10）：1227 - 1259.

[111] 李昊，曹辰，李林哲. 绿色认知能促进农户绿色生产行为吗？：基于社会规范锁定效应的分析 [J]. 干旱区资源与环境，2022，36（9）：18 - 25.

[112] 李昊，李世平，南灵. 农药施用技术培训减少农药过量施用了吗？[J]. 中国农村经济，2017（10）：80 - 96.

[113] 李洁，修长百. 农牧交错带农户风险厌恶与生产经验对低碳生产行为影响研究 [J]. 干旱区资源与环境，2020，34（11）：51 - 57.

[114] 李瑾，曹冰雪，阮荣平. 社会带动作用对新型农业经营主体盈利能力的影响研究：基于对全国3360个家庭农场与种养大户的调查 [J]. 经济纵横，2019（2）：68 - 78.

[115] 李瑾. 新型农业经营主体生产数字化转型现状、问题与对策 [J]. 中国农民合作社，2020（7）：19 - 20.

[116] 李凯. 农业第三方服务在现代农业中的应用分析 [J]. 南方农业，2016，10（6）：131 - 133.

[117] 李练军. 农业企业环境战略驱动因素、影响效应及其特征研究：基于江西省农业企业实地调查数据 [J]. 华东经济管理，2019，33（4）：12 - 19.

[118] 李明峰，董云社，耿元波，等. 农业生产的温室气体排放研究进展 [J]. 山东农业大学学报（自然科学版），2003（2）：213 - 216.

[119] 李明亮. 基于碳足迹与新型低碳技术的农业现代化发展研究 [J]. 生态经济，2018，34（6）：39 - 45.

[120] 李胜利，金鑫，黄文明，等. 反刍动物生产与碳减排措施 [J]. 中国奶牛，2010（7）：1 - 6.

[121] 李首涵，杨萍，郭洪海，等. 基于能值分析的农业经营主体可持续发展能力研究 [J]. 中国农业资源与区划，2018，39（2）：146 - 154.

［122］李顺成，肖卫东，王志宝．家庭部门能源消费影响因素及碳排放结构研究：基于 PLS 结构方程模型的实证解析［J］．软科学，2020，34（2）：117-123．

［123］李嵩誉．生态优先理念下的环境法治体系完善［J］．中州学刊，2017（4）：62-65．

［124］李万超，李诚鑫，姜明奇．中美欧日脱碳：路径与政策比较［J］．北方金融，2022（3）：45-49．

［125］李小芳．碳关税对我国出口商品竞争力的影响［J］．对外经贸，2015（9）：4-6．

［126］李晓龙，陆远权．农村产业融合发展的减贫效应及非线性特征：基于面板分位数模型的实证分析［J］．统计与信息论坛，2019，34（12）：67-74．

［127］李晓燕，何晓玲．四川发展低碳农业的基本思路：基于国内外经验借鉴与启示［J］．农村经济，2012（11）：48-52．

［128］李晓燕，王彬彬．低碳农业：应对气候变化下的农业发展之路［J］．农村经济，2010（3）：10-12．

［129］李旭华．马克思生态思想的全面考察：自然生态与人文生态的统一［J］．理论月刊，2012（9）：18-21．

［130］李学敏，巩前文．新中国成立以来农业绿色发展支持政策演变及优化进路［J］．世界农业，2020（4）：40-50，59．

［131］李雪娇，何爱平．城乡污染转移的利益悖论及对策研究［J］．中国人口·资源与环境，2016，26（8）：56-62．

［132］李雪松，孙博文，吴萍．习近平生态文明建设思想研究［J］．湖南社会科学，2016（3）：14-18．

［133］李迎春．中国农业氧化亚氮排放及减排潜力研究［D］．北京：中国农业科学院，2009．

［134］李兆亮，罗小锋，张俊飚，等．基于能值的中国农业绿色经济增长与空间收敛［J］．中国人口·资源与环境，2016，26（11）：150-159．

［135］李之梦，钱志权．全球价值链嵌入、出口技术升级与制造业增加值隐含碳：来自浙江细分行业的经验证据［J］．生态经济，2021，37

（2）：35 - 40.

[136] 联合国开发计划署，清华大学中国发展规划研究院，国家信息中心．中国人类发展报告特别版 [R].2019.

[137] 梁平汉，周润桦．相对绩效考核、地方领导社会关系与地方政府行为 [J].经济学报，2020，7（1）：211 - 246.

[138] 梁平，潘帅．"碳中和"愿景下应对气候变化法律体系的完善 [J].重庆社会科学，2022（4）：6 - 22.

[139] 梁中，昂昊，胡登峰．"区域碳解锁"的微观驱动机制研究 [J].中国软科学，2020（4）：132 - 141.

[140] 林斌，徐孟，汪笑溪．中国农业碳减排政策、研究现状及展望 [J].中国生态农业学报（中英文），2022，30（4）：500 - 515.

[141] 林伯强，徐斌．研发投入、碳强度与区域二氧化碳排放 [J].厦门大学学报（哲学社会科学版），2020（4）：70 - 84.

[142] 林伯强．中国碳排放权交易现状与困难 [J].中国石油和化工经济分析，2016（7）：5 - 7.

[143] 刘海英，郭文琪．环境税与研发补贴政策组合的绿色技术创新诱导效应 [J].科技管理研究，2021，41（1）：194 - 202.

[144] 刘海启．以精准农业驱动农业现代化加速现代农业数字化转型 [J].中国农业资源与区划，2019，40（1）：1 - 6，73.

[145] 刘海启，游炯，王飞，等．欧盟国家农业遥感应用及其启示 [J].中国农业资源与区划，2018，39（8）：280 - 287.

[146] 刘建波，李红艳，孙世勋，等．国外智慧农业的发展经验及其对中国的启示 [J].世界农业，2018（11）：13 - 16.

[147] 刘可，齐振宏，杨彩艳，等．邻里效应与农技推广对农户稻虾共养技术采纳的影响分析：互补效应与替代效应 [J].长江流域资源与环境，2020，29（2）：401 - 411.

[148] 刘利花，张丙昕，刘向华．粮食安全与生态安全双视角下中国省域耕地保护补偿研究 [J].农业工程学报，2020，36（19）：252 - 263.

[149] 刘明达，蒙吉军，刘碧寒．国内外碳排放核算方法研究进展 [J].热带地理，2014，34（2）：248 - 258.

[150] 刘明明，雷锦锋．我国农业实现碳中和的法制保障研究 [J].

广西社会科学，2021（9）：30 - 38.

［151］刘琼，肖海峰. 农地经营规模影响农业碳排放的逻辑何在：要素投入的中介作用和文化素质的调节作用［J］. 农村经济，2020（5）：10 - 17.

［152］刘通，程炯，苏少青，等. 珠江三角洲桑基鱼塘现状及创新发展研究［J］. 生态环境学报，2017，26（10）：1814 - 1820.

［153］刘巍. 乡村振兴视域下我国农业绿色发展的五个维度探赜［J］. 农业经济，2022（1）：9 - 11.

［154］刘雯雯，胡振华. 市场自治与低碳认证情形下企业低碳生产行为研究［J］. 运筹与管理，2022，31（4）：232 - 239.

［155］刘银行，黄凯莉. 新型农业经营主体绿色发展的金融服务路径与策略研究［J］. 现代金融导刊，2022（5）：64 - 68.

［156］刘勇，张露，梁志会，等. 有限理性、低碳农业技术与农户策略选择：基于农户视角的博弈分析［J］. 世界农业，2019（9）：59 - 68.

［157］刘郁葱，周俊琪. 高新技术企业税收优惠正当性的理论论证：基于消费者剩余的视角［J］. 税务研究，2019（2）：81 - 86.

［158］柳春艳，杨克虎. 西方循证教育学推演：理论、方法及启示［J］. 电化教育研究，2022，43（3）：25 - 31.

［159］柳亚琴，孙薇，朱治双. 碳市场对能源结构低碳转型的影响及作用路径［J/OL］. 中国环境科学，2022，42（9）：4369 - 4379.

［160］陆岷峰，徐阳洋. 低碳经济背景下数字技术助力乡村振兴战略的研究［J］. 西南金融，2021（7）：3 - 13.

［161］逯非，王效科，韩冰，等. 农田土壤固碳措施的温室气体泄漏和净减排潜力［J］. 生态学报，2009，29（9）：4993 - 5006.

［162］吕靖烨，杨华. 政府对碳市场监管的三方演化博弈研究：基于罗尔斯主义社会福利函数视角［J］. 煤炭经济研究，2019，39（3）：77 - 82.

［163］吕娜. 乡村振兴背景下绿色农业发展问题探析［J］. 安徽农业科学，2022，50（5）：231 - 233.

［164］罗川，倪志安. 论马克思生态思想"实践的三重维度"［J］. 理论月刊，2016（1）：11 - 15.

［165］罗海平，罗逸伦．中国粮食主产区水资源安全与粮食安全耦合关系的实证研究及预警［J］．农业经济，2021（2）：3－5．

［166］马翠萍，史丹，王金凤．中国、美国、欧盟农业温室气体排放比较研究［J］．中国社会科学院研究生院学报，2013（2）：53－60．

［167］马军，张盼．跨区域草原碳汇协同管理的演化博弈分析：基于地方政府和中央政府视角［J］．生态经济，2019，35（11）：105－111．

［168］马世昌，吴晓磊．安徽省农业生态经济系统能值分析［J］．中国农业资源与区划，2019，40（12）：101－107．

［169］马文静，刘娟．基于能值分析的中国生态经济系统可持续发展评估［J］．应用生态学报，2020，31（6）：2029－2038．

［170］毛维准．人类命运共同体理念中的责任共同体构建［J］．国际展望，2022，14（4）：21－38，153－154．

［171］闵继胜，胡浩．中国农业生产温室气体排放量的测算［J］．中国人口·资源与环境，2012，22（7）：21－27．

［172］莫放春．国外学者对《资本论》生态思想的研究［J］．马克思主义研究，2011（1）：62－71．

［173］暮冬，退耕还林还草，"还"来绿意盎然美丽四川［EB/OL］．（2019－10－08）（2023－5－22）．http：//www. forestry. gov. cn/main/72/20190930/1733022 74726308. html.

［174］牛玲．碳汇生态产品价值的市场化实现路径［J］．宏观经济管理，2020（12）：37－42，62．

［175］农业农村减排固碳 10 大技术模式［J］．科技导报，2021，39（23）：113．

［176］潘鹤思，李英，柳洪志．央地两级政府生态治理行动的演化博弈分析：基于财政分权视角［J］．生态学报，2019，39（5）：1772－1783．

［177］潘家华，张莹．中国应对气候变化的战略进程与角色转型：从防范"黑天鹅"灾害到迎战"灰犀牛"风险［J］．中国人口·资源与环境，2018，28（10）：1－8．

［178］潘晓滨．碳中和背景下碳捕获与封存技术纳入碳市场的立法经验及中国启示［J］．太平洋学报，2021，29（6）：13－24．

[179] 裴宗飞，李超. 推进乡村生态振兴与农业绿色发展的探索 [J].现代农业研究，2022，28（7）：53-55.

[180] 彭梅牙. 新余市大力发展光伏农业 [J]. 南方农机，2012（2）：4-6.

[181] 彭文刚. 马克思生态思想的三个基本维度 [J]. 理论探讨，2016（2）：50-55.

[182] 漆雁斌，韩绍，邓鑫. 中国绿色农业发展：生产水平测度、空间差异及收敛性分析 [J]. 农业技术经济，2020（4）：51-65.

[183] 齐绍洲，柳典，李锴，等. 公众愿意为碳排放付费吗？：基于"碳中和"支付意愿影响因素的研究 [J]. 中国人口·资源与环境，2019，29（10）：124-134.

[184] 齐晔，李惠民，王晓. 农业与中国的低碳发展战略 [J]. 中国农业科学，2012，45（1）：1-6.

[185] 清华大学气候研究院. "中国长期低碳发展战略与转型路径研究"综合报告. 中国人口·资源与环境，2020，30（11）：1-26.

[186] 邱子健，靳红梅，高南，等. 江苏省农业碳排放时序特征与趋势预测 [J]. 农业环境科学学报，2021，41（3）：658-669.

[187] 任玺锦，裴婷婷，陈英，等. 基于碳密度修正的甘肃省土地利用变化对碳储量的影响 [J]. 生态科学，2021，40（4）：66-74.

[188] 尚杰，杨滨键. 种植业碳源、碳汇测算与净碳汇影响因素动态分析：山东例证 [J]. 改革，2019（6）：123-134.

[189] 单玉红，王琳娜，刘梦娇. 社会化小农趋势下农户低碳经营的路径分析：以湖北省为例 [J]. 长江流域资源与环境，2020，29（11）：2479-2487.

[190] 沈文泉. 新时代桑基鱼塘系统的保护传承与创新发展研究：以浙江省湖州市南浔区云豪家庭农场为例 [J]. 遗产与保护研究，2019，4（1）：34-38.

[191] 石杰，杨乔木，李继安，等. 浅谈光伏板清洁产生污水的环境影响问题及启示 [J]. 清洗世界，2022，38（5）：47-49.

[192] 石志恒，符越. 社会化服务能促进农户采纳农药减量行为吗？：基于服务专业化维度的考察 [J]. 中国农业资源与区划，2023，44（3）：

130 - 142.

[193] 石志恒，张可馨. 农户绿色防控技术采纳行为研究：基于"信息 - 动机 - 行为技巧"干预模型 [J]. 干旱区资源与环境，2022，36 (3)：28 - 35.

[194] 史亚东. 浅析中国在国际气候合作中的碳减排责任 [J]. 生态经济，2013 (11)：79 - 82.

[195] 舒畅，乔娟. 欧美低碳农业政策体系的发展以及对中国的启示 [J]. 农村经济，2014 (3)：125 - 129.

[196] 四川省人民政府. 全面实施乡村振兴战略 开启农业农村现代化建设新征程 [EB/OL]. (2023 - 05 - 03). (2023 - 05 - 15). https：//www. sc. gov. cn/10462/c107047/newxczxzt. shtml.

[197] 四川省人民政府. 退耕还林还草"还"来绿意盎然美丽四川 [N]. 四川日报，2019 - 09 - 30.

[198] 苏利阳. 碳达峰、碳中和纳入生态文明建设整体布局的战略设计研究 [J]. 环境保护，2021，49 (16)：6 - 9.

[199] 孙传恒，于华竟，徐大明，等. 农产品供应链区块链追溯技术研究进展与展望 [J]. 农业机械学报，2021，52 (1)：1 - 13.

[200] 孙金华. 论中国共产党生态文明理论的思想基础 [J]. 社会主义研究，2008 (2)：125 - 130.

[201] 孙炜琳，王瑞波，黄圣男，等. 供给侧结构性改革视角下的农业可持续发展评价研究 [J]. 中国农业资源与区划，2017，38 (8)：1 - 7.

[202] 孙炜琳，王瑞波，姜茜，等. 农业绿色发展的内涵与评价研究 [J]. 中国农业资源与区划，2019，40 (4)：14 - 21.

[203] 孙亚男，刘继军，马宗虎. 规模化奶牛场温室气体排放量评估 [J]. 农业工程学报，2010，26 (6)：296 - 301.

[204] 谭秋成. 中国农业温室气体排放：现状及挑战 [J]. 中国人口·资源与环境，2011，21 (10)：69 - 75.

[205] 唐葆君，吉嫦婧. 全国碳市场扩容策略的经济和排放影响研究 [J/OL]. 北京理工大学学报（社会科学版），2022，24 (4)：129 - 139.

[206] 唐博文. 从国际经验看中国农业温室气体减排路径 [J]. 世界农业，2022 (3)：18 - 24.

[207] 唐海明，汤文光，肖小平，等．中国农田固碳减排发展现状及其战略对策［J］．生态环境学报，2010，19（7）：1755－1759.

[208] 田成诗，陈雨．中国省际农业碳排放测算及低碳化水平评价：基于衍生指标与 TOPSIS 法的运用［J］．自然资源学报，2021，36（2）：395－410.

[209] 田云，陈池波．基于碳排放权分配的中国省域碳减排奖惩方案［J］．中国人口·资源与环境，2020，30（11）：54－62.

[210] 田云，陈池波．市场与政府结合视角下的中国农业碳减排补偿机制研究［J］．农业经济问题，2021（5）：120－136.

[211] 田云，王梦晨．湖北省农业碳排放效率时空差异及影响因素［J］．中国农业科学，2020，53（24）：5063－5072.

[212] 田云，尹忞昊．产业集聚对中国农业净碳效应的影响研究［J］．华中农业大学学报（社会科学版），2021（3）：107－117.

[213] 田云，张俊飚，吴贤荣，等．中国种植业碳汇盈余动态变化及地区差异分析：基于 31 个省（市、区）2000－2012 年的面板数据［J］．自然资源学报，2015，30（11）：1885－1895.

[214] 田云，张俊飚．中国低碳农业发展的动态演进及收敛性研究［J］．干旱区资源与环境，2017，31（3）：1－7.

[215] 田云，张俊飚．中国农业生产净碳弹性分异研究［J］．自然资源学报，2013，28（8）：1298－1309.

[216] 田云，张俊飚．中国省级区域农业碳排放公平性研究［J］．中国人口·资源与环境，2013，23（11）：36－44.

[217] 涂正革，甘天琦．中国农业绿色发展的区域差异及动力研究［J］．武汉大学学报（哲学社会科学版），2019，72（3）：165－178.

[218] 汪晓东，刘毅，林小溪．让绿水青山造福人类泽被子孙：习近平总书记关于生态文明建设重要论述综述［N］．人民日报，2021－06－03.

[219] 王爱国，刘洋．政府绿色政策与低碳企业投资行为的相关性研究［J］．东岳论丛，2019，40（7）：127－139.

[220] 王斌，李玉娥，蔡岸冬，等．碳中和视角下全球农业减排固碳政策措施及对中国的启示［J］．气候变化研究进展，2022，18（1）：

110 - 118.

[221] 王灿, 张雅欣. 碳中和愿景的实现路径与政策体系 [J]. 中国环境管理, 2020, 12 (6): 58 - 64.

[222] 王丹华. 投入产出分析法在绩效评价中的应用 [J]. 财政监督, 2016 (15): 64 - 67.

[223] 王飞, 石祖梁, 王久臣, 等. 生态文明建设视角下推进农业绿色发展的思考 [J]. 中国农业资源与区划, 2018, 39 (8): 17 - 22.

[224] 王锋, 葛星. 低碳转型冲击就业吗: 来自低碳城市试点的经验证据 [J]. 中国工业经济, 2022 (5): 81 - 99.

[225] 王刚毅, 刘杰. 基于改进水生态足迹的水资源环境与经济发展协调性评价: 以中原城市群为例 [J]. 长江流域资源与环境, 2019, 28 (1): 80 - 90.

[226] 王丽娟, 贾宝红, 信丽媛. 天津市农业绿色发展的驱动因素研究 [J]. 中国农业资源与区划, 2020, 41 (11): 56 - 63.

[227] 王明喜, 胡毅, 郭冬梅, 等. 碳税视角下最优排放实施与企业减排投资竞争 [J]. 管理评论, 2021, 33 (8): 17 - 28.

[228] 王萍, 李梦龙, 银艳艳. "双碳"目标下农户低碳用能影响路径研究: 基于劳动力转移视角 [J]. 调研世界, 2022 (3): 3 - 10.

[229] 王萍, 张能, 银艳艳. 劳动力转移下不同生计农户低碳用能影响因素: 以浙豫陕3省农户为例 [J]. 中国农业资源与区划, 2021, 42 (10): 103 - 113.

[230] 王青, 孙頔, 江华. "十四五"时期中国光伏产业链供需情况分析 [J]. 太阳能, 2022 (4): 5 - 12.

[231] 王为东, 王冬, 卢娜. 中国碳排放权交易促进低碳技术创新机制的研究 [J]. 中国人口·资源与环境, 2020, 30 (2): 41 - 48.

[232] 王文, 刘锦涛. 碳中和元年的中国政策与推进状况: 全球碳中和背景下的中国发展（上）[J]. 金融市场研究, 2021 (5): 1 - 14.

[233] 王晓, 齐晔. 我国饮食结构变化对农业温室气体排放的影响 [J]. 中国环境科学, 2013, 33 (10): 1876 - 1883.

[234] 王效琴, 梁东丽, 王旭东, 等. 运用生命周期评价方法评估奶牛养殖系统温室气体排放量 [J]. 农业工程学报, 2012, 28 (13): 179 - 184.

[235] 王心宇，彭馨怡，骆美婷，等．经济新常态下创新驱动型现代低碳农业发展研究：以成都平原地区为例 [J]．中国农业资源与区划，2020，41（4）：134 - 142.

[236] 王欣，宋燕平，陈天宇，等．中国农业绿色技术的发展现状与趋势：基于 CiteSpace 的知识图谱分析 [J/OL]．中国生态农业学报（中英文），2022（9）：30.

[237] 王新程．环境科学大辞典（修订版）[M]．北京：中国环境科学出版社，2008.

[238] 王洋，孙玥．碳中和背景下农户兼业能否促进低碳生产行为？[J]．科技管理研究，2022，42（4）：202 - 208.

[239] 王遥，任玉洁．"双碳"目标下的中国绿色金融体系构建 [J/OL]．当代经济科学，2022，44（5）：1 - 13.

[240] 王艺洁，刘国勇，刘志有，等．中国农业可持续发展水平研究 [J]．北方园艺，2021（7）：148 - 153.

[241] 王颖，喻阳华．中国农业可持续发展水平多尺度时空演变特征 [J]．中国农业科技导报，2021，23（3）：8 - 17.

[242] 王永中．碳达峰、碳中和目标与中国的新能源革命 [J]．人民论坛·学术前沿，2021（14）：88 - 96.

[243] 王贞洁，王惠．低碳城市试点政策与企业高质量发展：基于经济效率与社会效益双维视角的检验 [J/OL]．经济管理，2022，44（6）：43 - 62.

[244] 魏丽莉，斯丽娟．循证经济学 [M]．北京：中国人民大学出版社，2020.

[245] 魏琦，李林静．碳价格及其波动率能促进中国企业低碳投资吗？[J]．中国矿业大学学报（社会科学版），2022，24（1）：107 - 122.

[246] 魏琦，潘雨，李林静．碳配额与补贴政策下企业减排和社会福利的比较研究 [J]．南方金融，2021（2）：25 - 37.

[247] 魏琦，张斌，金书秦．中国农业绿色发展指数构建及区域比较研究 [J]．农业经济问题，2018（11）：11 - 20.

[248] 翁智雄，马中，刘婷婷．碳中和目标下中国碳市场的现状、挑战与对策 [J]．环境保护，2021，49（16）：18 - 22.

［249］吴昊玥，黄瀚蛟，何宇，等．中国农业碳排放效率测度、空间溢出与影响因素［J］．中国生态农业学报（中英文），2021，29（10）：1762－1773.

［250］吴立军，田启波．碳中和目标下中国地区碳生态安全与生态补偿研究［J］．地理研究，2022，41（1）：149－166.

［251］吴世蓉，邱龙霞，陈瀚阅，等．基于大比例尺数据库的福建省耕地土壤固碳速率和潜力研究［J］．土壤学报，2022，59（5）：13.

［252］吴伟伟．支农财政、技术进步偏向的农田利用碳排放效应研究［J］．中国土地科学，2019，33（3）：77－84.

［253］吴贤荣，张俊飚，朱烨，等．中国省域低碳农业绩效评估及边际减排成本分析［J］．中国人口·资源与环境，2014，24（10）：57－63.

［254］吴学福．"双碳"目标下推进碳权市场建设的思考［J］．福建金融，2022（6）：55－59.

［255］吴跃．"报废潮"来袭，退役光伏组件如何回收？［N］．中国建材报，2022－04－18（9）.

［256］伍国勇，刘金丹，杨丽莎．中国农业碳排放强度动态演进及碳补偿潜力［J］．中国人口·资源与环境，2021，31（10）：69－78.

［257］夏龙龙，颜晓元，蔡祖聪．我国农田土壤温室气体减排和有机碳固定的研究进展及展望［J］．农业环境科学学报，2020，39（4）：834－841.

［258］夏西强，徐春秋．政府碳税与补贴政策对低碳供应链影响的对比研究［J］．运筹与管理，2020，29（11）：112－120.

［259］肖华堂，薛蕾．我国农业绿色发展水平与效率耦合协调性研究［J］．农村经济，2021（3）：128－134.

［260］肖洋．中国的"高碳困锁"与国际低碳科技转移的非对称博弈［J］．社会科学，2016（6）：63－70.

［261］谢和平，任世华，谢亚辰，等．碳中和目标下煤炭行业发展机遇［J］．煤炭学报，2021，46（7）：2197－2211.

［262］谢华玲，迟培娟，杨艳萍．双碳战略背景下主要发达经济体低碳农业行动分析［J］．世界科技研究与发展，2022：1－10.

［263］谢来辉．巴黎气候大会的成功与国际气候政治新秩序［J］．国

外理论动态，2017（7）：116 - 127.

[264] 谢雄标，孙理军，吴越，等. 网络关系、管理者认知与企业环境技术创新行为：基于资源型企业的实证分析 [J]. 科技管理研究，2019，39（23）：142 - 150.

[265] 熊鹰，何鹏. 绿色防控技术采纳行为的影响因素和生产绩效研究：基于四川省水稻种植户调查数据的实证分析 [J]. 中国生态农业学报（中英文），2020，28（1）：136 - 146.

[266] 徐彬，周明天. 低碳视角下产业集聚对农业环境效率的影响研究 [J/OL]. 价格理论与实践，2022（4）：5.

[267] 徐枫，潘麒，汪亚楠. "双碳"目标下绿色低碳转型对企业盈利能力的影响研究 [J]. 宏观经济研究，2022（1）：161 - 175.

[268] 徐峰，李君略，刘声春，等. 谷物联合收割机节能减排潜力评估和技术路径研究 [J]. 农机化研究，2019，41（1）：1 - 8.

[269] 徐国泉，刘则渊，姜照华. 中国碳排放的因素分解模型及实证分析：1995 - 2004 [J]. 中国人口·资源与环境，2006（6）：158 - 161.

[270] 徐红红，吕宝华. 浅析农机监理差异化管理研究 [J]. 农民致富之友，2016（7）：207.

[271] 徐宏. 江苏省农业生态可持续发展评价 [J]. 中国农业资源与区划，2019，40（8）：164 - 170.

[272] 徐佳，崔静波. 低碳城市和企业绿色技术创新 [J]. 中国工业经济，2020（12）：178 - 196.

[273] 徐乐，马永刚，王小飞. 基于演化博弈的绿色技术创新环境政策选择研究：政府行为 VS. 公众参与 [J]. 中国管理科学，2022，30（3）：30 - 42.

[274] 徐清华，张广胜. 农业机械化对农业碳排放强度影响的空间溢出效应：基于 282 个城市面板数据的实证 [J]. 中国人口·资源与环境，2022，32（4）：23 - 33.

[275] 许玲燕，张端端，杜建国. 环境规制与新型农业经营主体绿色发展绩效：来自江苏 315 个样本新型农业经营主体的证据 [J/OL]. 中国农业资源与区划，2023，44（2）：12.

[276] 许文博，许恒周. 中央、地方政府与企业低碳协同发展的实现

策略：以京津冀地区为例 [J]. 中国人口·资源与环境，2021，31（12）：23－34.

[277] 许秀川，吴朋雁. 绿色农业发展机制的演进：基于政府、农户和消费者三方博弈的视角 [J]. 中国农业大学学报，2022，27（1）：259－273.

[278] 许烜，宋微. 乡村振兴视域下农业绿色发展评价研究 [J]. 学习与探索，2021（3）：130－136.

[279] 许钊，高煜，霍治方. 数字金融的污染减排效应 [J]. 财经科学，2021（4）：28－39.

[280] 薛蓓蓓，田国双. 纳入机会成本的人工林固碳成本核算模型及其影响因素 [J]. 东北林北林业大学学报，2021，49（6）：84－89.

[281] 薛振亚. 铁岭县实施东北黑土地保护措施取得的成效与经验 [J]. 北方水稻，2019，49（4）：51－52.

[282] 严立冬，屈志光，邓远建. 现代农业建设中的绿色农业发展模式研究 [J]. 农产品质量与安全，2011（4）：12－17.

[283] 严振亚，李健. 基于区块链技术的碳排放交易及监控机制研究 [J]. 企业经济，2020，39（6）：31－37.

[284] 杨滨键，尚杰，于法稳. 农业面源污染防治的难点、问题及对策 [J]. 中国生态农业学报（中英文），2019，27（2）：236－245.

[285] 杨博文. 习近平新发展理念下碳达峰、碳中和目标战略实现的系统思维、经济理论与科学路径 [J]. 经济学家，2021（9）：5－12.

[286] 杨长进. 碳交易市场助推乡村振兴低碳化发展的实践与路径探索 [J]. 价格理论与实践，2020（2）：18－24.

[287] 杨皓天，马骥. 环境规制下养殖户的环境投入行为研究：基于双栏模型的实证分析 [J]. 中国农业资源与区划，2020，41（3）：94－102.

[288] 杨洁. 国际碳交易市场发展现状对我国的启示 [J]. 中国经贸导刊，2021（16）：24－26.

[289] 杨洁，李忠德，杨萍，等. 基于生态足迹模型的山东省农业资源可持续发展分析 [J]. 中国农业资源与区划，2016，37（11）：56－64.

[290] 杨晶. 《资本论》蕴含的生态思想及其当代价值 [J]. 福建师

范大学学报（哲学社会科学版），2019（1）：9 – 14 + 56，167.

[291] 杨娟，王昌全，蔡艳，等. 猪粪农田施用下的水稻生产生命周期碳排放 [J]. 中国生态农业学报，2015，23（9）：1131 – 1141.

[292] 杨克虎. 循证社会科学的产生、发展与未来 [J]. 图书与情报，2018（3）：1 – 10.

[293] 杨丽萍. 农村工业污染防治的法律困境及对策分析：以城乡污染转移为视角 [J]. 辽宁农业科学，2015（2）：44 – 47.

[294] 杨丽，王鹏生. 农业产业集聚：小农经济基础上的规模经济 [J]. 农村经济，2005（7）：53 – 55.

[295] 杨冉冉，龙如银. 低碳经济背景下企业管理变革的思考 [J]. 科技管理研究，2015，35（7）：235 – 239.

[296] 杨文登. 循证实践：一种新的实践形态？[J]. 自然辩证法研究，2010（4）：106 – 110.

[297] 杨晓辉，游达明. 考虑消费者环保意识与政府补贴的企业绿色技术创新决策研究 [J/OL]. 中国管理科学：1 – 12 [2022 – 07 – 22].

[298] 杨晓辉，游达明. 考虑消费者环保意识与政府补贴的企业绿色技术创新决策研究 [J/OL]. 中国管理科学，2022，30（9）：263 – 274.

[299] 杨学明，张晓平，方华军. 农业土壤固碳对缓解全球变暖的意义 [J]. 地理科学，2003（1）：101 – 106.

[300] 杨一旸，卢宏玮，梁东哲，等. 基于三维生态足迹模型的长江中游城市群平衡性分析与生态补偿研究 [J]. 生态学报，2020，40（24）：9011 – 9022.

[301] 杨玉苹，朱立志，孙炜琳. 农户参与农业生态转型：预期效益还是政策激励？[J]. 中国人口·资源与环境，2019，29（8）：140 – 147.

[302] 姚念深，郭义强，付梅臣. 基于农田整理工程的碳减排估算与分析 [J]. 江西农业大学学报，2017，39（1）：190 – 197.

[303] 姚延婷，陈万明. 农业温室气体排放现状及低碳农业发展模式研究 [J]. 科技进步与对策，2010，27（22）：48 – 51.

[304] 叶明儿，楼黎静，钱文春，等. 湖州桑基鱼塘系统形成及其保护与发展现实意义 [C]. 2014 中国现代农业发展论坛论文集. 北京：中国农学通报期刊社，2014：117 – 123.

[305] 叶兴庆，程郁，张玉梅，等．我国农业活动温室气体减排的情景模拟、主要路径及政策措施 [J].农业经济问题，2022（2）：4-16.

[306] 银西阳，贾小娟，李冬梅．农业产业集聚对农业绿色全要素生产率的影响：基于空间溢出效应视角 [J/OL].中国农业资源与区划，2022（10）：110-119.

[307] 尹昌斌，李福夺，王术，等．中国农业绿色发展的概念、内涵与原则 [J].中国农业资源与区划，2021，42（1）：1-6.

[308] 尹成杰．加快推进农业绿色与可持续发展的思考 [J].农村工作通讯，2016（5）：7-9.

[309] 于婷，于法稳．环境规制政策情境下畜禽养殖废弃物资源化利用认知对养殖户参与意愿的影响分析 [J].中国农村经济，2019（8）：91-108.

[310] 于法稳．基于绿色发展理念的智慧农业实现路径 [J].人民论坛·学术前沿，2020（24）：79-89.

[311] 于法稳，林珊．碳达峰、碳中和目标下农业绿色发展的理论阐释及实现路径 [J].广东社会科学，2022（2）：24-32.

[312] 于洋."美丽乡村"视角下的农村生态文明建设 [J].农业经济，2015（4）：7-9.

[313] 余光英，祁春节．国际碳减排利益格局：合作及其博弈机制分析 [J].中国人口·资源与环境，2010，20（5）：17-21.

[314] 禹湘，陈楠，李曼琪．中国低碳试点城市的碳排放特征与碳减排路径研究 [J].中国人口·资源与环境，2020，30（7）：1-9.

[315] 郁静娴．截至 2020 年底农业社会化服务组织数量超 90 万个 [EB/OL].（2021-02-08）（2023-05-22）.http://cq.people.com.cn/n2/2021/0208/c365403-34570430.html.

[316] 詹孟于．绿色发展下新型农业经营主体在乡村振兴中的功能及发展策略 [J].中国农学通报，2021，37（35）：141-146.

[317] 张翠娟．基于生态足迹模型的河南省农业生态承载力动态评价 [J].中国农业资源与区划，2020，41（2）：246-251.

[318] 张海军，段茂盛．碳排放权交易体系政策效果的评估方法 [J].中国人口·资源与环境，2020，30（5）：17-25.

[319] 张恒硕，李绍萍，彭民．中国农村能源消费碳排放区域非均衡性及驱动因素动态识别 [J]．中国农村经济，2022（1）：112 – 134.

[320] 张红兵，韩霜．基于绿色发展理念的农业生态补偿机制研究 [J]．统计与管理，2019，（4）：81 – 83.

[321] 张红丽，李洁艳，史丹丹．环境规制、生态认知对农户有机肥采纳行为影响研究 [J]．中国农业资源与区划，2021，42（11）：42 – 50.

[322] 张建杰，崔石磊，马林，等．中国农业绿色发展指标体系的构建与例证 [J]．中国生态农业学报（中英文），2020，28（8）：1113 – 1126.

[323] 张建文，王海东，梁汉，等．退役晶硅光伏组件回收技术研究进展 [J]．矿冶工程，2022，42（3）：147 – 152，157.

[324] 张敬飒，吴文恒，朱虹颖，等．不同生计方式农户生活能源消费行为及其影响因素 [J]．水土保持通报，2016，36（6）：265 – 271.

[325] 张琳琳，叶锦皓．低碳经济视角下的绿色农业标准化问题浅析 [J/OL]．企业技术开发，2011，30（14）：42 – 43.

[326] 张路，马德青，胡劲松．企业社会责任下的旅游供应链低碳运营研究 [J]．运筹与管理，2022，31（6）：189 – 195.

[327] 张梅，易川琪，腾云．基于政策工具视角的多主体绿色施肥行为决策研究 [J/OL]．中国农业资源与区划，2023（1）：10 – 23.

[328] 张乃明，张丽，赵宏，等．农业绿色发展评价指标体系的构建与应用 [J]．生态经济，2018，34（11）：21 – 24，46.

[329] 张颂心，王辉，徐如浓．科技进步、绿色全要素生产率与农业碳排放关系分析：基于泛长三角 26 个城市面板数据 [J]．科技管理研究，2021，41（2）：211 – 218.

[330] 张小筠，刘戒骄．新中国 70 年环境规制政策变迁与取向观察 [J]．改革，2019（10）：16 – 25.

[331] 张晓萱，秦耀辰，吴乐英，等．农业温室气体排放研究进展 [J]．河南大学学报（自然科学版），2019，49（6）：649 – 662，713.

[332] 张杏梅，翟琴琴．基于水资源生态足迹的陕西省水资源利用与经济增长的脱钩分析 [J]．中国农村水利水电，2021（10）6.

[333] 张修凡．碳市场流动性与区域低碳经济转型：基于低碳技术创

新的双重中介效应分析 [J]. 南京财经大学学报, 2021 (6): 88 - 98.

[334] 张秀敏, 王荣, 马志远, 等. 反刍家畜胃肠道甲烷排放与减排策略 [J]. 农业环境科学学报, 2020, 39 (4): 732 - 742.

[335] 张永强, 田媛, 王珧, 等. 农村人力资本、农业技术进步与农业碳排放 [J]. 科技管理研究, 2019, 39 (14): 266 - 274.

[336] 张永生, 巢清尘, 陈迎, 等. 中国碳中和: 引领全球气候治理和绿色转型 [J]. 国际经济评论, 2021 (3): 9 - 26 + 4.

[337] 张渝政. 马克思主义生态文明与构建社会主义和谐社会 [J]. 西南大学学报 (人文社会科学版), 2007 (1): 71 - 76.

[338] 张玉琴, 陈美球, 谢贤鑫, 等. 基于社会嵌入理论的农户生态耕种行为分析: 以江西省为例 [J]. 地域研究与开发, 2021, 40 (4): 147 - 151, 157.

[339] 张振波. 从逐底竞争到策略性模仿: 绩效考核生态化如何影响地方政府环境治理的竞争策略? [J]. 公共行政评论, 2020, 13 (6): 114 - 131, 211 - 212.

[340] 章永松, 柴如山, 付丽丽, 等. 中国主要农业源温室气体排放及减排对策 [J]. 浙江大学学报 (农业与生命科学版), 2012, 38 (1): 97 - 107.

[341] 赵斌. 全球气候治理的复杂困局 [J]. 现代国际关系, 2021 (4): 37 - 43 + 27.

[342] 赵慈, 宋晓聪, 刘晓宇, 等. 基于 STIRPAT 模型的浙江省碳排放峰值预测分析 [J]. 生态经济, 2022, 38 (6): 29 - 34.

[343] 赵会杰, 胡宛彬. 环境规制下农户感知对参与农业废弃物资源化利用意愿的影响 [J]. 中国生态农业学报 (中英文), 2021, 29 (3): 600 - 612.

[344] 赵会杰, 于法稳. 基于熵值法的粮食主产区农业绿色发展水平评价 [J]. 改革, 2019 (11): 136 - 146.

[345] 赵连杰, 南灵, 李晓庆, 等. 环境公平感知、社会信任与农户低碳生产行为: 以农膜、秸秆处理为例 [J]. 中国农业资源与区划, 2019, 40 (12): 91 - 100.

[346] 赵秋倩. 技术推广对蔬菜种植户农药减量施用行为影响及其效

应研究 [D]. 西北农林科技大学, 2021.

[347] 赵彦锋, 李金铠, 张瑾. 基于碳排放权属性的碳资产确认与计量 [J]. 金融理论与实践, 2018 (5): 1-4.

[348] 赵正文. 关注农村能源建设沼气产业迈向高值利用 [J]. 农家参谋, 2021 (6): 1-2.

[349] 赵子健, 赵旭. 基于福利视角的不同减排政策比较研究 [J]. 科技管理研究, 2014, 34 (11): 221-227.

[350] 中共中央办公厅 国务院办公厅. 关于创新体制机制推进农业绿色发展的意见 [Z]. 2017.09.30.

[351] 中国科学院武汉文献情报中心战略情报中心先进能源科技战略情报研究团队, 中国科学院文献情报中心情报研究部生态文明研究团队, 中国科学院西北生态环境资源研究院文献情报中心资源生态环境战略情报研究团队, 等. 趋势观察: 国际碳中和行动关键技术前沿热点与发展趋势 [J]. 中国科学院院刊, 2021, 36 (9): 1111-1115.

[352] 中华人民共和国商务部. 2020 年全年网络零售市场发展情况 [EB/OL]. (2021-01-25) (2021-01-28). http://www.mofcom.gov.cn/article/i/jyjl/j/202101/20210103033716.shtml.

[353] 中华人民共和国生态环境部. 中华人民共和国气候变化第二次两年更新报告 [R]. 北京: 中华人民共和国生态环境部, 2018.

[354] 钟章奇, 张旭, 何凌云, 等. 区域间碳排放转移、贸易隐含碳结构与合作减排: 来自中国 30 个省区的实证分析 [J]. 国际贸易问题, 2018 (6): 94-104.

[355] 周宏春. 乡村振兴背景下的农业农村绿色发展 [J]. 环境保护, 2018, 46 (7): 16-20.

[356] 周莉. 乡村振兴背景下西藏农业绿色发展研究 [J]. 西北民族研究, 2019 (3): 116-127.

[357] 周伟铎, 庄贵阳. 美国重返《巴黎协定》后的全球气候治理: 争夺领导力还是走向全球共识? [J]. 太平洋学报, 2021, 29 (9): 17-29.

[358] 周喜君, 郭丕斌. 基于 DEA 窗口模型的中国碳减排技术研发效率评估 [J]. 科技管理研究, 2021, 41 (1): 187-193.

[359] 周艳菊，胡凤英，周正龙．碳税政策下制造商竞争的供应链定价策略和社会福利研究 [J]．中国管理科学，2019，27 (7)：94 - 105.

[360] 周志方，李祎，肖恬，等．碳风险意识、低碳创新与碳绩效 [J]．研究与发展管理，2019，31 (3)：72 - 83.

[361] 周志方，聂磊，沈宜蓉，等．企业低碳意识对低碳行为的影响机制研究：基于"意识—情境—行为"视角 [J]．北京理工大学学报（社会科学版），2019，21 (5)：30 - 43.

[362] 朱炳元．关于《资本论》中的生态思想 [J]．马克思主义研究，2009 (1)：46 - 55，159.

[363] 朱高立，饶芳萍，李发志，等．基于生态足迹的沿海城市可持续发展能力评价及预测分析：以江苏盐城为例 [J]．水土保持研究，2021，28 (2)：360 - 366.

[364] 朱立志．农业发展与生态文明建设 [J]．中国科学院院刊，2013，28 (2)：232 - 238.

[365] 朱佩枫，王群伟，张浩，等．低碳城市建设的误区及优化政策 [J]．城市发展研究，2015，22 (8)：1 - 4.

[366] 朱清海，雷云．社会资本对农户秸秆处置亲环境行为的影响研究：基于湖北省 L 县农户的调查数据 [J]．干旱区资源与环境，2018，32 (11)：15 - 21.

[367] 朱轶斌，刘家顺，于志清．基于空气公共物品属性的碳排放与碳减排多主体博弈分析 [J]．企业经济，2014，33 (12)：16 - 20.

[368] 庄贵阳，薄凡，张靖．中国在全球气候治理中的角色定位与战略选择 [J]．世界经济与政治，2018 (4)：4 - 27，155 - 156.

[369] 庄忠正，陆君瑶．马克思主义生态思想的逻辑构建：基于《德意志意识形态》的考察 [J]．思想教育研究，2021 (6)：61 - 66.

[370] 邹淼．双碳背景下我国光伏产业产能过剩的经济学分析 [J]．河北企业，2021 (12)：5 - 8.

[371] 邹绍辉，刘冰．碳中和背景下新型煤化工产业碳减排路径研究 [J]．金融与经济，2021 (9)：60 - 67.

[372] 邹颖，何晓洁．碳战略、媒体监督与企业竞争优势：来自我国 A 股高碳企业的经验数据 [J]．财会月刊，2019 (24)：140 - 150.

［373］邹祖铭. 速看! 乡村振兴道路上的绿色成绩单如何?［EB/OL］(2022/06. 27)(2022. 08. 08). https：//www. cenews. com. cn/news. html? aid = 986608.

［374］Adewale C, Reganold J P, Higgins S, et al. Agricultural carbon footprint is farm specific：Case study of two organic farms［J］. Journal of Cleaner Production, 2019, 229：795 – 805.

［375］Akbar U, Li Q L, Akmal M A, et al. Nexus between agro-ecological efficiency and carbon emission transfer：Evidence from China［J］. Environmental Science and Pollution Research, 2021, 28（15）：18995 – 19007.

［376］Asad U, Mansoora A, Ali R S, et al. A threshold approach to sustainable development：Nonlinear relationship between renewable energy consumption, natural resource rent, and ecological footprint［J］. Journal of Environmental Management, 2021, 295.

［377］Barwick S A, Henzell A L, Herd R M, et al. Methods and consequences of including reduction in greenhouse gas emission in beef cattle multiple-trait selection［J］. Genetics Selection Evolution, 2019, 51（1）：1 – 13.

［378］Blok K, Afanador A, Van Der Hoorn I, et al. Assessment of sectoral greenhouse gas emission reduction potentials for 2030［J］. Energies, 2020, 13（4）：943.

［379］Brankatschk G, Finkbeiner M. Crop rotations and crop residues are relevant parameters for agricultural carbon footprints［J］. Agronomy for Sustainable Development, 2017, 37（6）：1 – 14.

［380］B W Ang. The LMDI approach to decomposition analysis：A practical guide［J］. Energy Policy, 2005, 33（7）：867 – 871.

［381］Commoner B. The Closing Circle：Nature, Man, and Technology［M］. New York：Bantam Books, Inc. , 1971.

［382］Cui Y, Khan S U, Deng Y , Zhao M. Regional difference decomposition and its spatiotemporal dynamic evolution of Chinese agricultural carbon emission：Considering carbon sink effect. ［J］. Environmental Science and Pollution Research International, 2021, 28（29）.

［383］Davies P. What is evidence-based education?［J］. British Journal of Educational Studies, 1999, 47 (2): 108 – 121.

[384] Dozois D J A, Mikail S F, Alden L E, et al. The CPA Presidential Task Force on Evidence – Based Practice of Psychological Treatments [J]. Canadian Psychology/Psychologie Canadienne, 2014, 55 (3): 153.

[385] Dumrtier J, Elobelid A. Effects of a carbon tax in the United States on agricultural markets and carbon emissions from land use change [J]. Land Use Policy, 2021, 103: 105320.

[386] Ehrlich P, Holdren J. Impact of Population Growth in Population, Resources and the Environment [M]. Washington DC: US Government Printing Office, 1972: 365 – 377.

[387] Esquivel – Patino G G, Napoles – Rivera F. Environmental and energetic analysis of coupling a biogas combined cycle power plant with carbon capture, organic Rankine cycles and CO2 utilization processes [J]. Journal of Environmental Management, 2021, 300.

[388] Gregg J S, Losey L M, Andres R J, et al. The temporal and spatial distribution of carbon dioxide emissions from fossil-fuel use in North America [J]. Journal of Applied Meteorology and Climatology, 2009, 48 (12): 2528 – 2542.

[389] Hashmi R, Alam K. Dynamic relationship among environmental regulation, innovation, CO2 emissions, population, and economic growth in OECD countries: A panel investigation [J]. Journal of Cleaner Production, 2019, 231: 1100 – 1109.

[390] Himics M, Fellmann T, Hurle J B. Does the current trade liberalization agenda contribute to greenhouse gas emission mitigation in agriculture [J]. Food Policy, 2018, 76 (4): 120 – 129.

[391] Hu Y, Su M, Wang Y, et al. Food production in China requires intensified measures to be consistent with national and provincial environmental boundaries [J]. Nature Food, 2020, 1 (9): 572 – 582.

[392] IPCC. IPCC Guidelines for National Greenhouse Gas Inventories [R]. IPCC Bracknell: 1995.

[393] Jeremy L, Hall. What evidence should social policymakers use?

Economic Roundup, 2009 (1): 27 – 43.

[394] Jin D Q, Zhuang K, Yao J, et al. Analysis of carbon emission reduction in multi-power areas under the greenhouse gas emission reduction method [J]. China Environmental Science, 2017, 37 (7): 2793 – 2800.

[395] Kang J N, Wei Y M, Liu L C, Wang J W. Observing technology reserves of carbon capture and storage via patent data: Paving the way for carbon neutral [J]. Technological Forecasting & Social Change, 2021, 171.

[396] Kaya Y. Impact of carbon dioxide emission on GDP growth: interpretation of proposed scenarios [R]. Pairs: IPCC Energy and Industry Subgroup, 1989.

[397] Kenny T, Gray N. Comparative Performance of Six Carbon Footprint Models for use in Ireland [J]. Environmental Impact Assessment Review, 2009, 29 (1): 1 – 6.

[398] Kingwell R. Agriculture's carbon neutral challenge: The case of Western Australia [J]. Australian Journal of Agricultural and Resource Economics, 2021, 65 (3).

[399] Koondhar M A, Aziz N, Tan Z, et al. Green growth of cereal food production under the constraints of agricultural carbon emissions: A new insights from ARDL and VECM models [J]. Sustainable Energy Technologies and Assessments, 2021, 47: 101452.

[400] Koondhar M A, Udemba E N, Cheng Y, et al. Asymmetric causality among carbon emission from agriculture, energy consumption, fertilizer, and cereal food production: A nonlinear analysis for Pakistan [J]. Sustainable Energy Technologies and Assessments, 2021, 45: 101099.

[401] Korkut P U. Linking renewable energy, globalization, agriculture, CO2 emissions and ecological footprint in BRIC countries: A sustainability perspective [J]. Renewable Energy, 2021, 173.

[402] Mullen E J, Bledsoe S E, Bellamy J L. Implementing evidence-based social work practice [J]. Research on Social Work Practice, 2008, 18 (4): 325 – 338.

[403] Ntom U E, Selin Y. Interacting force of foreign direct invest

（FDI），natural resource and economic growth in determining environmental performance：A nonlinear autoregressive distributed lag（NARDL）approach [J]. Resources Policy, 2021, 73.

［404］Ojonugwa U, Abdulrashid R A, Asumadu S S. Conflicts and ecological footprint in MENA countries：implications for sustainable terrestrial ecosystem.［J］. Environmental Science and Pollution Research International, 2021.

［405］Olimpia N. Economic Complexity and Ecological Footprint：Evidence from the Most Complex Economies in the World［J］. Sustainability, 2020, 12（21）.

［406］Peng Q, Zhan L. Research on the Evolution Relationship between Agricultural Carbon Emissions and Economic Growth in Fujian Province Built on the EKC Model［J］. Journal of Physics：Conference Series, 2021, 1852（4）.

［407］Peter C. Do greenhouse gas emission calculations from energy crop cultivation reflect actual agricultural management practices? A review of carbon footprint calculators［J］. Renewable and Sustainable Energy Review, 2017, 67（1）：461－476.

［408］Pfeffer J, Sutton R I. Evidence-based management［J］. Harvard Business Review, 2006, 84（1）：62.

［409］Rajesh S, Muhammad S, Pradeep K, et al. Analyzing the impact of export diversification and technological innovation on renewable energy consumption：Evidences from BRICS nations［J］. Renewable Energy, 2021, 178.

［410］Sackett D L, Rosenberg W M C, Gary J A M. Evidence based medicine：what it is and what it isn't［J］. British Medical Journal, 1996, 312：71－72.

［411］Sajeev E P M, Winiwarter W, Amon B. Greenhouse Gas and Ammonia Emissions from Different Stages of Liquid Manure Management Chains：Abatement Options and Emission Interactions［J］. Journal of Environmental Quality, 2018（1）：30－41.

［412］Song H, Jiang H, Zhang S, Luan J. Land Circulation, Scale Operation, and Agricultural Carbon Reduction Efficiency: Evidence from China [J]. Discrete Dynamics in Nature and Society, 2021.

[413] Tao Z. Research on Energy Saving and Emission Reduction System of Agricultural Project through Carbon Neutral Emission [J]. IOP Conference Series: Earth and Environmental Science, 2021, 859 (1).

[414] Tian Goh, B W Ang, X Y Xu. Quantifying drivers of CO2 emissions from electricity generation: Current practices and future extensions [J]. Applied Energy, 2018, 231.

[415] Tongwane M I, Moeletsi M E, Tsubo M. Trends of carbon emissions from applications of nitrogen fertiliser and crop residues to agricultural soils in South Africa [J]. Journal of Environmental Management, 2020, 272: 111056.

[416] Ulucak R, Khan S U D, Baloch M A, et al. Mitigation pathways toward sustainable development: Is there any trade-off between environmental regulation and carbon emissions reduction? [J]. Sustainable Development, 2020, 28 (4): 813 – 822.

[417] Umit B. Environmental sustainability in Turkey: an environmental Kuznets curve estimation for ecological footprint [J]. International Journal of Sustainable Development & World Ecology, 2021, 28 (3).

[418] Vetter S H, Sapkota T B, Hillier J, et al. Greenhouse gas emissions from agricultural food production to supply Indian diets: Implications for climate change mitigation [J]. Agriculture, Ecosystems & Environment, 2017, 237: 234 – 241.

[419] Villarino S H, Studdert G A, Laterra P, et al. Agricultural impact on soil organic carbon content: Testing the IPCC carbon accounting method for evaluations at county scale [J]. Agriculture, Ecosystems & Environment, 2014, 185: 118 – 132.

[420] Willeghems G, De Clercq L, Michels E, et al. Can spatial reallocation of livestock reduce the impact of GHG emissions? [J]. Agricultural Systems, 2016, 149: 11 – 19.

[421] Yi Q, Chen M, Sheng Y, et al. Mechanization services, farm

productivity and institutional innovation in china [J]. China Agricultural Economic Review, 2019, 11.

[422] Zahed M A, Movahed E, Khodayari A, et al. Biotechnology for carbon capture and fixation: Critical review and future directions [J]. Journal of Environmental Management, 2021, 293: 112830.

[423] Zahid R M, Majeed N A, Wanjun X, et al. Does economic complexity matter for environmental sustainability? Using ecological footprint as an indicator [J]. Environment, Development and Sustainability, 2021.

[424] Zhang L, Pang J, Chen X, et al. carbon emissions, energy consumption and economic growth: Evidence from the agricultural sector of China's main grain-producing areas [J]. Science of the Total Environment, 2019, 665: 1017 – 1025.

后　记

　　本书是在笔者主持的一系列科研项目研究基础上形成的专著。这些科研项目包括：国家社会科学基金"中国区域间农业隐含碳排放补偿机制与减排路径研究"（16CJL035）、"西南山地农业发展方式绿色转型困境与突破路径研究"（23XJY015）；四川省哲学社会科学基金"多元主体协同推进四川绿色农业发展的激励机制研究"（SCJJ23ND199）；成都市哲学社会科学"雏鹰计划"优秀成果出版项目"'双碳'目标下农业绿色发展机制与实现路径研究：以四川省为例"（CY007）等。在此，感谢国家社会科学基金、四川省社会科学界联合会和成都市社会科学界联合会对本书出版的大力支持。

　　本书的撰写也得到了众多人士和机构的悉心指导、无私帮助和倾力支持。特别感谢我的学生陈逸、张春艳、向智敏、李金花在本书撰写过程中的细致工作；感谢德国莱布尼茨转型经济农业发展研究所（IAMO）孙战利教授，中南财经政法大学田云教授，四川农业大学曾维忠教授、蓝红星教授、李冬梅教授、冉瑞平教授、徐定德教授等在本书撰写过程中的指导和建议。感谢四川农业大学科技处叶素梅老师、冯怡心老师、王洪老师、曾珠老师的细致服务。此外，对四川省农业农村厅，四川省科技厅，四川省巴中市南江县、凉山州金阳县、广安市广安区，贵州省麻城县、平塘县、三都县、独山县等地的农业农村相关部门为本书研究的开展提供的帮助一并诚挚致谢。

　　2020年之后，"低碳""绿色""碳中和"等概念再次进入大众视野，并迅速火遍大江南北。作为长期在这一领域逐梦的科研人此时心中不免庆幸，于青年求学时代进入这个研究领域并坚定信念在此领域深耕。随着围绕"双碳"目标的话题愈加增多，大量的研究人员进入到这个领域的研究中，顿感身边的"战友"多了起来，深感欣慰的同时压力陡增。三年的新型冠状病毒感染疫情并没有拖慢时代的齿轮,在最艰难的时刻全国人民勠力同心、共克时艰。面临复杂多变的国际形势,中国科技仍能日新月异,并取得举世瞩目的成就。在霸权主义、单边主义抬头的时代,2023 年"一带一路"国际合作高峰论坛在中国成功召开,中国以多边主义政治逻辑为基础的协同共治的世界秩序构建设想与实践赢得了世界各国的尊重。从"蛟龙"入海到"神州十六"载人飞天,从消除绝对贫困到全面开启乡村振兴,中国的复兴势不可挡。在国际环境波诡云谲之际,全球气候治理变得愈加困难。作为全球最大的发展中国家,在全球气候治理过程中,中国不应缺席也不能缺席。积极转变发展方式,体现大国担当,联合世界各国、各地区共同推进温室气体减排和区域公平发展是时代赋予中国的责任。

气候变暖是全球人类共同面临的时代难题,也给社会经济发展带来了巨大的挑战,直接或间接地决定了国家间的利益与矛盾冲突。在全球气候危机解决乏力之时又遭遇新型冠状病毒感染疫情肆虐全球,这给全球发展蒙上一层阴影。在世界各国共同应对气候变化,中国积极推进"双碳"目标实践落地之际,笔者将课题研究成果付梓成书,以期为关注、关心、参与和支持推动中国农业绿色发展研究与实践的人们更好地在中国落实《巴黎协定》,积极参与和引领全球应对气候变化尽绵薄之力。

戴小文

2023 年 12 月 12 日于西村